# 生物工程实验指导
# Experimental Guidance of Bioengineering

主　编　王祎玲　段江燕

副主编　郜　刚　张秀红　罗永平

编　者　（按姓氏笔画排序）

　　　　王祎玲　李永锋　张秀红　陈　伟

　　　　罗永平　胡青平　郜　刚　段江燕

　　　　高丽美　梁丽琴

科学出版社

北　京

## 内 容 简 介

本书系统介绍了生物工程专业基础性、综合性及设计性实验方法和技术，在编写过程中注重培养学生综合开发设计实验和独立从事实验操作的能力，使学生在掌握基本实验方法的基础上，提升学生的综合能力，增强对书本知识的综合应用及分析能力。全书分为发酵工程、细胞工程、酶工程、基因工程四部分，每部分都由若干个实验组成。另外有部分实验放在二维码中，可扫描下载。

本书可以作为高等院校生物科学、生物技术、生物工程等专业本专科生的教材，也可作为相关学科科技人员和研究生的参考用书。

**图书在版编目（CIP）数据**

生物工程实验指导/王祎玲，段江燕主编. —北京：科学出版社，2017.12
ISBN 978-7-03-052665-6

Ⅰ. ①生… Ⅱ. ①王…②段… Ⅲ. ①生物工程-实验-高等学校-教材 Ⅳ. ①Q81-33

中国版本图书馆 CIP 数据核字（2017）第 075567 号

责任编辑：席　慧　文　茜 / 责任校对：王　瑞
责任印制：张　伟 / 封面设计：铭轩堂

科　学　出　版　社 出版
北京东黄城根北街 16 号
邮政编码：100717
http://www.sciencep.com

**北京虎彩文化传播有限公司** 印刷
科学出版社发行　各地新华书店经销

\*

2017 年 12 月第 一 版　开本：787×1092　1/16
2019 年 10 月第三次印刷　印张：13 1/4
字数：416 000
**定价：39.00 元**
（如有印装质量问题，我社负责调换）

谨以此书献给山西师范大学六十周年校庆

# 前　言

生物工程与技术是当今六大高新技术之一，是全世界普遍关注和研究的热点。"十三五"期间，国家正在积极研究制订生物工程和技术发展专项规划，目的是逐步实现生物技术强国的中国梦。为了更好地适应时代的发展需求，培养具备创新意识和创新能力的高素质生物工程人才，本书将本科教学和科学研究中常用的生物工程实验及技术原理有机整合，在保留经典传统实验的基础上，增加了综合设计性实验，全面系统布局生物工程实验和技术。

本书对生物工程实验教学中涉及的实验技术、反应原理、流程安排等问题进行了较为详细的阐述。全书近 100 个实验，包括 4 部分：发酵工程、细胞工程、酶工程和基因工程。每部分由基础实验和综合设计实验组成，每个实验包含实验目的、实验原理、实验仪器（仪器调试）、试材准备、试剂配制、操作步骤、注意事项、实验后分析及新实验设计。书中选取了生物科学、生物技术、生物工程专业四大工程中代表性的实验方法与技术，并结合教学实践和科学研究进行了比较分析，和其他教材相比，特别增加了仪器调试、实验后分析及新实验设计板块，具有很强的实用性和指导性，可以很好地培养和锻炼学生的实验技能及科研素养，对培养学生的综合应用能力和创新能力具有一定帮助。其中发酵工程部分由张秀红、胡青平编写，细胞工程部分由高丽美、李永锋编写，酶工程部分由段江燕、梁丽琴编写，基因工程部分由王祎玲、郜刚、罗永平、陈伟编写。本书可供生物科学、生物技术、生物工程及相关领域本科生、研究生及研究人员学习和参考。

对本书的实验，不同学校、不同专业可根据具体条件选做。部分实验可扫描书中对应二维码获取。

本书得到山西省重点教学质量工程项目(J2013042)及校优势专业项目(011001050101)的资助，在此一并感谢。

全体编委虽然在编撰过程中力求全面、准确，但因生物学科的飞速发展，编委本身水平和能力有限，对于书中疏漏及不足之处，殷切希望读者批评指正！

山西师范大学生命科学学院

王祎玲

2017 年 6 月

# 目 录

前言

## 第一部分　发酵工程实验 ... 1

### Ⅰ. 基础实验 ... 1

实验一　产淀粉酶芽孢杆菌的分离 ... 1
实验二　产蛋白酶菌株的分离 ... 1
实验三　乳酸菌素产生菌的筛选 ... 4
实验四　紫外线诱变选育 α-淀粉酶高产菌株 ... 11
实验五　酸性异淀粉酶产生菌的复合诱变育种 ... 11
实验六　细菌原生质体融合实验 ... 14
实验七　微生物菌种的保藏 ... 18
实验八　微生物培养基的优化——单因素实验 ... 22
实验九　微生物培养基的优化——正交试验 ... 22
实验十　霉菌孢子数及发芽率的测定 ... 26
实验十一　细菌生长曲线测定 ... 28
实验十二　细菌淀粉酶酶活曲线的测定 ... 30
实验十三　机械通风搅拌发酵罐的结构认识及操作 ... 30
实验十四　酵母细胞中蔗糖酶粗产物的提取 ... 34
实验十五　枯草芽孢杆菌发酵液中 α-淀粉酶粗产物的提取 ... 34
实验十六　厌氧菌的分离及培养技术 ... 34

### Ⅱ. 综合设计实验 ... 37

实验十七　生物杀虫剂苏云金芽孢杆菌生产实验 ... 37
实验十八　柠檬酸发酵 ... 39
实验十九　固体发酵生产纤维素酶 ... 43
实验二十　酸奶的发酵 ... 47

## 第二部分　细胞工程实验 ... 50

### Ⅰ. 基础实验 ... 50

实验一　MS 培养基母液和培养基的配制 ... 50
实验二　植物组织培养技术 ... 53
实验三　植物细胞的悬浮培养技术 ... 58
实验四　植物原生质体分离鉴定和培养 ... 58
实验五　植物细胞融合 ... 62
实验六　动物细胞融合 ... 62

  实验七 动物细胞微丝束的光学显微镜观察 ·················································· 62
  实验八 线粒体和液泡系的超活染色与观察 ······················································ 65
  实验九 叶绿体的分离与荧光观察 ······································································ 67
  实验十 细胞凝集反应 ······················································································ 69
  实验十一 细胞膜的渗透性测定 ········································································ 70
  实验十二 细胞活力检测 ···················································································· 72
  实验十三 细胞的冻存与复苏 ············································································ 72
 Ⅱ．综合设计实验 ······························································································ 73
  实验十四 细胞周期检测与同步化 ······································································ 73
  实验十五 细胞凋亡观察 ···················································································· 76
  实验十六 显微注射技术 ···················································································· 76
  实验十七 杂交瘤技术 ······················································································· 77
  实验十八 植物细胞的有丝分裂观察及染色体标本制备 ································· 83
  实验十九 扫描电子显微镜的原理及操作使用 ················································· 85
  实验二十 透射电子显微镜的原理和操作使用 ···················································· 85

# 第三部分 酶工程实验

 Ⅰ．基础实验 ······································································································· 87
  实验一 酵母蔗糖酶的纯化 ·················································································· 87
  实验二 圆盘电泳法鉴定酵母蔗糖酶的纯度 ······················································ 89
  实验三 酵母蔗糖酶的结晶 ·················································································· 90
  实验四 酵母蔗糖酶的化学修饰 ··········································································· 90
  实验五 SDS-PAGE 检测蔗糖酶分子质量 ························································· 92
  实验六 酵母蔗糖酶的酶促动力学研究 ······························································ 92
  实验七 固定化酵母细胞及蔗糖酶的检测 ···························································· 95
  实验八 木瓜蛋白酶消除啤酒中蛋白质浑浊 ························································ 97
  实验九 尼龙固定化木瓜蛋白酶 ··········································································· 98
  实验十 几丁载体上酶的吸附固定 ······································································· 98
  实验十一 β-半乳糖苷酶菌体细胞的固定化 ···················································· 99
  实验十二 淀粉酶的提取及活力测定 ·································································· 102
  实验十三 大豆肽的制备 ···················································································· 102
  实验十四 苯丙氨酸解氨酶的纯化及活性测定 ··················································· 103
  实验十五 结晶乳酸脱氢酶(LDH)的制备 ························································· 103
  实验十六 辣根过氧化物酶的制备及酶比活力的测定 ········································ 105
  实验十七 凝胶层析柱装填及柱效测定 ···························································· 106
  实验十八 模拟过氧化物酶的制备、固定化及应用 ·············································· 112
  实验十九 植物组织中蔗糖酶活力的测定 ······················································· 112
  实验二十 正交法测定几种因素对酶活力的影响 ············································ 113

## Ⅱ．综合设计实验·······117

实验二十一　酸性磷酸酶的分离纯化及活性测定·······117

实验二十二　碱性磷酸酶的分离、纯化及活性测定·······131

实验二十三　胰蛋白酶的制备、活力测定及动力学研究·······131

实验二十四　重组氯霉素酰基转移酶蛋白的表达、分离、纯化和鉴定·······139

# 第四部分　基因工程实验·······145

## Ⅰ．基础实验·······145

实验一　植物基因组 DNA 的提取·······145

实验二　细菌基因组 DNA 的制备·······145

实验三　质粒 DNA 的提取及酶切·······145

实验四　琼脂糖凝胶电泳检测 DNA·······149

实验五　从低熔点胶琼脂糖凝胶中分离回收 DNA 片段·······150

实验六　目的基因的 PCR 扩增和克隆·······153

实验七　目的基因的酶切和连接·······159

实验八　感受态细胞的制备及转化·······163

实验九　转化子的筛选和鉴定·······168

实验十　目的基因的原核表达·······173

实验十一　植物总 RNA 的提取·······179

实验十二　RNA 质量检测·······179

## Ⅱ．综合设计实验·······180

实验十三　目的基因的 RT-PCR 检测·······180

实验十四　目的基因表达的实时荧光定量 PCR 检测·······187

实验十五　目的基因的 Southern 印迹杂交检测·······190

实验十六　目的基因表达的 Northern 印迹杂交检测·······195

实验十七　目的基因表达的 Western 印迹杂交检测·······197

实验十八　根癌农杆菌介导的植物基因转化技术·······200

# 主要参考文献·······203

# 第一部分　发酵工程实验
# Part Ⅰ　Fermentation Engineering Experiments

## Ⅰ. 基 础 实 验

### 实验一　产淀粉酶芽孢杆菌的分离
### Isolation of bacillus strains producing amylase

本实验扫描二维码获取相关内容！

### 实验二　产蛋白酶菌株的分离
### Isolation of protease producing bacterium

【实验目的】

1. 学习用选择平板从自然界中分离胞外蛋白酶产生菌的方法。
2. 理解选择培养基的应用原理和方法。
3. 掌握蛋白酶活力测定的原理与基本方法。

【实验原理】

产生胞外蛋白酶的菌株在牛奶平板上生长后，其菌落周围可形成明显的蛋白水解圈。水解圈与菌落直径的比值常作为判断该菌株蛋白酶产生能力的初筛依据。不同类型的蛋白酶都能在牛奶平板上形成蛋白水解圈，细菌在平板上的生长情况和在液体环境中生长的情况相差很大。因此，在平板上产圈能力较大的菌株不一定就是蛋白酶的高产菌株。

碱性蛋白酶的活力测定按中华人民共和国颁布的标准《蛋白酶活力测定法》（SB/T 10317—1999）进行，其原理是：Folin 试剂与酚类化合物（如酪氨酸、色氨酸、苯丙氨酸）在碱性条件下发生反应形成蓝色化合物，用蛋白酶分解酪蛋白生成含酚基的氨基酸与 Folin 试剂呈蓝色反应，通过分光光度计测定酶活大小。

【仪器调试】

紫外分光光度计在生物实验中被广泛应用，使用过程中应根据相应的说明书严格规范操作，一般应注意以下几方面。

(1) 使用过程中比色皿的4个面在槽中保持一定的位置，取用比色皿时允许持拿毛玻璃面的两侧，建议拿捏4个棱而不是面，尤其不能持拿光洁面即透光面。

(2) 盛装样品以比色皿容积的4/5为度，使用挥发性溶液时应加盖，透光面要用擦镜纸由上而下擦拭干净，必须把外表面擦干，确保无溶剂残留。

(3) 比色皿应该避免磨损透光面。用后用溶剂或水冲洗干净，晾干防尘保存。

(4) 保持仪器清洁，所有溶液的配制、倾倒都不要在仪器附近操作，避免溶液洒落对仪器造成腐蚀。

(5) 使用过程中不得打开盖子，当操作者错误操作或其他干扰引起计算机错误时，应该立即关掉主机电源，重新启动，但无需关掉灯源电源。

(6) 光学器件和仪器运行环境需保持清洁。清洁仪器外表时，请勿使用乙醇、乙醚等有机溶剂，请勿在工作中清洁，不使用时请加盖防尘罩。

【试剂配制】

1) 培养基的配制

(1) 牛奶平板：在普通肉汤蛋白胨固体培养基中添加终质量浓度为1.5%的牛奶。

(2) 发酵培养基(g/L)：玉米粉4%、黄豆饼粉3%、$Na_2HPO_4$ 0.4%、$KH_2PO_4$ 0.03%，3mol/L NaOH调节pH到9.0，0.1MPa灭菌20min，250mL锥形瓶的装瓶量为50mL。

(3) 肉汤琼脂培养基(1000mL)：牛肉浸液(1:3)，蛋白胨10g，NaCl 5g，琼脂15~20g，pH7.4。

2) Folin试剂

(1) 试剂甲：(A) 称取10g $Na_2CO_3$、2g NaOH 和0.25g 酒石酸钾钠，溶解后定容至500mL。(B) 称取0.5g $CuSO_4 \cdot 5H_2O$，溶解后用蒸馏水定容至100mL。每次使用前取(A)液50份与(B)液1份，即为试剂甲，其有效期为1d，过期失效。

(2) 试剂乙：在1.5L容积的磨口回流器中加入100g 钨酸钠($Na_2WO_4 \cdot 2H_2O$) 和700mL 蒸馏水，再加50mL 85%磷酸和100mL浓盐酸充分混匀，接上回流冷凝管，以小火回流10h。回流结束后，加入150g硫酸锂和50mL蒸馏水及数滴液体溴，开口继续沸腾15min，去除过量的溴，冷却后溶液呈黄色(如仍呈绿色，再滴加数滴液体溴，继续沸腾15min)。然后稀释至1L，过滤，滤液置于棕色试剂瓶中保存，使用前加水大约1倍，使最终浓度相当于1mol/L。

3) pH11的硼砂-氢氧化钠缓冲液　　硼砂19.08g溶于1000mL水中；NaOH 4g溶于1000mL水中，二液等量混合。

4) 2%酪蛋白　　称取2g干酪素，用少量0.5mol/L NaOH润湿后加入适量pH11的硼砂-氢氧化钠缓冲液，加热溶解，定容至100mL，4℃冰箱中保存，使用期不超过一周。

5) 0.4mol/L 三氯乙酸　　称取三氯乙酸65.4g，定容至1000mL。

6) 100μg/mL 酪氨酸溶液　　精确称取在105℃烘箱中烘至恒重的酪氨酸0.1g，逐步加入

6mL 1mol/L 盐酸使之溶解，用 0.2mol/L 盐酸定容至 100mL，其浓度为 1000μg/mL，再吸取此液 10mL，以 0.2mol/L 盐酸定容至 100mL，即配成 100μg/mL 的酪氨酸溶液。此溶液配成后应及时使用或放入冰箱内保存，以免繁殖细菌而变质。

【操作步骤】

**1. 酶活标准曲线的制作**

（1）用酪氨酸配制 0μg/mL、20μg/mL、40μg/mL、60μg/mL、80μg/mL、100μg/mL 的标准溶液，取不同浓度的酪氨酸 1mL 与 5mL 0.4mol/L $Na_2CO_3$、1mL Folin 试剂混合，40℃水浴显色 30min。

（2）680nm 测定吸收值并绘制标准曲线。

（3）求出光密度为 1 时相应的酪氨酸质量（μg），即 K 值。

**2. 用选择平板分离产蛋白酶菌株**

取少量土样混于无菌水中，梯度稀释后涂布到牛奶平板上，37℃培养 30h 左右观察，可以用地衣芽孢杆菌作为对照菌株。

**3. 产蛋白酶菌株的观察与转接**

（1）对牛奶平板上的总菌数和产蛋白酶的菌数进行记录。

（2）选择蛋白水解圈最大的 5 个菌株进行测量，记录菌落和透明圈的直径。

（3）转接到肉汤琼脂斜面上，37℃培养过夜。

**4. 碱性蛋白酶粗酶液的获得**

将初筛获得的 5 株蛋白酶菌株接种到发酵培养基中，37℃下 200r/min 摇床培养 48h，即获得粗酶液。

**5. 酶活力的测定**

| 空白对照 | 样品 |
| --- | --- |
| 预热 2min 的发酵液或其稀释液 1mL | 预热 2min 的发酵液或其稀释液 1mL |
| 预热 2min 的 2%酪蛋白 1mL | 0.4mol/L 三氯乙酸 3mL |
| 40℃水浴保温 10min | 40℃水浴保温 10min |
| 0.4mol/L 三氯乙酸 3mL | 预热 2min 的 2%酪蛋白 1mL |
| 继续置于水浴中保温 20min 使残余蛋白质沉淀，然后用滤纸过滤，滤纸应清亮无絮状物 ||
| 滤液 1mL ||
| 0.4mol/L $Na_2CO_3$ 5mL ||
| Folin 试剂 1mL ||
| 40℃水浴保温 20min，于 680nm 处测定 OD 值 ||

碱性蛋白酶活力单位 U，以每毫升样品在 40℃、pH11 条件下，每分钟水解酪蛋白所产生的酪氨酸质量来表示。

$$U = K \times A \times N \times 5/10$$

式中，K 表示由标准曲线求出光密度为 1 时相应的酪氨酸质量；A 表示样品 OD 值与空白对照 OD 值之差；N 表示稀释倍数；5/10 表示测定中吸取的滤液是全部滤液的 1/5，而酶反应时间为 10min。

【注意事项】

1. 菌株要从土壤中筛选,最好是蛋白质含量较高的土壤,可以选择河岸附近的土壤。
2. Folin 试剂的配制比较复杂,因此需要小心配制。
3. 在进行酶活力测定时选用对照组,可以更好地判断酶活力的大小。
4. 产蛋白酶菌株受温度、pH 等各种条件的影响,因此需要严格控制条件。

【实验后分析】

1. 在选择平板上分离获得蛋白酶产生菌的比例如何?试结合采样地点进行分析。
2. 在选择平板上形成的蛋白水解圈的大小,为什么不能作为判断菌株产蛋白酶能力的直接证据?试结合初筛和复筛的结果分析。

【新实验设计】

1. 能否通过本实验的方法和思路,设计另外一种微生物的筛选,如分解尿素的微生物的分离?
2. 对筛选到的菌株进行验证,确定其可以产生几种蛋白酶。

# 实验三 乳酸菌素产生菌的筛选
## Isolation of lactic acid bacteria producing lactein

【实验目的】

1. 掌握产细菌素等抑菌物质的菌株的筛选方法。
2. 了解细菌素效价测定的方法。

【实验原理】

1925 年,Gratia 发现 1 株大肠杆菌对其他的大肠杆菌有抑菌活性,这种活性物质被称为大肠杆菌素(colicine)。1953 年,Jocob 等将由细菌产生的对同源细菌具有高度专一性的抗菌蛋白物质统称为细菌素(bacteriocin)。1978 年,Konisky 提出细菌素是某些细菌通过核糖体合成机制产生的分泌释放到环境中的一类具有抑菌活性的蛋白质或多肽,其抑菌范围不仅仅局限于亲缘关系较近的种。细菌素以生产菌而命名。

乳酸菌产生的细菌素就叫做乳酸菌素,到目前为止普遍接受的观点是:乳酸菌素是一类由质粒 DNA 编码形成的,在细胞溶解时释放并通过专一位点结合而对近缘相关种有致死作用的活性蛋白类物质,产生菌对其乳酸菌素具有自身免疫性。根据细菌素分子质量大小、热稳定性和修饰氨基酸种类,可分为 3 类:①热稳定的小分子细菌素;②热敏感的大分子细菌素,它们的分子质量一般大于 30kDa,通常在 100℃或更低的温度下 30s 内即失活,这类细菌素抑菌谱较窄;③羊毛硫抗生素,它在核糖体中合成,最主要的特点是在分子的活性部位具有大量稀有氨基酸，如羊毛硫氨基酸、β-甲基羊毛硫氨基酸和脱氢丙氨酸等。这些非编码氨基酸的存在，说明它的形成必然有原始翻译产物的修饰和构象变化。据羊毛硫抗生素的分子特征，又可分为线型肽和球型肽两类，其中线型肽中的 Nisin 是目前国际上研究最深、应用最广的乳酸菌素，它是由乳酸链球菌产生的。Nisin 的抗菌谱包括抑制链球菌、葡萄球菌、芽孢菌属的一些种、梭菌及其他乳杆菌，可抑制芽孢的形成，而对人未发现有毒性。1969 年，FAO/WHO（联合国粮食及农业组织/世界卫生组织）食品添加剂联合专家委员会批准 Nisin 可作为一种食品添加剂；1970 年，WHO 的微生物标准委员会制定 Nisin 国际标准计量单位为 IU。1980 年，Nisin 在啤酒、葡萄酒及乳酸菌的防腐方面表现出了巨大潜力；1990 年，我国卫生部食品监督部门签发了 Nisin 在国内使用的合格证明书，同时被列入 GB 2760—1986 的 1990 年增补品种中，可用于罐头食品、植物蛋白食品、乳制品和肉制品中。目前，已经有 60 多个国家和地区批准 Nisin 可作为一种纯天然食品防腐剂、保鲜剂使用。

乳酸菌素可以改善肠道微生态平衡，提高机体免疫力，促进营养物质吸收，而且由于乳酸菌素能在人体消化道内被消化液中的酶所分解，因此，被认为是一种高效、安全的天然食品防腐剂。但乳酸菌素也存在自身的缺点：效价低、用量大、抗代谢性能差、抗菌时效短、抗菌谱窄等。不同的乳酸菌所产生的乳酸菌素是不同的，不同的乳酸菌素具有不同的抑菌谱和抑菌活性，有的乳酸菌素不具有抑菌活性。从不同地域、不同环境样品中分离具有广谱高效抑菌活性且作用条件简单的乳酸菌素产生菌具有重要意义。

细菌素产生菌的筛选方法很多，如点种法、交叉划线法和打孔扩散法等。点种法是把敏感指示菌 20h 培养物接种在琼脂平板的表面，然后将待测菌株或其代谢产物点种在琼脂表面上，37℃培养 24h 后观察点种处有无透明圈，有则说明有细菌素产生，否则没有细菌素产生。交叉划线法是把培养 20h 的待测菌划线接种在琼脂培养基的表面，线条粗 3～5mm，37℃培养 24h 后，划线处有均匀连续的菌苔，不能出现断线或杂菌污染的情况，用无菌白纸将菌苔擦去，尽量擦除完全。然后用氯仿杀死活菌，再将敏感指示菌与待测菌垂直交叉划线接种在琼脂表面，37℃继续培养 24h 后，观察划线交叉处敏感菌的生长情况，在划线交叉处没有细菌生长，呈"断线"状的为细菌素产生菌，否则为细菌素阴性。在打孔扩散法中，将受试菌的液体培养的上清液置于已预先接种指示菌的固体培养基中。在受试菌的孔或菌落周围出现有透明的指示菌抑菌圈的阳性结果即可以认为是细菌素产生的标志。然而，细菌素并不是唯一能导致产生透明抑菌圈的抑菌物质，也有可能是有机酸（主要是乳酸）、过氧化氢等。有时候，噬菌体也是一个可能导致产生抑菌圈的因素。pH 中和、接触酶处理产生菌的培养上清液可以相应地排除由乳酸和过氧化氢引起的可能的抑菌作用。

抗生素的生物测定方法有三大类：扩散法、稀释法和比浊法。扩散法中的管碟法是利用细菌素在琼脂平板内的扩散作用从而抑制敏感菌的直接测定方法，符合临床使用的实际情况，且灵敏度高，不需特殊的设备，被世界各国所公认，作为国际通用的方法被列入各国药典法规中。它是将已知浓度的标准抗生素溶液与未知浓度的样品溶液分别加到一种标准的不锈钢小管（即牛津杯）中，在含有敏感指示菌的琼脂表面进行扩散渗透，比较两者对敏感试验菌的抑制作用，测量出抑菌圈的大小，以计算抗生素的浓度。在一定浓度范围内，抗生素的浓度与抑菌圈直径在双周半对数表上（浓度的对数值为纵坐标，抑菌圈直径为横坐标）呈直线函数关系，据样品的抑菌圈直径可在标准曲线上求得其效价。

【仪器调试】

**1. pH计**

1）配制 3mol/L KCl 溶液　　在电极初次使用或保存较长时间后重新使用前，重新更换电极填充液，并将电极浸泡于 3mol/L KCl 溶液中 2h 以上，以活化电极。注意事项：电极头应浸泡于 3mol/L KCl 溶液中 2cm，浸泡的尖端过短，不能活化电极。

2）电极填充液的更换　　每 1～2 月更换 1 次，先用注射器将填充液吸出，然后再注入少许新鲜填充液润洗电极腔，再吸出，然后注入新鲜填充液至距填充孔 1.5cm 处。在测量强酸性、强碱性、含有有机溶剂或污染严重的样品时，电极填充液至少应 2 周更换 1 次。在更换新鲜电极填充液后，将电极浸泡于 3mol/L KCl 溶液中 2h 以上再使用。

3）电极 pH 的校正　　在正常情况下，每天使用前校正电极 1 次。在电极的使用频率高时，可对电极进行 pH 校正 2～3 次。校正所用的 pH 缓冲液必须新鲜配制，所用的 pH 校正缓冲液应避免校正时的污染，重复应用的次数不应超过 5 次。样品和 pH 校正缓冲液的温差不应大于 5℃，建议样品和 pH 校正缓冲液置于同一室温下。电极 pH 校正采用二点自动校正。

4）样品的测量　　先将活化的电极用重蒸水冲洗，然后用纸巾吸附电极头的水滴，但不应用纸巾擦拭电极头，以防止产生静电造成不稳定和误差。注意事项：在定标和测量时，应采用磁力搅拌器，特别是对于悬浮液体。为防止搅拌器将热量传递给样品溶液，在样品烧杯和搅拌器之间应置一隔热纸板。在电极的使用过程中，电极的填充孔必须打开。

5）电极的保养和维护　　在每次使用后，均应用重蒸水彻底冲洗干净。如果每天均使用，可将电极浸泡于 3mol/L KCl 溶液中。如果长期不用，应将电极填充孔封闭，并在电极保护套中填塞一小块浸润过 3mol/L KCl 溶液的海绵，然后将电极轻轻装入电极套中，以防止电极头干燥。

6）主机自检　　在第一次使用和平时操作出现故障时运行主机自检。

(1) 电极与主机不相连接，用电极通路上的短路盖封闭电极通道。

(2) 将电源变压器与电源插座相连接，但不与主机相连接。

(3) 按住"YES"键不动，将电源变压器与主机电源接口相连接，直至屏幕出现 2.6 字样，松开"YES"键，仪器将自动进行电路和硬件自检，屏幕依次出现：TEST1、TEST2、TEST3、TEST4、TEST5、TEST6、TEST7。

(4) 稍后屏幕出现 0 字样，即刻按压主机上每一个功能键，每压一个键，屏幕将显示一个数字，按压每一个键的时间间隔不能超过 4s，否则将出现错误提示：E-07。如果屏幕出现 E-07，则关机重新自检。在进入最后一个自检程序时，屏幕显示 TEST8，然后仪器自动进入测量状态，屏幕显示 7.000±0.002，其右上方并有 MEASURE 字样。

7）pH 二点自动校正　　在自动校正过程中，不能对仪器进行数据改动，可通过按压"YES"键退至测量模式。

(1) 将活化电极与主机相连接，按"POWER"键通电开机，仪器自动进入 pH 测量状态，使屏幕下缘的"▽"符号指向主机 pH 标示。按压"MODE"键，"▽"符号可发生移动，以进行测量模式的选择。

(2) 用重蒸水冲洗电极并拭干后，将电极插入第 1 点 pH7.00 的定标缓冲液中，并用磁力搅拌器搅拌。

(3) 先按压绿色的"2nd"键,屏幕右侧出现 2nd 的字符,再按压"MODE/CAL"键,开始定标,屏幕上方显示 CALIBRATE 字样。

(4) 在电信号稳定后,屏幕右侧显示 READY 字样、下方显示 P1 字样,中间位置闪烁当前定标缓冲液的 pH,然后按压"YES"键确认,屏幕下方将显示 P2 字样,提示将电极插入定标第 2 点缓冲液(pH4.01 或 pH10.01)。

(5) 在第 2 点定标缓冲液的电信号稳定后,屏幕右侧也显示 READY 字样,按压"YES"键,屏幕下方将显示 P3,此时按压"MEASURE/PRINT"键,电极斜率值将在屏幕上显示数秒钟,然后自动返回测量状态,即定标完成。

8) pH 计使用三步骤

pH 计是测量 pH 的精密仪器,也可用来测量电动势。要得到测量的最后数值,就需要按照如下的三步骤进行操作:安装、校正、测量。

(1) 安装。

a. 电源的电压与频率必须符合仪器铭牌上所指明的数据,同时必须接地良好,否则在测量时可能指针不稳。

b. 仪器配有玻璃电极和甘汞电极。将玻璃电极的胶木帽夹在电极夹的小夹子上。将甘汞电极的金属帽夹在电极夹的大夹子上。可利用电极夹上的支头螺丝调节两个电极的高度。

c. 玻璃电极在初次使用前,必须在蒸馏水中浸泡 24h 以上。平常不用时也应浸泡在蒸馏水中。

d. 甘汞电极在初次使用前,应浸泡在饱和氯化钾溶液内,不要与玻璃电极同泡在蒸馏水中。不使用时应浸泡在饱和氯化钾溶液中或用橡胶帽套住甘汞电极的下端毛细孔。

(2) 校正。

a. 将"pH-mV"开关拨到 pH 位置。

b. 打开电源开关,指示灯亮,预热 30min。

c. 取下放蒸馏水的小烧杯,并用滤纸轻轻吸去玻璃电极上的多余水珠。在小烧杯内加入选择好的、已知 pH 的标准缓冲液。将电极浸入。注意使玻璃电极端部小球和甘汞电极的毛细孔浸在溶液中。轻轻摇动小烧杯使电极所接触的溶液均匀。

d. 根据标准缓冲液的 pH,将量程开关拧到 0~7 或 7~14 处。

e. 调节控温钮,使旋钮指示的温度与室温相同。

f. 调节零点,使指针指在 pH7 处。

g. 轻轻按下或稍许转动读数开关使开关卡住。调节定位旋钮,使指针恰好指在标准缓冲液的 pH 数值处。放开读数开关,重复操作,直至数值稳定为止。

h. 校正后,切勿再旋动定位旋钮,否则需重新校正。取下标准液小烧杯,用蒸馏水冲洗电极。

pH 计所用的标准缓冲液的试剂容易提纯,也比较稳定。常月的配制方法如下:①pH=4.00 的标准缓冲液。称取在 105℃ 干燥 1h 的邻苯二甲酸氢钾 5.07g,加重蒸水溶解,并定容至 500mL。②pH=6.88 的标准缓冲液。称取在 130℃ 干燥 2h 的磷酸二氢钾($KH_2PO_4$)3.401g,磷酸氢二钠($Na_2HPO_4 \cdot 12H_2O$)8.95g 或无水磷酸氢二钠($Na_2HPO_4$)3.549g,加重蒸水溶解并定容至

500mL。③pH=9.18 的标准缓冲液。称取硼酸钠（$Na_2B_4O_7 \cdot 10H_2O$）3.8144g 或无水硼酸钠（$Na_2B_4O_7$）2.02g 加重蒸水溶解并定容至 100mL。

(3) 测量。

a. 将电极上多余的水珠吸干或用被测溶液冲洗两次，然后将电极浸入被测溶液中，并轻轻转动或摇动小烧杯，使溶液均匀接触电极。

b. 被测溶液的温度应与标准缓冲溶液的温度相同。

c. 校正零位，按下读数开关，指针所指的数值即是待测液的 pH。若在量程 pH0～7 内测量时指针读数超过刻度，则应将量程开关置于 pH7～14 处再测量。

d. 测量完毕，放开读数开关后，指针必须指在 pH7 处，否则重新调整。

e. 关闭电源，冲洗电极，并按照前述方法浸泡。

(4) 使用 pH 计的注意事项。

a. 防止仪器与潮湿气体接触。潮气的侵入会降低仪器的绝缘性，使其灵敏度、精确度、稳定性都降低。

b. 玻璃电极小球的玻璃膜极薄，容易破损，切忌与硬物接触。

c. 玻璃电极的玻璃膜不要沾上油污，如不慎沾上油污可先用四氯化碳或乙醚冲洗，再用乙醇冲洗，最后用蒸馏水洗净。

d. 甘汞电极的氯化钾溶液中不允许有气泡存在，其中有极少结晶，以保持饱和状态。如结晶过多，毛细孔堵塞，最好重新灌入新的饱和氯化钾溶液。

e. 如 pH 计指针抖动严重，应更换玻璃电极。

**2. 高速冷冻离心机**

高速冷冻离心机是一种常用的离心机产品，主要用于对混合液体进行快速分离。离心机是利用离心力使需要分离的不同物料得以加速分离的机器。主要分为过滤式离心机和沉降式离心机两大类。过滤式离心机的主要原理是通过高速运转的离心转鼓产生的离心力（配合适当的滤材），将固液混合液中的液相加速甩出转鼓，而将固相留在转鼓内，达到分离固体和液体的效果，或者俗称脱水的效果。沉降式离心机的主要原理是通过转子高速旋转产生的强大的离心力，加快混合液中不同相对密度成分（固相或液相）的沉降速度，把样品中不同沉降系数和浮力密度的物质分离开。

高速冷冻离心机是指转速在 10 000r/min 以上，同时具有冷冻功能的离心机。除具有冷冻离心机的性能和结构外，高速冷冻离心机所用角式转头也与普通离心机不同，多采用钛合金或铝合金制成，离心管则为具盖聚乙烯硬塑料制品。高速冷冻离心机能够对样品溶液中悬浮物质进行高纯度的分离、浓缩、精制和提取，多用于血液、细胞、蛋白质、酶、病毒、激素等的分离制备和收集。

高速冷冻离心机操作规程如下。

(1) 离心样品密度要一样，样品体积保持为离试管口 3mm 处。

(2) 将密度相同、已配平、管壁干燥的离心管以对称状态置入吊桶内，拧紧对应的吊桶帽，悬挂到对应的吊桶架上，空吊桶也要悬挂。

(3) 将仪器电源开关打开。

(4) 用手按住指定位置，同时用脚踏住踏板，门盖将自动打开。

(5) 将悬挂吊桶的转头笔直向下轻轻放置在驱动轴套上，保证其牢固。

(6)拧紧转头盖。

(7)手按住指定位置将门盖压下去。

(8)离心参数设置：转速、时间、转头型号、温度、升降速度频率。

(9)确认参数设置无误，按 ENTER 键，离心机达到设定转速 5min 后，使用者方可离开。离心途中要观察仪器是否运转正常。

(10)离心结束(或按"STOP"结束运行)，转头停止运转后，打开门盖，拧松转头盖，将转头取出放到专用架上，取出吊桶，旋松吊桶帽，取出样品。

(11)吊桶帽及吊桶敞开放在指定位置，如有漏液，取出密封圈，洗净后再倒置放在桌布上。

(12)将仪器电源关闭。

(13)将离心机腔体内冷凝水擦净，腔体温度与室温相同时关闭门盖。注意事项：冷冻离心需要预冷时，离心机在所需温度下 2000r/min 离心 3~5min。

**3. 其他器材**

高压灭菌锅、恒温培养箱、电子天平、牛津杯(内径 6mm±0.1mm，外径 8mm±0.1mm，高 10mm)、培养皿(直径 90mm，深 20mm，大小一致，皿底平坦)、微量移液器、微量移液器枪头(1000μL、200μL)、游标卡尺、镊子、无菌滴管、无菌试管和吸管等。

【试材准备】

1)菌种　　大肠杆菌(Escherichia coli)斜面菌种、金黄色葡萄球菌(Staphylococcus aureus)斜面菌种、酿酒酵母(Saccharomyces cerevisiae)斜面菌种。

2)样品　　酸牛奶；发酵型酸牛奶。

【试剂配制】

(1)乳酸细菌(MRS)固体培养基的配制。

(2)乳酸细菌(MRS)液体培养基的配制。

(3)牛肉膏蛋白胨液体培养基的制备。

(4)牛肉膏蛋白胨固体培养基的制备。

(5)牛肉膏蛋白胨半固体培养基的制备。

(6)磷酸缓冲盐溶液(PBS)的配制。

(7)Nisin 标准液的配制。取 0.5mg Nisin 标准品($10^6$IU/g)溶于 10mL PBS 中，配成 500IU/mL 的 Nisin 标准液备用。

【操作步骤】

**1. 指示菌株的活化**

将大肠杆菌、金黄色葡萄球菌接种到牛肉膏蛋白胨液体试管培养基中，酿酒酵母接种到马铃薯葡萄糖(PDA)液体试管中，分别于 37℃和 28℃下培养 24~48h，活化两次。

**2. 乳酸菌的分离纯化**

固体样品按无菌操作方式称取 10g，加入 90mL 无菌水中，振荡培养 30min。用微量移液器吸取 1mL 加入 9mL 无菌水中，得 $10^{-2}$ 稀释液，再继续稀释至 $10^{-4}$ 和 $10^{-5}$。液体样品直接稀释即可。分别取 $10^{-3}$、$10^{-4}$ 和 $10^{-5}$ 稀释液各 0.2mL，置于无菌培养皿中，放置 15min，等平板表面稍干燥后,于恒温培养箱内 37℃ 倒置培养 24~48h。得到的菌落多次划线纯化培养至显微镜镜检为纯种后,检测其过氧化物酶活性,呈阴性者可初步确认为乳酸菌。转接到乳酸细菌斜面培养基上培养至菌落形成,放于冰箱中保藏。

### 3. 待测菌上清液的制备

将乳酸菌菌株接种到乳酸细菌液体培养基 48h,取发酵液 1mL 于无菌离心管中,10 000r/min 条件下离心 15min,上清液转移至另一无菌离心管中备用。

### 4. 产抑菌素乳酸菌的筛选

先将 10mL 牛肉膏蛋白胨固体培养基熔化冷却后倒入平板中,置于水平台面上静置凝固,取稀释至约 $10^8$ cfu/mL 的新鲜培养的指示菌 0.1mL 与 5mL 熔化并温热的牛肉膏蛋白胨半固体培养基混匀,倾倒于平板中,静置使其凝固后将牛津杯轻轻放置于平板上,每个培养皿可放 6 个牛津杯。把各待测菌的上清液取 200μL 加入牛津杯中,超净工作台静置 30min 以利于细菌素扩散,然后 37℃ 培养,10h 以后可定期观察抑菌圈的出现。

### 5. 细菌素相对标准样品效价的测定

按表 1-3-1 以 0.02mol/L PBS 为稀释液,制备所需各种效价的 Nisin 标准品。

表 1-3-1 Nisin 标准曲线的制作

| 试管编号 | 320IU/mL 细菌素液/mL | PBS 缓冲液/mL | 细菌素效价/(IU/mL) |
|---|---|---|---|
| 1 | 0.1 | 0.9 | 50 |
| 2 | 0.2 | 0.8 | 100 |
| 3 | 0.3 | 0.7 | 150 |
| 4 | 0.4 | 0.6 | 200 |
| 5 | 0.5 | 0.5 | 250 |
| 6 | 0.6 | 0.4 | 300 |
| 7 | 0.7 | 0.3 | 350 |
| 8 | 0.8 | 0.2 | 400 |
| 9 | 0.9 | 0.1 | 450 |
| 10 | 1.0 | 0 | 500 |

以 5 号试管为中心浓度标准溶液,按上述抑菌实验方法制作平板,在每个平板上以相等间距放置 6 个牛津杯,在相隔的 3 个牛津杯中加入中心浓度标准溶液,另外 3 个牛津杯中加入其他浓度的待测样品。每个样品两个重复平板。然后盖上平板盖,置于 4℃ 冰箱中扩散 5h,37℃ 培养 24h 观察抑菌圈的出现,并用游标卡尺测量各抑菌圈直径。

绘制标准曲线。计算出各浓度样品的抑菌圈直径平均值,计算出各平板中心浓度样品抑菌圈直径的总平均值,以此总平均值来校正各组的中心浓度抑菌圈直径平均值,从而求得各组的校正值。然后以各组中心浓度抑菌圈的校正值校正各剂量单位浓度的抑菌圈的直径,即获得各组抑菌圈的校正值。最后以抑菌圈直径为横坐标,以效价的对数值为纵坐标,绘图得效价的标准曲线。

待检品的测定。方法同上述,同样的两个平板中 3 个牛津杯中加入中心浓度标准溶液,将待测效价的细菌素液注入另外 3 个牛津杯中,与制作标准曲线的平板同时进行。各自计算出平均值后计算其差值,用此差值在标准曲线上查出对应的细菌素效价,并乘以稀释倍数即得待检样品中的细菌素效价。

【注意事项】

1. 细菌素效价分析时必须保证平板中培养基各处厚度均匀一致，以减小实验误差，必要时需要采用水平仪调整超净工作台水平度，并且挑选厚度均一的平皿。
2. 加了样品后的平板，必须轻拿轻放，勿使其中的牛津杯移动，否则会影响实验结果的准确性。

【实验后分析】

1. 做抑菌实验时，为何要采用新鲜培养的指示菌细胞，若是老龄细胞结果会如何？
2. 为何在细菌素加入牛津杯中后要放于冰箱中扩散一定时间？

【新实验设计】

换用市售泡菜和酸菜等样品试筛选乳酸菌素产生菌。

## 实验四　紫外线诱变选育 α-淀粉酶高产菌株
### Screening of high-yield strain for α-starch amylase by UV

本实验扫描二维码获取相关内容！

## 实验五　酸性异淀粉酶产生菌的复合诱变育种
### The induced breeding of the strain producing acidic isoamylase

【实验目的】

1. 通过本实验学习掌握从环境中分离筛选酸性异淀粉酶产生菌的原理和方法。
2. 主要掌握化学诱变育种的方法。
3. 了解从环境中获得有用菌种的基本实验环节和技术路线方法。
4. 能独立设计并完成新的同类实验。
5. 能合作讨论实验成功的经验和失败的原因。
6. 最好达到诱变效果好、筛选方便、高产诱变株遗传性能稳定的目的。

【实验原理】

诱变剂的复合处理常呈现一定的协同效应，对育种有利。复合处理的方法包括 2 种或多种诱变剂的先后使用、同一种诱变剂的重复使用、2 种或多种诱变剂的同时使用等。我们针对出发菌株进行复合诱变处理,先后进行了紫外诱变和硫酸二乙酯诱变。

诱变育种工作量大,采取快捷有效的初筛方法提高工作效率是必要的。本实验中采用碘染色后计算溶菌圈与菌落直径比值作为初步判定菌株产酶活力的依据。一般认为直径比与酶活力呈现正相关性。

【仪器调试】

可见分光光度计在生物实验中被广泛应用,使用过程中应该根据相应的说明书严格规范操作,注意事项同第一部分实验二中的紫外分光光度计的注意事项。

【试材准备】

1) 菌种　　从淀粉厂附近的土壤样品中筛选到的产偏酸性异淀粉酶的菌株。
2) 其他　　1%支链淀粉(amylopectin)。
3) 器材　　移液管、接种环、锥形瓶(250mL)、玻璃珠、培养皿、涂布器、纱布、玻璃棒、搪瓷缸、pH试纸、标签纸、滤纸。

【试剂配制】

**1. 培养基的配制**

(1) 斜面培养基(%):可溶性淀粉 1.2,蛋白胨 0.8,酵母粉 0.2,$MgSO_4 \cdot 7H_2O$ 0.05,$KH_2PO_4$ 0.1,琼脂 1.8,pH6.5。

(2) 分离平板培养基(%):糯米淀粉 1.0,蛋白胨 0.5,$Na_2HPO_4$ 0.01,$KH_2PO_4$ 0.015,$MgSO_4 \cdot 7H_2O$ 0.05,NaCl 0.1,琼脂 1.8,pH4.5。

(3) 产酶种子培养基(%):可溶性淀粉 1.2,蛋白胨 0.8,酵母粉 0.2,$MgSO_4 \cdot 7H_2O$ 0.05,$KH_2PO_4$ 0.1,pH5.0。

(4) 产酶发酵培养基(%):玉米淀粉 1.5,蛋白胨 1.0,酵母粉 0.5,$MgSO_4 \cdot 7H_2O$ 0.05,$KH_2PO_4$ 0.1,pH5.0。

**2. 3,5-二硝基水杨酸(DNS)的配制**

酒石酸钾钠 18.2g,溶于 50mL 蒸馏水中,加热,于热溶液中依次加入 3,5-二硝基水杨酸 0.63g、NaOH 2.1g、苯酚 0.5g,搅拌至溶,冷却后用蒸馏水定容至 100mL,贮于棕色瓶中,室温保存。

但是一定要注意,3,5-二硝基水杨酸和 NaOH 的加入时间间隔一定要很近,或者是先加入 NaOH。否则会产生难溶的沉淀,导致溶液配制失败。且配制过程中,溶液加热温度不宜超过 50℃。

【操作步骤】

**1. 紫外线(UV)诱变**

(1) 用接种环挑取活化后的菌体于无菌的盛有玻璃珠的锥形瓶中,充分振荡 20min,制成均匀的悬液。

(2) 调整菌体浓度约为 10 个/mL,吸取 15mL 悬液加入直径为 9cm 的培养皿中。

(3)置于诱变箱内的磁力搅拌器上,培养皿距 15W 紫外灯 30cm,分别照射不同时间。
(4)然后将处理液适当稀释,取 0.1mL 涂布于分离培养基平板,32℃避光培养 1~2d。
(5)菌落计数后制作致死率曲线,确定诱变剂量并进行诱变。

**2. 突变株的筛选**

1)突变株的初筛　　在最佳紫外线诱变条件培养的平板上,用 0.1%稀碘液显色 1~2min,挑选菌落周围透明圈与菌落直径比值大的菌株进行纯化。

2)突变株的复筛　　挑取纯化后的菌种接入装有 25mL 种子培养基的 250mL 锥形瓶中,36℃下 180r/min 振荡培养 18h,然后取 2mL 转接入装有 25mL 发酵培养基的 250mL 锥形瓶中,36℃下 180r/min 振荡培养 48h,用 4 层纱布过滤后测定发酵液中酶活力。将发酵液 4000r/min 离心 30min 后,取上清酶液 0.2mL,加入 0.5mL 1%的支链淀粉溶液和 0.3mL pH4.6(0.1mol/L)的乙酸缓冲液,45℃保温 30min,然后加入 1mL 蒸馏水和 1.5mL DNS 试剂,于沸水浴 5min 显色,迅速冷却稀释至 25mL,540nm 处比色。以灭活酶液为对照(酶活定义:在 45℃、pH4.6 条件下,每分钟产生相当于 $1\mu mol/L$ 葡萄糖还原力的酶活定义为 1 个酶活单位)。

3)产酶稳定性好的菌株的选择　　将复筛后的菌种传代培养 10 代后再次测定所产酶的酶活力,比较两次结果,选择出产酶稳定性好的菌株作下一步的诱变。

**3. 硫酸二乙酯(DES)诱变**

(1)制备菌悬液方法同紫外诱变。
(2)在 100mL 的锥形瓶中加入 15mL pH7.0 的磷酸缓冲溶液和 5mL 菌悬液,再加入 0.2mL DES 溶液混匀,36℃恒温振荡处理不同时间。
(3)取 1mL 处理液,加入 1mL 25% $Na_2S_2O_3$,终止反应。
(4)将处理液适当稀释,取 0.1mL 涂布于分离培养基平板,32℃培养 1~2d。
(5)菌落计数后制作致死率曲线,确定诱变剂量并进行诱变。
(6)进行突变株的筛选,具体筛选方法和经紫外线诱变突变株的筛选方法一致。

【注意事项】

1. 一般认为直径比与酶活呈正相关性,我们筛选得到的多数突变菌株产酶符合这种正相关性,但也有个别菌株的情况例外。

2. 经诱变处理后提高产量的突变株数量很少,特别对原来产量已经比较高的菌株更是如此,而且即使产量提高,幅度也不会很大,为了选出它们就必须测定大量的单细胞菌落。工作量与准确性往往不能兼顾。为了合理解决这个矛盾,将筛选工作分成初筛和复筛两个阶段进行。

【实验后分析】

采用紫外线和硫酸二乙酯复合诱变是因为不同诱变因子对 DNA 分子作用的热点(DNA 分子中极易产生突变的位点)不同,可以弥补一种因子多次诱变容易产生的"热点"饱和,也可以弥补 DNA 分子对某些因子的不亲和性,从而产生增变效应,提高诱变效果。

【新实验设计】

1. 学习本实验之后,当进入一个陌生的实验室开展同类工作的时候,如何统筹安排工作才能做到有条不紊、高效有序?试做简单说明。
2. 通过学习本实验,能否利用复合诱变的方法设计出对产纤维素酶菌的诱变育种?并说明每一步的步骤和原理。

# 实验六 细菌原生质体融合实验
# Bacterial protoplast fusion experiment

【实验目的】

1. 了解原生质体融合技术的原理。
2. 学习并掌握以细菌为材料的原生质体融合技术。

【实验原理】

原核微生物基因重组主要可通过转化、转导、接合等途径,但有些微生物不适于采用这些途径,从而使育种工作受到一定的限制。1978年第三届国际工业微生物遗传学讨论会上,有人提出微生物细胞原生质体融合这一新的基因重组手段。由于它具有许多特殊优点,目前已为国内外微生物育种工作广泛研究和应用。

**1. 原生质体融合的优点**

(1)克服种属间杂交的"不育性",可以进行远缘杂交。由于用酶除去了细胞壁,即使相同接合型的真菌或不同种属间的微生物,也可发生原生质体融合,产生重组子。

(2)基因重组频率高,重组类型多。原生质体融合时,由于聚乙二醇(PEG)起促融合的作用,细胞相互聚集,可以提高基因重组率。原生质体融合后,两个亲株的整套基因组(包括细胞核、细胞质)相互接触,发生多位点的交换,从而产生各种各样的基因组合,获得多种类型的重组子。

(3)可将由其他育种方法获得的优良性状,经原生质体融合而组合到一个菌株中。

(4)存在两个以上亲株同时参与融合,可形成多种性状的融合子。

**2. 原生质体融合步骤**

(1)选择亲本。选择两个具有育种价值并带有选择性遗传标记的菌株作为亲本。

(2)制备原生质体。经溶菌酶除去细胞壁,释放出原生质体,并置高渗液中维持其稳定。

(3)促融合。聚乙二醇加入原生质体以促进融合。聚乙二醇为一种表面活性剂,能强制性地促进原生质体融合。在有$Ca^{2+}$、$Mg^{2+}$存在时,更能促进融合。

(4)原生质体再生。原生质体已失去细胞壁,虽有生物活性,但在普通培养基上不生长,必须涂布在再生培养基上,使之再生。

(5)检出融合子。利用选择培养基上的遗传标记,确定是否为融合子。

(6)融合子筛选。产生的融合子中可能有杂合双倍体和单倍重组体不同的类型,前者性能不稳定,要选出性能稳定的单倍重组体,需要反复筛选出生产性能良好的融合子。

**3. 原生质体再生率和融合率计算**

$$再生率 = \frac{C-B}{A-B} \times 100\%$$

式中,$A$、$B$ 分别为溶菌酶处理前后在完全培养基上的菌落数;$C$ 为溶菌酶处理后在高渗培养基上的菌落数。

融合率=[(融合子数×稀释倍数)/(再生培养基上生长的总菌数×稀释倍数)]×100%

【仪器调试】

培养摇床是微生物实验中培养微生物液体的重要仪器,其主要有以下操作步骤。

(1)把电源开关拨至"1"处,此时电源指示灯亮,控温仪上有数字显示。

(2)温度设定。

a. 当所需加热温度与设定温度相同时无需设定,反之则需重新设定。先按控温仪的功能键"SET"进入温度设定状态,SV 设定显示一闪一闪,再按移位键"◢"配合加键"△"或减键"▽",设定结束需按功能键"SET"确认。

b. 如需设定 37℃,原设定 26.5℃,先按功能键"SET",再按移位键"◢",将光标移至显示器十位数字上,然后按加键"△",使十位数字从"2"升至为"3",十位数设定后,移动光标依次设定个位和分位数字,使设定温度显示为 37℃,按功能键"SET"确认,温度设定结束。

(3)上限跟踪报警设定。产品出厂前已设定高 10℃,一般不需要进行设定。如需重新设定按功能键"SET"5s,仪表进入上限跟踪报警设定状态"AL1",再按移位键"◢"配合加键"△"或减键"▽"操作,最后按功能键"SET"确认。跟踪报警设定结束。

(4)温度显示值修正。由于产品出厂前都经过严格测试,一般不要进行修正。如产品使用时的环境不佳,外界温度过低或过高,会引起温度显示值与箱内实际温度误差,如超出技术指标范围的,可以修正。具体步骤:按功能键 "SET"5s,仪表进入参数设定循环状态"AL1",继续按动功能键"SET",使显示"SC"修正,然后按动移位键"◢"配合加键"△"或减键"▽"操作,就可以进行温度修正。最后按功能键"SET"确认,温度显示值修正结束。

设定结束后,各项数据长期保存。此时培养箱进入升温状态,加热指示灯亮。当箱内温度接近设定温度时,加热指示灯忽亮忽灭,反复多次,控制进入恒温状态。

打开内外门,把所需培养的物品放入培养箱,关好内外门,如内外门开门时间过长,箱内温度有些波动,这是正常现象。

根据需要选择培养时间,培养结束后,把电源开关拨"0",如不马上取出物品,请不要打开箱门。

如果你对控温精度和波动度有较高的要求,可采用 PID 自整定控制,当箱内温度第一次将达到设定温度时,先按功能键"SET"5s,仪表进入设定循环状态"AL1",继续按"SET"键使显示"ATU",SV 显示"0000",然后按加键"△"使 SV 显示"0001",最后按功能键"SET"确认,此时自整定指示灯亮,控温仪进入 PID 自整定控制。

培养摇床的维护和保养要注意：①培养箱外壳必须有效接地，以保证使用安全；②培养箱应放置在具有良好通风条件的室内，在其周围不可放置易燃易爆物品；③箱内物品放置切勿过挤，必须留出空间；④箱内外应每日保持清洁，每次使用完毕应当进行清洁。长期不用应盖好塑料防尘罩，放在干燥室内。

【试材准备】

1) 菌种　　枯草芽孢杆菌 T4412 ade⁻his⁻、枯草芽孢杆菌 TT2 ade⁻pro⁻。

2) 器材　　培养皿、接种环、移液管、试管、容量瓶、锥形瓶、烧杯、搪瓷缸、玻璃棒、离心管、吸管、细菌过滤器、滤纸、pH 试纸、标签纸。

【试剂配制】

1) 0.1mol/L 磷酸缓冲液(pH6.0)　　$K_2HPO_4$ 相对分子质量为 174.18，0.1mol/L 溶液为 17.4g/L，称取 17.4g $K_2HPO_4$，溶解于蒸馏水中，定容至 1000mL。$KH_2PO_4$ 相对分子质量为 136.09，0.1mol/L 溶液为 13.6g/L，称取 13.6g $KH_2PO_4$，溶解于蒸馏水中，定容至 1000mL。

2) 培养基

(1) 完全培养基(CM, 液体)：蛋白胨 1g，葡萄糖 1g，酵母粉 0.5g，牛肉膏 0.5g，NaCl 0.5g，蒸馏水 100mL，pH7.2，100Pa 灭菌 20min。

(2) 完全培养基(CM, 固体)：蛋白胨 1g，葡萄糖 1g，酵母粉 0.5g，牛肉膏 0.5g，NaCl 0.5g，琼脂 2.0g，蒸馏水 100mL，pH7.2，100Pa 灭菌 20min。

(3) 基本培养基(MM)：葡萄糖 0.5g，$(NH_4)_2SO_4$ 0.2g，柠檬酸钠 0.1g，$K_2HPO_4 \cdot 3H_2O$ 1.4g，$KH_2PO_4$ 0.6g，$MgSO_4 \cdot 7H_2O$ 0.02g，蒸馏水 100mL，纯化琼脂 2g，pH7.0，100Pa 灭菌 20min。

(4) 补充基本培养基(SM)：在基本培养基中加入 20g/mL 的腺嘌呤及 2% 的纯化琼脂，75Pa 灭菌 20min。

(5) 再生补充基本培养基(SMR)：在补充基本培养基中加入 0.5mol/L 蔗糖，1.0% 纯化琼脂作上层平板，2.0% 纯化琼脂作底层平板，75Pa 灭菌 20min。

(6) 酪蛋白培养基(测蛋白酶活性用)：$Na_2HPO_4 \cdot 12H_2O$ 0.13g，$KH_2PO_4$ 0.036g，NaCl 0.01g，$ZnSO_4 \cdot 7H_2O$ 0.002g，$CaCl_2 \cdot 2H_2O$ 0.0002g，酪素 0.4g，酪素水解氨基酸 0.005g，琼脂 1.5~2g，蒸馏水 100mL，pH7.2，100Pa 灭菌 20min。

3) 缓冲液

(1) 0.1mol/L pH6.0 磷酸缓冲液。

(2) 高渗缓冲液：于 pH6.0 磷酸缓冲液中加入 0.8mol/L 甘露醇。

4) 原生质体稳定液(SMM)　　0.5mol/L 蔗糖，20mol/L $MgCl_2$，0.02mol/L 顺丁烯二酸，调 pH 至 6.5。

5) 促融合剂　　含 40% 聚乙二醇(PEG-4000) 的 SMM 溶液。

6) 溶菌酶液　　酶粉酶活为 4000U/g，用 SMM 溶液配制，终浓度为 2mg/mL，过滤除菌备用。

【操作步骤】

**1. 原生质体的制备**

1) 培养枯草芽孢杆菌　　取亲本菌株 T4412、TT2 新鲜斜面分别接一环到装有液体完全培养基(CM)的试管中，36℃振荡培养 14h，各取 1mL 菌液转接入装有 20mL 液体完全培养基的 250mL 锥形瓶中，36℃振荡培养 3h，使细胞生长进入对数前期，各加入 25U/mL 青霉素，使其终浓度为 0.3U/mL，继续振荡培养 2h。

2) 收集细胞　　各取菌液 10mL，4000r/min 离心 10min，弃上清液，将菌体悬浮于磷酸缓冲液中，离心。如此洗涤两次，将菌体悬浮于 10mL SMM 中，以每毫升含 $10^8 \sim 10^9$ 个活菌为宜。

3) 总菌数测定　　各取菌液 0.5mL，用生理盐水稀释，取 $10^{-5}$、$10^{-6}$、$10^{-7}$ 各 1mL（每稀释度做三个平板）倾注完全培养基，36℃培养 24h 后计数。此为未经酶处理的总菌数。

4) 脱壁　　两株亲本菌株各取 5mL 菌悬液，加入 5mL 溶菌酶溶液，溶菌酶浓度为 100μg/mL，混匀后于 36℃水浴保温处理 30min，定时取样，镜检观察原生质体形成情况，当 95% 以上细胞变成球状原生质体时，4000r/min 离心 10min，弃上清液，用高渗缓冲液洗涤除酶，然后将原生质体悬浮于 5mL 高渗缓冲液中。立即进行剩余菌数的测定。

5) 剩余菌数测定　　取 0.5mL 上述原生质体悬液，用无菌水稀释，使原生质体裂解死亡，取 $10^{-2}$、$10^{-3}$、$10^{-4}$ 稀释液各 0.1mL，涂布于完全培养基平板上，36℃培养 24~48h，生长出的菌落应是未被酶裂解的剩余细胞。

计算酶处理后剩余细胞数，并分别计算两亲株的原生质体形成率。原生质体形成率＝未经酶处理的总菌数−酶处理后剩余细胞数。

**2. 原生质体再生**（用双层培养法）

(1) 先倒再生补充基本固体培养基(SMR)作底层。

(2) 取 0.5mL 原生质体悬液，用 SMM 适当稀释。

(3) 取 $10^{-3}$、$10^{-4}$、$10^{-5}$ 稀释液各 1mL，加入底层平板培养基的中央。

(4) 再倒入上层再生补充半固体培养基混匀，36℃培养 48h。

(5) 分别计算两亲株的原生质体的再生率，并计算其平均数。

**3. 原生质体融合**

(1) 取两个亲本的原生质体悬液各 1mL 混合。

(2) 放置 5min 后，2500r/min 离心 10min，弃上清液。

(3) 向沉淀中加入 0.2mL SMM 溶液混匀，再加入 1.8mL PEG 溶液，轻轻摇匀。

(4) 置 36℃水浴保温处理 2min，2500r/min 离心 10min。

(5) 收集菌体，将沉淀充分悬浮于 2mL SMM 液中。

**4. 检出融合子**

(1) 取 0.5mL 融合液，用 SMM 液适当稀释，取 0.1mL 菌液于灭菌并冷却至 50℃的再生补充基本培养基软琼脂中混匀。

(2) 迅速倾入底层为再生补充基本培养基的平板上。

(3) 36℃培养 2d，检出融合子。

(4) 转接传代，并进行计数，计算融合率。

#### 5. 融合子的筛选

挑选遗传标记稳定的融合子,凡是在再生补充基本培养基平板上长出的菌落,初步认为是融合子,可接入酪蛋白培养基平板上,再挑选蛋白酶活性高于亲本的融合子。

注意:由于原生质体融合后会出现两种情况,一种是真正的融合,即产生杂核二倍体或单倍重组体;另一种只发生质配,而无核配,形成异核体。两者都能在再生补充基本培养基平板上形成菌落,但前者稳定,后者则不稳定。故在传代中将会分离为亲本类型。所以要获得真正融合子,必须进行几代的分离、纯化和选择。

【注意事项】

1. 实验过程必须严格进行,每次称量务必精确,否则会造成错误。
2. 要选出性能稳定的单倍重组体,需要反复筛选出生产性能良好的融合子。

【实验后分析】

1. 本实验通过促融剂 PEG 进行细菌原生质体融合,试讨论本实验是否可以用其他原生质体融合的方法进行。
2. 培养方法对原生质再生有何影响?
3. 影响原生质体活性的因素有哪些?
4. 融合子的鉴定方法有几种?有何区别?

【新实验设计】

是否可以通过本实验设计出真菌及放线菌原生质体融合的实验,且有一定的实践意义?

## 实验七 微生物菌种的保藏
### Preservation of microbial strains

【实验目的】

1. 掌握微生物菌种保藏的基本原理。
2. 掌握微生物菌种的几种常用保藏方法。

【实验原理】

菌种是微生物学研究中的重要材料。菌种保藏是一切微生物工作的基础,是微生物学研究和微生物学育种工作的重要组成部分,菌种保藏的目的是使菌种保藏后不死亡、不变异、不被杂菌污染,并保持其优良性状,以利于生产和科研的应用。

菌种保藏的原理是根据微生物生理生化特点,人工创造条件,使微生物代谢处于不活泼、生长繁殖受抑制的休眠状态,即采取低温、干燥、缺氧等条件,使菌种暂时处于休眠状态。一种好的保藏方法首先能长期保持菌种原有的优良性状不变,同时还需考虑方法本身的简便性和经济性,以便能推广应用。目前微生物菌种保藏的方法有多种,设计的原则有：选用典型的优良纯培养物进行保藏，并尽量采用其休眠体，如细菌的芽孢、真菌的孢子等；创造有利于微生物休眠的环境条件，如低温、干燥、缺氧、缺乏营养及添加保护剂等；尽量减少传代次数。本实验介绍定期移植法、沙土管保藏法、穿刺保藏法和甘油管冷冻保藏法。

定期移植法：也称传代培养保藏法，包括斜面培养、穿刺培养、液体培养等。将菌种接种于适宜的培养基中，最适条件下培养，待生长充分后，于4～6℃冰箱中进行保藏，并间隔一定时间进行传代培养。保藏时间依微生物种类不同而不同。定期移植的原理是利用低温抑制微生物的生长繁殖，从而延长保藏时间。此法操作简单，不需要特殊设备，但保存时间短，需要经常转管，易于变异，只适合菌种的短期保藏。

沙土管保藏法：将待保藏菌种接种于适当的斜面培养基上，经培养后，制成孢子悬液，无菌操作将孢子悬液滴入已灭菌的沙土管中，孢子即吸附在沙子上，将沙土管置于真空干燥管中，通过抽真空吸干沙土管中的水分，然后将干燥器置于4℃冰箱保存。此法利用干燥、缺氧、缺乏营养、低温等因素综合抑制微生物生长繁殖，从而延长保藏时间。本方法设备简单，适用于产孢子和有芽孢的菌种保藏，可保存两年，但对营养细胞不适用。

穿刺保藏法：在容量为2～3mL的旋盖玻璃小瓶中加入相当于2/3容量的LB琼脂，灭菌后备用。用接种针挑取被保藏菌株单菌落，针刺至瓶底，在适当温度下培养过渡后避光保藏于4℃或室温保存。穿刺法可保藏细菌两年之久。

甘油管冷冻保藏法：在细菌培养物中加入适量甘油(使甘油终浓度为30%)，分装至保存管内，置于-20℃或-70℃冰箱中保藏。此法是利用甘油作为保护剂，甘油透入细胞后，能强烈降低细胞的脱水作用，而且，在-20℃或-70℃条件下，可大大降低细胞代谢水平，却能维持生命活动状态，达到延长保藏时间的目的。此法可保藏1～10年。

冷冻干燥保藏菌种可克服简单保藏方法的不足。利用有利于菌种保藏的一切因素，使微生物始终处于低温、干燥、缺氧的条件下，因而它是迄今为止最有效的菌种保藏法之一。

【实验仪器】

恒温培养箱、高压灭菌锅、真空泵、干燥器、冰箱。

【试材准备】

1)菌种　　细菌、放线菌、酵母菌和霉菌的斜面菌种。

2)器材　　酒精喷灯、接种环、接种针、无菌滴管、用于菌种保藏的小试管(10mm×10mm)数支、5mL无菌吸管、筛子(40目、100目)、标签、棉花、牛角匙等。

3)其他　　无菌甘油、五氧化二磷或无水氯化钙、10%HCl、2% HCl、无菌水、脱脂奶粉、75%乙醇、河沙、瘦黄土(有机质含量少)。

【试剂配制】

(1)牛肉膏蛋白胨斜面和半固体深层培养基(培养细菌)。

(2)高氏一号培养基(培养放线菌)。

(3)麦芽汁培养基(培养酵母)。

(4)马铃薯蔗糖琼脂培养基(培养丝状真菌)。

【操作步骤】

**1. 定期传代接种法**

1) 贴标签　　取无菌的牛肉膏蛋白胨斜面培养基数支,在斜面的正上方距离试管口 2～3cm 处贴上标签。在标签上写明微生物的菌名、培养基名称和接种日期。

2) 接种　　将不同菌种在适宜的斜面培养基上作划线接种。

3) 培养　　在适宜温度下培养,对于产芽孢的细菌或产孢子的放线菌及霉菌等,待孢子形成后保藏。

4) 保藏　　将培养好的菌种置于 4～5℃冰箱中进行保藏。

**2. 半固体穿刺接种保藏法**

1) 贴标签　　取适宜培养基数支,在斜面的正上方距离试管口 2～3cm 处贴上标签。

2) 接种　　用穿刺接种法将菌种接种至半固体深层培养基中央部分,注意不要穿透底部。

3) 培养　　在适宜温度下培养,使其充分生长。

4) 保藏　　将培养好的菌种置于 4～5℃冰箱保藏。

一般在保藏半年到一年后,需转接到新配的半固体深层培养基中,经培养后,再行保藏。

**3. 沙土管保藏法**

1) 制作沙土管　　取河沙若干,用吸铁石除去铁质,过 40 目筛,用 10% HCl 溶液浸泡除去有机杂质,盐酸用量为浸没沙面,2～4h 后倒出盐酸,用自来水洗至中性,烘干备用。

2) 筛土　　取非耕作层瘦黄土若干,磨细,过 100 目筛备用。

3) 沙土混合　　按 1 份土加 4 份沙的比例均匀混合后,装入小试管,装量 1cm 左右。

4) 灭菌　　加压蒸汽灭菌,直到检验无菌为止;或者 100℃灭菌 1h,每天一次,连续灭菌 3d。

5) 无菌检查　　取灭菌后的沙土少许,接入肉膏蛋白胨培养液中,37℃培养 1～2d,观察有无杂菌生长,如有,则需要重新灭菌。

6) 制备菌液　　把 3mL 无菌水加到生长充分待保藏菌种斜面上,用接种环轻轻刮下菌苔,振荡制成菌悬液。

7) 加样　　用 1mL 无菌吸管吸取上述菌悬液 0.1mL 加到沙土管中,再用接种环拌匀,塞上棉塞。

8) 干燥　　把装好菌液的沙土管放入干燥器,干燥器内应预先放置五氧化二磷或无水氯化钙用于吸水。当五氧化二磷或无水氯化钙因吸水变成糊状时则应进行更换。如此数次,沙土管即可干燥。也可用真空泵连续抽气约 3h,即可达到干燥效果。

9) 保藏　　干燥后的沙土管可直接放入冰箱中保藏;也可将沙土管带塞一端浸入熔化的石蜡中,使管口密封后冰箱保藏。

**4. 含甘油培养物保藏法**

在基因工程中此法常用于保存含质粒载体的大肠杆菌,一般可保存半年到一年。

1) 甘油灭菌　　将甘油置于 100mL 的小锥形瓶内,每瓶装 10mL,塞上棉塞,外包牛皮纸,高压蒸汽灭菌,100Pa 灭菌 20min。

2) 接种与培养　　用接种环取一环携带载体的大肠杆菌接种到一支装有 5mL 含氨苄青霉素(100μg/mL)的 LB 液体培养基的试管中,37℃振荡培养过夜。

3）培养物与灭菌甘油混合　　用无菌移液管吸取 0.85mL 大肠杆菌培养液，置于一支有螺口和空气密封圈的试管中（或置于一支 1.5mL 灭菌的离心管中），再加入 0.15mL 灭菌甘油，振荡，使培养液与甘油充分混匀，然后将含甘油的培养液置于乙醇-干冰或液氮中速冻。

4）保法　　将已冰冻含甘油培养物置于-70℃或-20℃冰箱中保存。

5）转接　　到保藏期后，用接种环刮拭冻结的培养物表面，然后将培养物接种到含氨苄青霉素的 LB 斜面上，37℃培养过夜。用接种环挑取斜面上已长好的细菌培养物，置于装有 2mL 含氨苄青霉素的 LB 培养液的试管中，再加入等量含 30%灭菌甘油和氨苄青霉素的 LB 培养基中，振荡混匀。然后分装于带有螺口盖和空气密封圈的无菌试管中，或分装于 1.5mL 灭菌的离心管，按上述方法冷冻保藏。

**5. 冷冻干燥保藏法**

1）准备安瓿　　选用外径 6~8cm，壁厚 0.6~1.2cm，长 10.5cm 的硬质玻璃试管，用 2% HCl 浸泡 8~10h 后用自来水冲洗多次，烘干。将印有菌名和接种日期的标签放入安瓿内，有字一面朝向管壁。管口加棉花塞，121℃灭菌备用。

2）制备脱脂牛乳　　将脱脂牛奶粉配成 20%乳液，然后分装，121℃灭菌 30min 作无菌试验后备用。

3）准备菌种　　选用无污染的纯菌种，一般细菌培养 24~48h，酵母菌培养 3d，放线菌与丝状真菌培养 7~10d。

4）制备菌液及分装　　吸取 3mL 无菌牛奶直接加入斜面菌种管中，用接种环将菌种刮下，轻轻搅动制成均匀的细胞或孢子悬液。用无菌滴管将菌悬液分装于安瓿底部，每管装 0.9mL。

5）预冻　　将安瓿外的棉花剪去并将棉塞向里推至离管口约 15mm 处，在冰箱冷冻室预冻。

6）真空干燥　　完成预冻后，将安瓿放入真空干燥器中，开动真空泵进行干燥。干燥时应根据安瓿的数量、悬浮液装量及保护剂性质来定，一般 3~4h 即可。

7）封口　　样品干燥后继续抽真空达 1.33Pa 时，在安瓿棉塞的稍下部位用酒精喷灯火焰灼烧，拉成细瓶并熔封，然后在 4℃冰箱内保藏。

8）恢复培养　　用 75%乙醇消毒安瓿外壁后，火焰上烧热安瓿上部，然后将无菌水滴在烧热处，使管壁出现裂缝，放置片刻，让空气从裂缝缓慢进入管内后，将裂口端敲断，这样可防止空气因突然开口进入管内而致使菌粉飞扬。将合适的培养液加入冻干样品中，使干菌充分溶解，再用无菌的长颈滴管吸取菌液至合适的培养基中，放于最适温度下培养。

冷冻干燥保藏法综合利用了各种有利于菌种保藏的因素（低温、干燥和缺氧等），是目前最有效的菌种保藏法之一。保存时间可达 10 年以上。

【注意事项】

1. 定期传代保藏法适合于细菌、酵母、放线菌和霉菌。
2. 真空干燥过程中安瓿内样品应保持冻结状态，以防止抽真空时样品产生泡沫而外溢。
3. 熔封安瓿时注意火焰大小要适中，封口处灼烧要均匀，若火焰过大，封口处易弯斜，冷却后易出现裂缝而造成漏气。

【实验后分析】

1. 甘油保藏法适合于什么类型的微生物？
2. 实验室最常用哪一种既简单又方便的保藏法保藏细菌菌体？
3. 菌种保藏中，石蜡的作用是什么？
4. 沙土管保藏法适合于哪种类型的微生物？
5. 简述半固体穿刺保藏法、含甘油培养物保藏法、沙土管保藏法的保藏原理。
6. 冷冻干燥保藏法适合于什么类型的微生物？

【新实验设计】

1. 设计一种方法对近期常用菌种进行保藏。
2. 试用不同的保护剂对细菌进行冷冻干燥保藏法保藏。

# 实验八　微生物培养基的优化——单因素实验
## Optimization of the culture mediums for microorganisms growing

本实验扫描二维码获取相关内容！

# 实验九　微生物培养基的优化——正交试验
## Optimization of the culture conditions for microorganisms growing

【实验目的】

1. 掌握酵母菌生长曲线的测定原理及方法，了解酵母菌生长曲线的基本特征，从而认识微生物在一定条件下生长繁殖的规律。
2. 了解正交试验法的设计原理及数据分析方法。

【实验原理】

微生物培养过程中许多影响因子是相互影响相互作用的，常常需要同时考察3个或3个以上的试验因素，若进行全面试验，则试验的规模将很大，往往因试验条件的限制而难以实施。正交试验设计就是安排多因素试验，寻求最优水平组合的一种高效率试验设计方法。正交试验设计由正交表来安排与分析多因素试验。利用正交表从试验因素的全部水平组合中挑选部分有代表性的水平组合进行试验，通过对这部分试验结果的分析全面了解试验的情况，找出最优的水平组合。正交试验设计的基本特点是：用部分试验来代替全面试验，通过对部分试验结果的分析，了解全面试验的情况。如三因素三水平的实验组合共有27种组合，由正交表查出的9个试验组合是 $A_1B_1C_1$、$A_1B_2C_2$、$A_1B_3C_3$、$A_2B_1C_2$、$A_2B_3C_1$、$A_2B_2C_3$、$A_3B_2C_1$、

$A_3B_3C_2$ 和 $A_3B_1C_3$。这 9 个试验组保证了 A 因素的每个水平与 B 因素、C 因素的各个水平在试验中各搭配一次，9 个试验点均衡地分布于整个立方体内，有很强的代表性，能够比较全面地反映选优区内的基本情况。正交表是一整套规则的设计表格，用 L 为正交表的代号，$n$ 为试验的次数，$t$ 为水平数，$c$ 为列数，也就是可能安排最多的因素个数。例如，$L_9(3)$ 表示需作 9 次实验，最多可观察 4 个因素，每个因素均为 3 水平。一个正交表中也可以各列的水平数不相等，我们称它为混合型正交表，如 $L_8(4×2)$，此表的 5 列中，有 1 列为 4 水平，4 列为 2 水平。

正交试验设计的基本程序：对于多因素试验，正交试验设计是简单常用的一种试验设计方法，其设计基本程序如图 1-9-1 所示。正交试验设计的基本程序包括试验方案设计及试验结果分析两部分。试验方案设计包括根据试验目的与要求，确定合理的试验分析或检测指标，对于每个指标则需要做预试验或查找文献资料选取影响该指标的因素及每个因素可选水平。根据因素水平的个数选合适的正交表,然后对表头设计,列出具体试验方案(表 1-9-1 和表 1-9-2)。

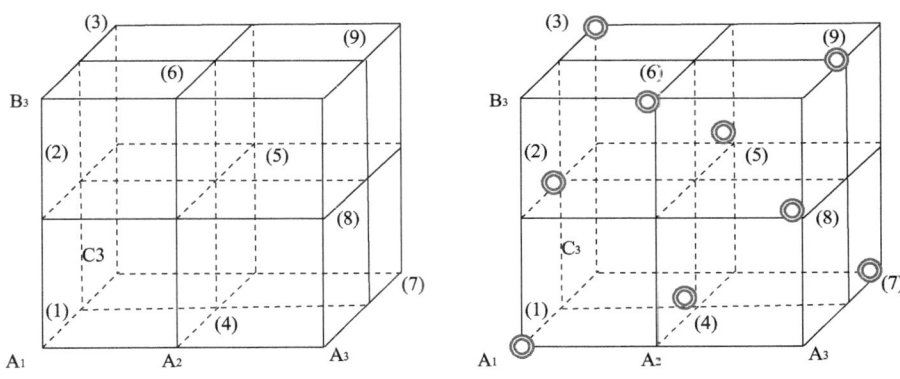

图 1-9-1  正交试验设计图

表 1-9-1  试验因素与水平

| 水平 | 因素 A | 因素 B | 因素 C |
| --- | --- | --- | --- |
| 1 | $A_1$ | $B_1$ | $C_1$ |
| 2 | $A_2$ | $B_2$ | $C_2$ |
| 3 | $A_2$ | $B_2$ | $C_3$ |

表 1-9-2  正交试验方案与试验结果

| 试验号 | 因素 A | 因素 B | 因素 C | 检测指标 |
| --- | --- | --- | --- | --- |
| 1 | $A_1$ | $B_1$ | $C_1$ | $Y_1$ |
| 2 | $A_1$ | $B_2$ | $C_2$ | $Y_2$ |
| 3 | $A_1$ | $B_3$ | $C_3$ | $Y_3$ |
| 4 | $A_2$ | $B_1$ | $C_3$ | $Y_4$ |
| 5 | $A_2$ | $B_2$ | $C_1$ | $Y_5$ |

续表

| 试验号 | 因素A | 因素B | 因素C | 检测指标 |
|---|---|---|---|---|
| 6 | $A_2$ | $B_3$ | $C_2$ | $Y_6$ |
| 7 | $A_3$ | $B_1$ | $C_2$ | $Y_7$ |
| 8 | $A_3$ | $B_2$ | $C_3$ | $Y_8$ |
| 9 | $A_3$ | $B_3$ | $C_1$ | $Y_9$ |
| $T_1$ | $K_{a1}$ | $K_{b1}$ | $K_{c1}$ | |
| $T_2$ | $K_{a2}$ | $K_{b1}$ | $K_{c3}$ | |
| $T_3$ | $K_{a3}$ | $K_{b1}$ | $K_{c3}$ | |
| $t_1$ | $K_{a1}$ | $K_{b1}$ | $K_{c1}$ | |
| $t_2$ | $K_{a2}$ | $K_{b2}$ | $K_{c2}$ | |
| $t_3$ | $K_{a3}$ | $K_{b3}$ | $K_{c3}$ | |
| R | k最大−k最小 | k最大−k最小 | k最大−k最小 | |

注：① T为因素试验结果之和，如$K_{a1}=Y_1+Y_2+Y_3$；② t为因素试验结果之和的均值，如$k_{a1}=K_{a1}/3$；③ R为K值中的大数−小数

【实验仪器】

恒温培养箱、721型分光光度计、比色杯、恒温振荡摇床、无菌吸管、试管、锥形瓶、电热恒温水浴槽、天平、电炉。

【试材准备】

(1)酵母菌斜面菌种。
(2)液体YPD培养基。
(3)装有YPD液体培养基的大试管12支。

【试剂配制】

(1)YPD培养基：酵母膏1%，蛋白胨2%，葡萄糖2%。pH自然。制法：加热溶解，分装后121℃灭菌20min。
(2)葡萄糖、蔗糖、酵母浸粉、$KH_2PO_4$。

【操作步骤】

**1. 酵母菌生长曲线的测定**

1)种子液的制备 取酵母菌斜面菌种1支，以无菌操作挑取1环菌苔，接入察氏液体培养基中，静置培养18h作种子培养液。

2)编号 取11支盛有察氏培养基的大试管，用记号笔标明培养时间，即0h、1.5h、3h、4h、6h、8h、10h、12h、14h、16h、20h。

3)接种 用1mL无菌吸管，每次准确吸取0.2mL酵母菌培养液，分别接种到已编号的11支大试管中，接种后振荡，使菌体混匀。

4)培养 将接种后的11支大试管置于恒温振荡摇床上，28℃振荡培养。分别在对应时间将大试管取出，立即放入冰箱贮存，待培养结束时一起测OD值。

5) 比浊测定　　将未接种的察氏培养基倒入比色杯中，选用560nm波长分光光度计，调节至零点，作为空白对照，并对培养液从0时起不同时间依次进行测定，对浓度大的菌悬液用未接种的察氏培养液体适当稀释后，使其OD值在0.1～0.65，经稀释后测得的OD值要乘以稀释倍数，才是培养液实际的OD值。

6) 曲线绘制　　绘制酵母菌的生长曲线，挑选酵母菌进入稳定期的培养时间。

**2. 酵母菌培养条件的优化**

(1)种子液的制备：取酵母菌斜面菌种1支，以无菌操作挑取1环菌苔，接入察氏液体培养基中，静置培养18h作种子培养液。

(2)培养基的配制(按表1-9-3和表1-9-4操作)。

表1-9-3　正交表试验设计　　　　　　　　　　　（单位：mL）

| 因素水平 | 葡萄糖 | 蔗糖 | 酵母膏 | $KH_2PO_4$ |
| --- | --- | --- | --- | --- |
| 1 | 1.0 | 0.0 | 0.5 | 0.5 |
| 2 | 2.0 | 1.0 | 1.0 | 1.0 |
| 3 | 3.0 | 2.0 | 2.0 | 2.0 |

表1-9-4　正交表试验方案

| 编号 | 葡萄糖(A) | 蔗糖(B) | 酵母膏(C) | $KH_2PO_4$(D) | 生物量(OD) |
| --- | --- | --- | --- | --- | --- |
| 1 | (1) | (1) | (1) | (1) | |
| 2 | (1) | (2) | (2) | (2) | |
| 3 | (1) | (3) | (3) | (3) | |
| 4 | (2) | (1) | (2) | (3) | |
| 5 | (2) | (2) | (3) | (1) | |
| 6 | (2) | (3) | (1) | (2) | |
| 7 | (3) | (1) | (3) | (2) | |
| 8 | (3) | (2) | (1) | (3) | |
| 9 | (3) | (3) | (2) | (1) | |

(3)将上述培养基配制好以后，每个250mL锥形瓶中装入培养基100mL，于121℃下灭菌30min，冷却。

(4)冷却后以种子液为接种液，按5%的量接种后置于28℃培养箱进行培养。

(5)测OD值：将接种培养至稳定期的菌悬液摇均匀后于560nm波长、1cm比色皿中测定OD值。比色测定时，用未接种的培养基作空白对照，并将OD值填入表中，最终确定最佳培养基的组成及发酵时间。

**【注意事项】**

由于酵母菌比较大，容易沉降在容器底部，接种时一定要摇匀，保证不同的试验组所接菌种的细胞数大致相同，否则会影响试验结果干扰因素的重要性分析。

**【实验后分析】**

1. 将生长曲线测定的OD值填入下表：

| 培养时间/h | 对照 | 0 | 1.5 | 3 | 4 | 6 | 8 | 10 | 12 | 14 | 16 |
|---|---|---|---|---|---|---|---|---|---|---|---|
| 光密度值（OD$_{560nm}$） | | | | | | | | | | | |

2. 为什么说用比浊法测定的细菌生长只是表示细菌的相对生长状况？

3. 生长曲线中为什么会出现稳定期和衰亡期？在生产实际中怎样缩短延迟期？怎样延长对数期及稳定期？怎样控制衰亡期？

【新实验设计】

对蛋白酶产生菌培养基的正交优化。

## 实验十　霉菌孢子数及发芽率的测定

## Determination of the amount and the germination percentage of the mould spores

【实验目的】

1. 掌握利用血细胞计数板测定微生物细胞数目的原理和方法。
2. 掌握测定霉菌孢子发芽率的方法。

【实验原理】

利用血细胞计数板直接在显微镜下计数细胞或孢子的数目，是一种常用的微生物计数法，主要用于菌体较大的酵母菌、霉菌孢子、放线菌和真菌的原生质体等的计数。

血细胞计数板计数的原理是：将经过适当稀释的菌体细胞或孢子悬液，加至血细胞计数板的计数室中，在显微镜下逐格计数。由于计数室的容积是固定的（0.1mm$^3$），故可将在显微镜下计得的菌数或孢子数换算成单位体积试样中的菌数或孢子数。

孢子发芽率的测定方法常有液体培养法和玻片培养法。本实验应用液体培养法制片后在显微镜下直接观察测定孢子发芽率。

血细胞计数板是一块特制的载玻片，载玻片上有 4 条槽将其分成 3 个平台。中间平台由一条短槽分隔成 2 个平台，2 个平台各有 1 个相同的方格网。每个方格网分成 9 个大方格，中央大格即为计数室。中央大方格的边长为 1mm，面积为 1mm$^2$，计数室与盖玻片间的深度为 0.1mm。

计数室的规格一般有两种：一种是一个大方格被分成 25 个中方格，每个中方格又分成了 16 个小方格；另一种是一个大方格被分为 16 个中方格，每个中方格又分成 25 个小方格。无论哪种规格，计数室的小方格数都是相同的（400 个）。

计数时，先计算若干个中方格的孢子数，求得一个中方格孢子数的平均值，再乘以中方格总数（16 个或 25 个），得出计数室体积（0.1mm$^3$）中的总孢子数，再乘上 10$^4$ 和孢子液的稀释倍数，即可算出每毫升孢子液中的总孢子数。

血细胞计数板的构造如图 1-10-1 所示。

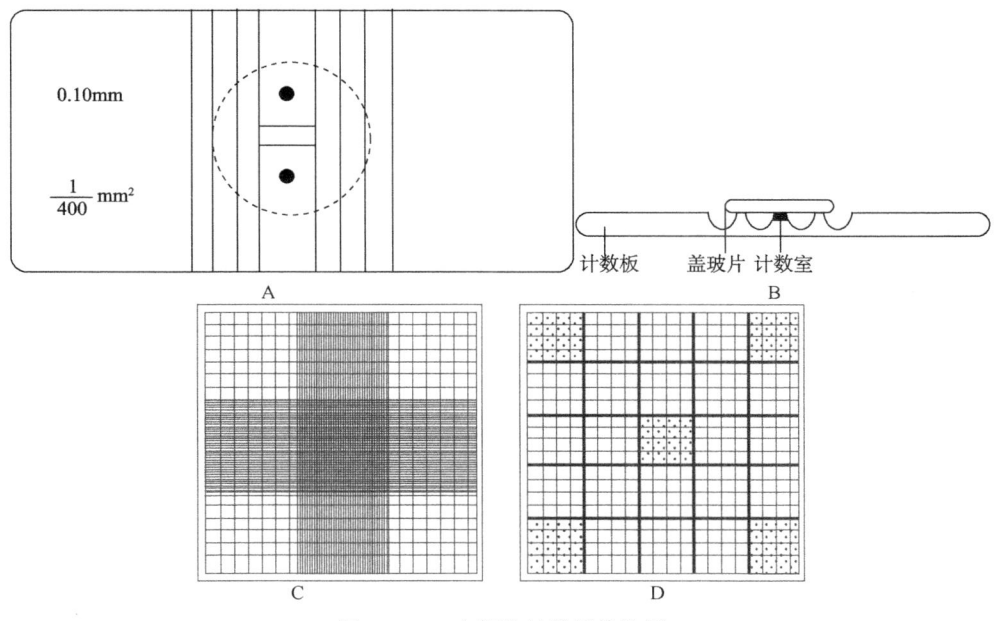

图 1-10-1 血细胞计数板构造图
A. 顶面观；B. 侧面观；C. 放大后的网；D. 放大后的计数室(16×25)

【实验仪器】

光学显微镜、恒温摇床。

【试材准备】

1) 菌种　　根霉。
2) 马铃薯液体培养基　　马铃薯 20g，葡萄糖或蔗糖 2g，自来水 100mL，pH 自然。
3) 器材　　血细胞计数板、锥形瓶、试管等。

【操作步骤】

**1. 孢子数测定**

1) 制备孢子液　　取已培养好的根霉斜面菌种 1 支，加入 5mL 无菌水，轻轻将孢子刮下。将该孢子悬浮液注入已灭菌的盛有数粒玻璃珠的 50mL 锥形瓶内。再用 5mL 无菌水加入菌管中，重复 2～3 次，将剩余孢子刮干净，加入锥形瓶内。水平旋转 30min，充分分散孢子。然后倒入含有脱脂棉的无菌漏斗中过滤，得到单孢子悬浮液。

2) 稀释　　定量取出孢子悬浮液，加到无菌干燥试管中，按照一定倍数稀释，稀释程度以血细胞计数板内每小格含 15～20 个孢子为宜。

3) 镜检　　镜检计数板，确定大方格中的中方格数。

4) 加孢子液　　取干燥洁净的盖玻片盖在计数室上面，用细口滴管吸取少量孢子液加在盖玻片边缘上，让孢子液由盖玻片与计数室之间的缝隙渗入计数室，再用镊子轻压盖玻片，以免因液体过多将盖玻片顶起而改变计数室容积。静置片刻，待孢子自然沉降并稳定后，开始计数。

5) 计数　　先用低倍镜寻找方格网的位置，找到计数室，并将其移到视野中央，再换高倍镜观察计数。计数所选的中方格位置应布点均匀，通常取 4 个角上的 4 个中格及中央的 1

个中格，共 5 个中格进行计数。为提高准确度，每个样品必须重复计数 2～3 次。

**2. 孢子发芽率的测定**

1）培养孢子　　将通过孢子数测定的已知浓度的孢子液稀释至 $10^5$ 个/mL。吸取 250μL 孢子液于装有 5mL 马铃薯液体培养基的试管中，置于 28℃恒温条件下摇床振荡培养 3～5h。

2）制片　　用无菌滴管在载玻片上滴一滴培养液，盖上盖玻片。注意不要产生气泡。同时制片两个以上。

3）观察计数　　将标本片直接放在高倍镜下观察发芽情况，每次连续镜检 100～200 个孢子。数出发芽孢子数和未发芽孢子数。

4）计算发芽率

$$发芽率 = \frac{A}{A+B} \times 100\%$$

式中，$A$ 为发芽的孢子数；$B$ 为未发芽的孢子数。

【注意事项】

1. 将稀释到合适倍数的孢子液滴入计数室之前，要充分混匀。

2. 计数时，为了避免重复或遗漏，凡在方格线上的孢子只数底线及一条侧线上的孢子。方格线上的孢子超过 1/2 菌体在方格内计为 1，否则不计。

3. 在寻找方格网位置时，视野应调暗一些。

4. 血细胞计数板用完后，用自来水冲洗一遍，再用酒精棉球擦洗，最后用吸水纸吸干。切勿用硬物刷洗。

【实验后分析】

1. 如何区分孢子发芽和未发芽状态？
2. 血细胞计数板计数有什么缺点？
3. 影响发芽率的因素有哪些？
4. 血细胞计数板适用于细菌菌体数测定吗？细菌数目测定时所使用的计数器是什么？

【新实验设计】

研究真菌抑制剂对真菌孢子萌发率的影响。

# 实验十一　细菌生长曲线测定
## The measurement of growth curve of bacteria

【实验目的】

1. 了解细菌的生长特点及其测定原理。
2. 学会用光电比浊法测定细菌生长曲线。

3. 掌握分光光度计的使用方法。
4. 理解不同细菌生长曲线的特点。

【实验原理】

生长曲线就是把一定量的单细胞微生物接种到一定体积的、适合的新鲜培养基中,在适宜的条件下进行培养,定时测定培养液中的细胞数,并以细胞数目的对数值为纵坐标,以培养时间为横坐标制得的曲线,它反映了微生物群体的生长规律。依据微生物生长速率不同,一般把生长曲线分为延缓期、对数期、稳定期和衰亡期。这4个时期的长短因菌种的遗传性、接种量和培养条件的不同而有所改变。

由于细菌悬液的浓度与光密度值(OD值)成正比,因此可利用测得的菌悬液的光密度值推算菌液的浓度。将所测定的光密度值与其对应的培养时间作图,即可绘出该菌在一定条件下的生长曲线。这种测定方法称为光电比浊法,其优点是易于操作、简便快捷。

【实验仪器】

恒温摇床、分光光度计、冰箱等。

【试材准备】

1) 菌种　　大肠杆菌(*Escherichia coli*)、金黄色葡萄球菌(*Staphylococcus aureus*)。
2) LB液体培养基(g/100mL)　　参照第四部分中的实验二"细菌基因组DNA的制备"。
3) 器材　　试管、锥形瓶、接种环等。

【操作步骤】

1) 种子液制备　　取大肠杆菌、金黄色葡萄球菌斜面各一支,分别挑取一环菌苔各接入50mL LB培养基中,静置培养18h作种子培养液。
2) 标记编号　　每一菌种各取25支无菌试管,分别编号为0h、1h、2h…24h。
3) 接种培养　　吸取7.5mL种子液加入装有150mL LB培养基的锥形瓶中,混匀。分别取5mL加入25支试管中,于37℃下120r/min振荡培养。然后在对应的时间(每隔1h)取出相应的试管,立即放入4℃冰箱贮存,待培养结束时一同测OD值。
4) OD值测定　　在600nm波长下测定OD值。以未接种LB培养基作为空白对照,然后从0h开始,依次对培养液进行测定。对于浓度大的菌悬液要用LB培养液进行稀释,使其OD值为0.1~0.65。
5) 绘制曲线　　将测定的数据填入下列表格中,根据表格数据绘制两种菌的生长曲线。

| | 培养时间/h | 对照 | 0 | 1 | 2 | 3 | … | 22 | 23 | 24 |
|---|---|---|---|---|---|---|---|---|---|---|
| 光密度值 | 大肠杆菌 | | | | | | | | | |
| | 金黄色葡萄球菌 | | | | | | | | | |

【注意事项】

1. 测定OD值前,要将待测定的菌悬液混匀。

2. 保证比色皿透光面的洁净，避免透光面的磨损。

【实验后分析】
1. 分析得到的生长曲线，说明出现各个时期的原因。
2. 得到的生长曲线的衰退期是否明显？为什么？

【新实验设计】
设计一个实验，该实验能够说明大肠杆菌在天然培养基和合成培养基生长曲线的不同。

## 实验十二  细菌淀粉酶酶活曲线的测定
## Determination of amylase curve of bacteria

本实验扫描二维码获取相关内容！

## 实验十三  机械通风搅拌发酵罐的结构认识及操作
## Structure and operation of mechanical ventilation stirring fermenter

【实验目的】
1. 了解机械搅拌式发酵罐的内部结构组成及各装置的功能。
2. 熟悉车间管路布置及设备性能。
3. 掌握空气过滤系统操作、冷却系统操作、工艺参数控制；加深对分批培养的基本原理及过程的理解。

【实验原理】

发酵罐是为特定生物化学过程的操作提供良好环境的容器，随着生物工程的迅速发展，发酵罐的形状、操作原理和方法等都发生了很大变化。"生化反应器"也常常成为发酵罐的代名词。根据发酵过程中与氧气的关系，可将发酵罐分为好氧发酵罐和厌氧发酵罐。好氧发酵罐通常采用通气和搅拌来增加溶解氧浓度，以满足微生物代谢过程对氧的需要。根据搅拌方式的不同，好氧发酵设备又可分为机械搅拌式发酵罐和通风搅拌式发酵罐。一个优良的发酵罐应具有严密的结构，良好的液体混合性能，较好的传质、传热速率，同时还应具有配套而又可靠的检测及控制仪表。

机械搅拌式发酵罐是发酵工厂常用类型之一。它是利用机械搅拌器的作用，使空气和发酵液充分混合，促进氧的溶解，以保证微生物生长繁殖和代谢活动对氧的需求。通用式发酵罐是指既具有机械搅拌又有压缩空气分布装置的发酵罐(图 1-13-1),是广泛应用的深层好氧培养设备,也是目前大多数发酵工厂最常用的。发酵罐为封闭式,一般都在一定罐压下操作,罐顶和罐底采用椭圆形或碟形封头。为了便于清洗和检修,发酵罐设有手孔、人孔及爬梯,罐顶还装有窥镜和灯孔,以便观察罐内情况。此外还有各种接管,装于罐顶的接管有进料口、补料口、排气口、接种口和压力表等。装于罐身的接管有冷却水进出口、空气进口、温度和其他测控仪表的接口。取样口则视操作情况装于罐身或罐顶,放料可利用通风管压出也可在罐底另设放料口。发酵罐一般有夹套或蛇管两种传热装置。通用式发酵罐大多采用涡轮式搅拌器,其首要作用是打碎空气泡,增加气-液接触面积,以提高气-液间的传质速率。其次是为了让发酵液充分混合,从而使液体中的固形物料保持悬浮状态。对于大型发酵罐,在同一搅拌轴上需配置多个搅拌器。搅拌轴一般从罐顶伸入罐内,但对容积 100m³ 以上的大型发酵罐,也可采用下伸轴。通用式发酵罐内的空气分布管是将无菌空气引入发酵液中的装置,一般装于最低一挡搅拌器的下面,喷孔向下,以利于罐底部分液体的搅动,使固形物不易沉积于罐底,同时加强了气-液的接触效果。

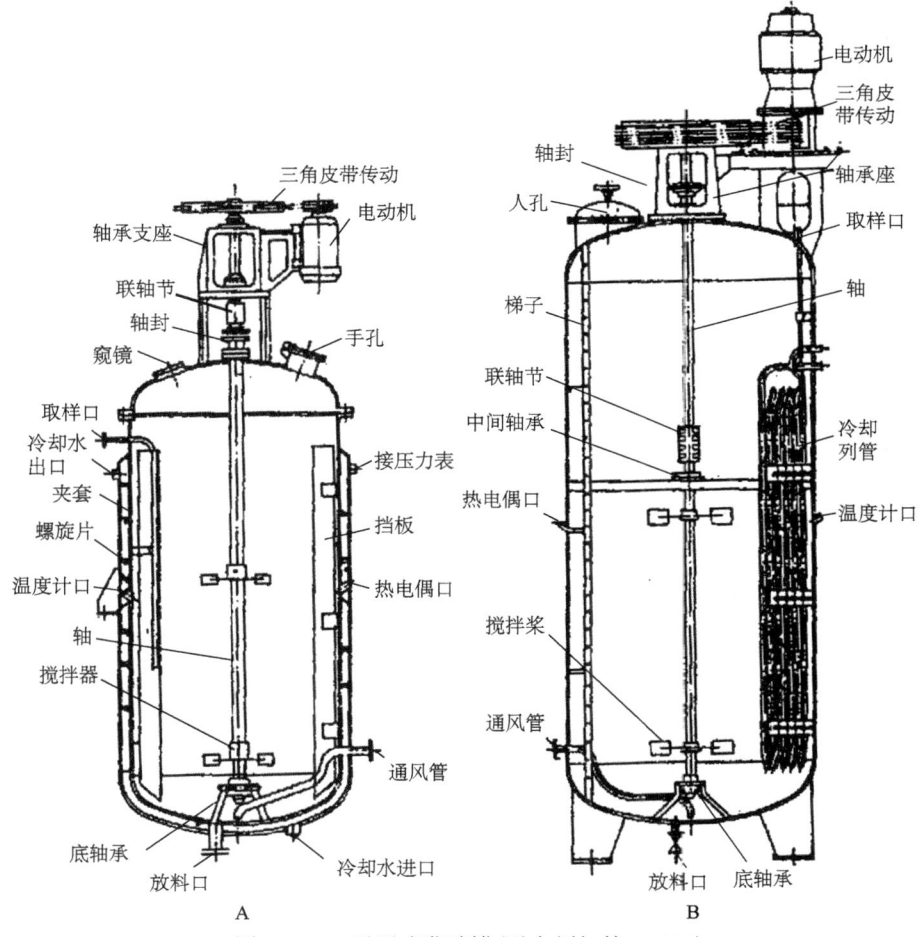

图 1-13-1 通用式发酵罐(引自刘如林,1995)

A. 夹套传热;B. 蛇管传热

在通风搅拌式发酵罐中，通风的目的不仅是供给微生物所需要的氧，同时还利用通入发酵罐的空气，代替搅拌器使发酵液均匀混合。常用的有循环式发酵罐和高位塔式发酵罐。

发酵罐的主要部件：传动装置是电动机和搅拌器的连接部件。机械密封用来阻止外界气体、微生物进入发酵罐。电动机是搅拌器的动力来源。人孔用于加料。取样口方便取小量样品检验。冷却水出口可以导出冷却水。温度计口可放置温度计进行温度监测。窥镜可观察发酵罐内部。进气口和放料口的作用是通入洁净空气并放出发酵物。仪表口用于搁置仪器显示器。热电偶口用于将热信号转换为电信号。pH 电极口是酸碱度的检测器。冷却水进口可以输入冷却水，当发酵温度高时可以进冷水。打泡器可以产生气泡，使空气中的氧气溶解在发酵液中。搅拌器可使发酵物分散均匀，使温度、氧气、pH 分散均匀。罐体则主要用来培养发酵各种菌体，密封性要好（防止菌体被污染）。罐体当中有搅拌浆，用于发酵过程当中不停地搅拌底部以通入菌体生长所需要的空气或氧气。罐体的顶盘上有控制传感器，最常用的有 pH 电极和溶氧电极，用来监测发酵过程中发酵液 pH 和溶解氧含量的变化。

【仪器调试】

在使用 5L 原位灭菌搅拌发酵罐之前，需要先安装和调试。因为有很多原因会让发酵罐处于不佳状态。例如，长途运输后，首先对各连接螺纹进行检查；对搅拌器应作空车试运转检查，待各传动部件运转正常后，方可投产使用；蒸汽连接后，对各接头处检查，如漏气，可旋紧管线接头与螺柱，直到不漏方可正常投产使用。

注意：第一，如进气管与出水管接头漏气，当旋紧接头仍无法解决问题时，应添加或更换填料。第二，压力表与安全阀应定期检查，如有故障要及时调换或修理。这样才能确保发酵罐的长久安全使用。

【试材准备】

1. 牛肉膏蛋白胨培养基的配制。
2. 产蛋白酶芽孢杆菌的活化。

【操作步骤】

**1. 发酵罐的结构及功能认识**

（1）打开内视灯观察以下各装置：罐体的材料、高径比、封头形式；搅拌器组数、叶轮类型；挡板的组数及安装；空气分布装置的形式；轴封的类型和结构；消泡装置的类型和安装；冷却装置的类型；进料、进气、排料、出料、取样装置；加热、冷却装置；压力、温度、pH、溶氧控制接口。

（2）作出机械通风搅拌式生物反应器的结构示意图。

（3）考察本设备所配备的蒸汽系统组成。

（4）考察本设备所配备的空气除菌系统组成，并作出空气除菌流程示意图。

**2. 发酵罐灭菌**

（1）校正 pH 电极和溶氧电极。

（2）将冷凝水管路断开，拔下电极，打开罐盖，将培养基装入发酵罐及补料瓶，易产生泡沫的培养基尽量不要超过 3L。

(3)连接管路：取样管路连接，补料管路连接；空气过滤器用硅胶管与罐盖空气管连接，并用弹簧夹夹紧；排气口与过滤器用硅胶管连接；安装 pH 电极、溶氧电极，pH 电极用闷帽盖紧电极上端口，溶氧电极用铝箔纸包裹电极上端口，防止受潮。盖紧其他罐盖接口。

(4)提起不锈钢保护罩套在玻璃罐体上，将不锈钢保护罩与不锈钢夹套之间的螺丝拧紧，微开不锈钢保护罩的顶部螺丝，留点排气间隙即可，确定灭菌温度及时间。

(5)在程序中点击灭菌开始键，灭菌开始，保温时间结束后，进入降温状态，待温度降到 90℃以后，松几下不锈钢夹套左侧最上部的手动阀门，彻底排出不锈钢保护罩与玻璃体之间的冷却水，然后可以松开不锈钢保护罩与不锈钢夹套之间的螺丝，拿下不锈钢保护罩，尽快使空气进入罐内。

**3. 发酵操作**

(1)将灭菌过的罐体连接冷凝水管路，通入冷凝水，连接通气管路，调整通气量至 3～5L/min。

(2)将 pH 电极、溶氧电极与控制器连接。

(3)补料管连接：打开补料蠕动泵防护盖，搬开进出口处的白色管夹，将硅胶管嵌入入口处的管夹并夹紧，用手转动泵头，将硅胶管沿凹槽安装于出口处，开手动开关约 10s 后夹紧出口处管夹，关手动开关；将酒精棉球放在罐盖补料口内，将针头插入并穿透密封盖；打开蠕动泵手动开关，使输液管中充满料液，置于自动状态。

(4)酸碱液、消泡剂操作同补料操作。

(5)接种：旋松接种口，在火焰保护下，打开接种口，倒入种子，旋紧接种盖，移去火焰圈。

【注意事项】

1. 对罐体安装、拆卸和灭菌时要特别小心 pH 电极和罐体易损且昂贵的部件。
2. 罐体灭菌前务必检查其中液面高度，要求所有的电极都没于液面以下。
3. 打开发酵罐电源前务必检查冷却水是否已打开，温度探头是否已插入槽中，否则会烧坏加热电路。
4. 该设备使用蒸汽压力不得超过额定工作气压。
5. 进气时应缓慢开启进气阀，直到需用压力为止，冷凝水出口处需装疏水器。
6. 对安全阀，可根据用户使用蒸汽的压力，自行调整，不许过量使用。
7. 在使用过程中，应经常注意蒸汽压力的变化，对进气阀适时调整。
8. 发酵过程中一定要保持工作台的清洁，用过的培养瓶及其他物品及时清理，因故溅出的酸碱液或水应立即擦干。
9. 停止使用后，注意将夹套内的余水放完。

【实验后分析】

1. 小型和大型生物反应器设计上有什么不同点？
2. 本设备所选用的搅拌叶轮、机械消泡装置、冷却装置分别有什么作用？
3. 本设备配备的蒸汽系统蒸汽生产量为多少？
4. 本设备所配备的空气除菌系统为几级？分别采用何种方式过滤？

【新实验设计】

发酵过程中如何保持发酵液 pH 基本不变？设计实验完成。

## 实验十四　酵母细胞中蔗糖酶粗产物的提取
## Coarse extraction of invertase from yeast cells

本实验扫描二维码获取相关内容！

## 实验十五　枯草芽孢杆菌发酵液中 α-淀粉酶粗产物的提取
## Extraction of α-amylase from *Bacillus subtilis* fermentation broth

本实验扫描二维码获取相关内容！

## 实验十六　厌氧菌的分离及培养技术
## The separation of anaerobic bacteria and cultivation technology

【实验目的】

1. 了解厌氧微生物的生长特性。
2. 观察厌氧微生物（光合细菌）的形态特征。
3. 掌握厌氧菌（光合细菌）分离及培养的一般方法。
4. 培养独立思考、设计和动手实验的能力。

【实验原理】

厌氧微生物在自然界分布广泛、种类繁多，其生理作用日益受到人们的重视，而光合细菌是厌氧微生物中的一类，由 4 个科组成：①着色菌科（红硫菌科，又称红色或紫色硫细菌）；②绿菌科（又称绿硫细菌）；③红螺菌科（又称红色或紫色非硫细菌）；④绿色屈挠菌科（又称滑行丝状绿色硫细菌）。红螺菌科的光合细菌是厌氧的光合细菌且是不产氧光合菌中种属最多、分布最广、形态及生理生化特征最为多样、系统发育最为复杂的一大类群。

红螺菌科的光合细菌广泛分布于高浓度有机废水中，可在柠檬酸发酵厂、味精厂、抗生素发酵厂等的工厂废水排放口收集底泥和有机废水来获得红螺菌科细菌，将其放于红螺菌科细菌富集培养液中搅拌均匀，并对其进行石蜡密封和加盖橡胶塞，保证其厌氧放于光照培养箱中进行富集；之后使用 0.05%抗坏血酸溶液对富集培养的红螺菌科细菌菌悬液适当梯度稀释，并将其接种于分离培养基的平板上，用平板划线法进行多次分离纯化，之后将所得纯培养物一方面通过穿刺法接种于半固体深层培养基中保存，另一方面用无菌水将纯菌转移至富集培养液中进行发酵培养至变色。

【实验仪器】

光照培养箱、高压灭菌锅。

【试材准备】

1) 材料　　含光合细菌的底泥和有机废水。

2) 培养基　　使用红螺菌科富集培养基和分离培养基。

(1) 富集培养基成分：$KH_2PO_4$ 0.5g、$CH_3COONa$ 3g、$MgSO_4·7H_2O$ 0.2g、$CaCl_2·6H_2O$ 0.05g、酵母膏 0.05g、$CH_3CH_2COONa$ 0.3g、$K_2HPO_4$ 0.3g、$(NH_4)_2SO_4$ 0.3g、NaCl 0.1g，pH7.2，蒸馏水 1000mL。

(2) 分离培养基成分：酵母膏 3g、蛋白胨 3g、$CaCl_2$ 0.3g、$MgSO_4·7H_2O$ 0.5g、蒸馏水 1000mL、琼脂 20g，pH6.8。

3) 试剂　　高压灭菌液体石蜡、0.05%抗坏血酸溶液、焦性没食子酸、无水碳酸钠、蒸馏水、无菌水。

【试剂配制】

0.05%抗坏血酸溶液：称取 0.05g 抗坏血酸溶于 100mL 蒸馏水中，加热溶解。

【操作步骤】

**1. 采样**

选择一处工厂废水排放口，用无菌铲子直接取生长有光合细菌的底泥 50～100g，装入透明的玻璃圆桶标本缸内，再取上述有机废水 100mL，加入标本缸内，带回实验室。采样时记录地点、日期、水温、pH、有否 $H_2S$ 等气味。

**2. 富集**

(1) 将 200mL 红螺菌科细菌富集培养液倒入缸中，与底泥、污水搅拌均匀，然后在标本缸上层液面小心加入 0.5cm 高压灭菌液体石蜡以隔绝空气，在温度 28℃、光照 5000lx 的光照培养箱中培养至培养液呈红棕色。

(2) 用灭菌后的移液管移取红棕色光合细菌的富集液 5mL 至装有富集培养液 95mL 的锥形瓶中，液面注入 0.5cm 高压灭菌液体石蜡，再加盖橡皮塞，保持厌氧条件。连续富集 3 次，使欲要分离的光合细菌成为优势种。

**3. 分离**

(1) 先将已熔化并冷却至 45～50℃的红螺菌分离培养基倾倒平板。

(2) 再用已经过滤除菌的 0.05%抗坏血酸溶液对富集培养的红螺菌科细菌菌悬液适当梯度稀释。

(3) 以涂布分离法将稀释的红螺菌科细菌菌悬液在平板上进行涂布,再向培养皿中加入 0.5g 焦性没食子酸和 0.5g 无水碳酸钠,混合均匀后,并用封口膜把培养皿的边缘封住,以除去培养皿中的氧气,创造厌氧环境,放到温度 28℃、光照 5000lx 的光照培养箱中培养 2~3d。

(4) 待棕红色菌落出现后,在分离培养基平板上以划线法进行反复分离纯化,挑取不同特征的单菌落在平板上重复划线分离,直至经镜检为纯培养物。然后挑取已得纯菌,在灭菌后的平板上划密线,经光照培养后获得大量纯菌,之后从平板上挑取用穿刺法接种于上述半固体深层培养基中保存。

**4. 培养**

(1) 制备富集培养基:根据富集培养基的配方制备适量的富集培养基(依分离出来的纯菌种类而定),分装于锥形瓶中,包扎后和无菌水、移液管一起灭菌(121℃,20min)。

(2) 将上述所培养出的纯菌平板用无菌水冲洗,而后用移液管将其不同菌液移至已灭菌后的富集培养液中,而后液面注入 0.5cm 高压灭菌液体石蜡再加盖橡皮塞,将其置于光照培养箱中培养,待其菌液变为红棕色后即获得红螺菌科菌液。

【注意事项】

1. 标本在空气中放置太久或接种的操作时间不宜过长。
2. 正确配制分离用的培养基,并且要保证培养基的新鲜。
3. 在细菌培养过程中要保证光照条件和培养时间的充足。
4. 注意用穿刺法接种时不要将接种针穿透琼脂底部。

【实验后分析】

1. 实验中通过哪些措施和方法保持细菌的厌氧状态?
2. 目前还有哪些培养厌氧微生物的简便而又有效的技术?

【新实验设计】

厌氧微生物中除光合细菌外还有别的细菌(如破伤风杆菌、产甲烷杆菌),查找资料设计一个产甲烷杆菌的分离及培养的实验方案。

# Ⅱ. 综合设计实验

## 实验十七 生物杀虫剂苏云金芽孢杆菌生产实验
## The culture of biological insecticide *Bacillus thuringiensis*

【实验目的】

1. 观察苏云金芽孢杆菌的生长特性和形态特征。
2. 理解苏云金芽孢杆菌作为杀虫毒素的三种类型。
3. 掌握苏云金芽孢杆菌的分离、发酵和纯化技术。
4. 了解苏云金芽孢杆菌在生产上的应用和发展前景。

【实验原理】

苏云金芽孢杆菌作为杀虫剂主要由其伴胞晶体、苏云金素和其芽孢三种杀虫毒素组成。苏云金芽孢杆菌对抗生素有抗性,而其他种类菌却被抑制,所以土壤中的苏云金芽孢杆菌可使用乙酸钠和抗生素分离法合二为一将其分离出来。分离后的苏云金芽孢杆菌可以通过液体深层发酵法进行大量发酵获得大量菌品。而后对发酵所得菌品制成菌悬液通过磁力搅拌器搅拌除去孢子,采用超声波处理使杀虫晶体蛋白(ICP)和芽孢均匀分布,之后溶于生理盐水可制成杀虫晶体蛋白粗品;使用溴化钠密度梯度离心法将黑色杂质和晶体分离,从而对粗品进行纯化就可获得白色的伴胞晶体即杀虫晶体蛋白的纯品,也就获得了苏云金芽孢杆菌生物杀虫剂。

【实验仪器】

恒温水浴锅、恒温摇床、光照培养箱等。

【试材准备】

1)材料　土壤表层土样。

2)培养基

(1) PBA 培养基:蛋白胨 10g、牛肉膏 5g、乙酸钠 34g、水 1000mL,pH7.0(用于富集)。

(2) BP 培养基:蛋白胨 10g、牛肉膏 5g、氯化钠 5g、琼脂 20g、青霉素适量、水 1000mL,pH7.0(用于分离)。

(3)发酵培养基:胰蛋白胨 1.0%、葡萄糖 0.5%、玉米粉 0.5%、酵母膏 0.2%、磷酸氢二钠 0.1%、磷酸二氢钾 0.1%。

3)试剂　蒸馏水、自来水、生理盐水、不同的溴化钠溶液(2.8mol/L、3.2mol/L、3.6mol/L)。

【试剂配制】

(1)生理盐水:称 NaCl 9g,加入 991mL 蒸馏水中,分装,高压灭菌锅 1.03kPa 灭菌 30min。

(2)2.8mol/L、3.2mol/L、3.6mol/L 的溴化钠溶液。

a. 2.8mol/L 的溴化钠溶液:称取溴化钠 28.84g,用蒸馏水溶解并定容至 100mL。

b. 3.2mol/L 的溴化钠溶液:称取溴化钠 32.96g,用蒸馏水溶解并定容至 100mL。

c. 3.6mol/L 的溴化钠溶液:称取溴化钠 37.08g,用蒸馏水溶解并定容至 100mL。

(3)青霉素。青霉素浓度梯度测试:针对可能由于加放在平板培养基内青霉素的浓度不适宜才造成菌体生长不好的问题,做一次测试,试找出适宜菌体生长的浓度。操作流程如下:制作 BP 培养基→配制适量的生理盐水→准备平板及需要灭菌的工具→灭菌→超净工作台的准备→往灭菌的空皿内按一定的浓度梯度加放青霉素(青霉素加放量梯度依次为 0mL、0.2mL、0.4mL、0.6mL、0.8mL、1.0mL、1.2mL、1.4mL、1.6mL 共计 9 个)→倾倒培养基(待培养基稍冷后倾倒以免温度过高会影响青霉素的药性)→摇匀→平板培养基的冷凝→接种→培养(置于36℃的光照培养箱内进行培养)→3d 后观察结果。

【操作步骤】

**1. 取样**

(1)分别从不同地方取土壤表层土样三份,编号为 A、B、C。

(2)将每份土壤样品研磨并各称取 5g。

(3)溶于适量的自来水中并摇匀。

(4)置于 75℃的水浴锅中保温 10min,然后取出静置。

**2. 扩大培养**

(1)制备 PBA 培养基:根据 PBA 培养基的配方制备 120mL 的 PBA,分装于三个锥形瓶,包扎好后灭菌(121℃,20min)。

(2)接种:在超净工作台上将三份样品的样液过滤到培养基瓶内,贴好标签并包扎。

(3)培养:将培养瓶置于 200r/min 的摇床上进行培养,24h 后取下,可置于冰箱内保存,等待菌种分离。

**3. 分离纯化**

(1)制备 BP 培养基:根据 BP 培养基的配方制备 750mL 的 BP,分装于 4 个锥形瓶内,包扎好。

(2)灭菌:将上述培养基、40 个培养皿、移液管等进行 121℃下 20min 的灭菌,之后倒平板(至少 36 个)。

(3)稀释:取摇好后的三种样液进行梯度稀释(利用生理盐水制备出 $10^{-9} \sim 10^{-4}$ 梯度的稀释液)。

(4)涂布接种:用无菌移液管从各梯度中吸取 2mL 的菌液涂布平板(每个梯度重复 2 个平板)。

(5)培养:将平板置于 36℃的光照培养箱内进行培养,3d 后观察并记录结果。

(6)纯化:挑取长势较好的平板菌进行平板划线至经镜检为纯培养物,待纯化菌长好后选出其中最好的两个平板。

**4. 菌种的发酵**

(1)制备液体发酵培养基:根据液体发酵培养基的配方制备 50mL 的液体发酵培养基,分装于两个培养瓶中,包扎后和无菌水、移液管一起灭菌(121℃,20min)。

(2)待灭菌完成后用无菌水冲洗纯化所得两个平板,获得等量的纯化的菌液,并用移液管分别转到上述两个培养瓶中。

(3)而后将两个培养瓶放入恒温培养箱中培养36h(恒温培养箱:温度30℃、振荡频率为250次/min)。

**5. 生物杀虫剂杀虫晶体蛋白(ICP)的纯化**

1)ICP 粗品制取　　取上述适量发酵液和生理盐水制成100mL的菌悬液,而后用磁力搅拌器进行搅拌,除去泡沫层中较轻的孢子,重复几次基本除去孢子后,对其进行超声波处理使ICP和芽孢均匀分布,离心弃去上清液,而后溶于生理盐水即制成粗品。

2)ICP 纯品制取

(1)根据上述的试剂配制方法分别配制出100mL的2.8mol/L、3.2mol/L、3.6mol/L的溴化钠溶液于三个烧杯中。

(2)将上述所得的 ICP 粗品分别加入不同浓度的溴化钠溶液,进行离心分离出黑色的杂质,而后用弯头注射针沿烧杯壁插入,收集晶体的溴化钠溶液。再重复上述步骤几次。

(3)将上述所得的溶液于4℃下7000r/min离心,收集晶体沉淀并用蒸馏水洗涤2～3次,并配制成晶体的水溶液。而后将其置于冰箱中冷冻过夜,再放入冷却干燥机中24h以除去冰溶液中的水,最后得到白色的伴胞晶体,即苏云金芽孢杆菌的生物杀虫剂。

【注意事项】

1. 涂布接种时涂布棒在灭菌后一定要将温度降至适宜温度,以防温度过高烫死菌体。
2. 实验中涉及无菌状态下操作,一定要保证无菌环境。
3. 发酵时应防止噬菌体的污染,以免降低质量。

【实验后分析】

1. 苏云金芽孢杆菌除使用乙酸钠和抗生素分离法从土壤中分离,还有哪些分离方法?
2. 为什么菌体在各梯度平板内生长的形态、大小不一,且在同一平板内菌体分布不均?
3. 杀虫晶体蛋白(ICP)粗品纯化过程中除溴化钠密度梯度离心法,还有哪些提纯方法?

【新实验设计】

苏云金芽孢杆菌的杀虫剂除伴胞晶体外还有苏云金素及其芽孢,查找资料,设计一个以苏云金素或其芽孢作为杀虫剂的生产实验方案。

# 实验十八　柠檬酸发酵
## Citric acid fermentation

【实验目的】

1. 通过本实验学习,掌握利用黑曲霉生产柠檬酸的原理与流程。

2. 掌握柠檬酸的发酵生产工艺与发酵分析方法。
3. 理解选择培养基的应用原理和方法。
4. 了解从环境中获得有用菌种的基本实验环节和技术路线方法。
5. 熟练掌握三点接种法得到微生物纯种的方法。
6. 培养学生触类旁通、举一反三等基本科学研究的素质能力。
7. 能合作讨论实验成功的经验和失败的原因。
8. 能独立设计并完成新的同类实验。

【实验原理】

柠檬酸又称枸橼酸，学名 2-羟基丙烷三羧酸或 2-羟基丙烷-1,2,3 三羧酸，是水果中含量极为丰富的一种有机酸。柠檬酸因无毒、水溶性好、酸味适度、易被吸收和价格低廉等优点，被广泛应用于食品、医药、化工、洗涤等工业部门。

能够产生柠檬酸的微生物有很多，青霉、毛霉、木霉、曲霉、葡萄孢菌及酵母中的一些菌株都能利用淀粉质原料或烃类大量积累柠檬酸。目前国内外普遍采用黑曲霉的糖质原料发酵生产柠檬酸，黑曲霉发酵法生产柠檬酸的代谢途径为：黑曲霉生长繁殖产生的是淀粉酶、糖化酶，首先将原料中的淀粉转变为葡萄糖，葡萄糖经过糖酵解途径（EMP 途径）和戊糖磷酸途径（HMP 途径）转变为丙酮酸，丙酮酸再由丙酮酸氧化酶氧化成乙酸和二氧化碳，继而经乙酰磷酸形成乙酰 CoA，然后在柠檬酸合成酶的作用下生成柠檬酸。

由于严格限制供给锰离子等金属离子，或筛选耐高浓度锰离子、锌离子、铁离子等金属离子的菌株，降低菌体中糖代谢转向合成蛋白质、脂肪酸、核酸的能力，使细胞中形成高水平的铵离子，从而解除柠檬酸和 ATP 对磷酸果糖激酶(PFK)的反馈抑制，使 EMP 途径的代谢流增大。

黑曲霉中存在一条呼吸活动性强的侧系呼吸链，对氧敏感，但不产生 ATP，这样使细胞内的 ATP 浓度下降。因而减轻了 ATP 对 PFK、柠檬酸合成酶(CS)的反馈抑制，促进了 EMP 途径的畅通，增加了柠檬酸的生物合成。

丙酮酸羧化酶是组成性酶，不受代谢调节控制，可源源不断地提供草酰乙酸。丙酮酸氧化脱羧生成乙酰 CoA 和 $CO_2$ 固定反应的平衡，保证前体物乙酰 CoA 和草酰乙酸的提供，柠檬酸合成酶又基本上不受调节或极微弱，增强了柠檬酸的合成能力。

α-酮戊二酸脱氢酶受葡萄糖和铵离子的阻遏，使黑曲霉中的三羧酸循环(TCA)变成"马蹄形"的代谢方式，减弱 TCA，降低细胞内 ATP 浓度，另外使 α-酮戊二酸浓度升高。反过来，又反馈抑制异柠檬酸脱氢酶，降低柠檬酸的自身分解。

顺乌头酸水合酶催化时建立柠檬酸：顺乌头酸：异柠檬酸= 90：3：7 的平衡，顺乌头酸水合酶的作用总是趋向于合成柠檬酸，即柠檬酸分解活力低。一旦柠檬酸浓度升高到某一水平，就抑制异柠檬酸脱氢酶活力，从而进一步促进柠檬酸自身积累，使 pH 降至 2.0 以下。此时，顺乌头酸水合酶和异柠檬酸脱氢酶失活，更有利于柠檬酸积累并排出体外。

黑曲霉为柠檬酸产生菌。在一般发酵中均产生多种酸，其中，低碳链的直链脂肪酸如甲酸、乙酸等称为挥发酸，而乳酸、柠檬酸等称为非挥发酸。挥发酸和非挥发酸的总和称为总酸。酸的测定方法常采用中和法、电位滴定法及比色法等；若待测液色泽很深，可采用外指示剂法。本实验用中和法测定柠檬酸发酵中的总酸；柠檬酸的定性检验用 Deniges 试剂。

由于在自然界中，各种微生物几乎都是杂居在一起的。为了从混杂的样品中取得所需的纯种，或把受杂菌污染的菌种重新分离出来，都离不开分离纯化方法。所以，分离纯化是微生物学实验中最基本的技术之一。

微生物在固体培养基上生长形成的单个菌落可以是由一个细胞繁殖而成的集合体。因此可通过挑取单菌落而获得纯培养。获得单菌落的方法可通过稀释涂布平板或平板划线等方法完成，但是因为霉菌的菌丝比较长，涂布和划线不适用，所以一般分离纯化霉菌用三点接种法或一点接种法。但是从微生物群体中经分离生长在平板上的单个菌落并不一定保证是纯培养。因此，纯培养的确定除观察其菌落的特征外，还要结合显微镜检测个体形态特征后才能确定。有的微生物的纯培养要经过一系列分离与纯化过程和多种特征鉴定才能得到。

【实验仪器】

离心机、烘箱、恒温培养箱、恒温摇床。

【试材准备】

1）菌种　　黑曲霉斜面菌种。

2）试剂与器材　　0.1mol/L 标准 NaOH，0.1mol/L $H_2SO_4$，展开剂为正丁醇：甲酸：水=40：55：5（$V/V/V$），Deniges 试剂（HgO 1g 溶于 20mL 0.2mol/L $H_2SO_4$ 中）、酒精灯、滤纸、漏斗、烧杯（200mL、500mL）、18mm×180mm 试管、吸管（10mL、5mL）、150mL 锥形瓶、碱滴定管、铁架台、蝴蝶夹、酚酞指示剂、200mL 量筒、广范围 pH 试纸、pH 计、玻璃棒、布氏漏斗、抽滤纸、抽滤水泵、离心管、滴管、天平、层析缸（10cm×15cm）、毛细管（0.5mm）、喷雾器、尺、铅笔、干燥器、接种环、镊子、搪瓷杯、标签纸、培养皿等。

【试剂配制】

1）柠檬酸发酵培养基　　硫酸铵 2.0g，$KH_2PO_4$ 1.0g，$MgSO_4 \cdot 7H_2O$ 0.25g，蔗糖 150g，水 1000mL；pH 控制在 5.5~6.5，加 1mol/L NaOH 约 2 滴。取 50mL 上述培养液，加入 250mL 锥形瓶中，包扎灭菌，待用。

2）PDA 培养基配制　　将土豆去皮，称量（200g）切块，加水煮烂（约 25min，能被玻璃棒戳透即可。冷却后用 4 层纱布过滤，去离子水定容至需要的体积，加入葡萄糖（20g）和琼脂（20g）。加热溶化琼脂，分装至培养基中。121℃灭菌 20min，冷却待用。

3）无菌水配制　　将蒸馏水加入放有玻璃珠的锥形瓶中，包扎，121℃灭菌 20min。

【操作步骤】

**1. 黑曲霉的分离纯化**

1）材料处理　　取微生物样品，加入装有 100mL 灭菌的 PDA 液体培养基的锥形瓶内，28℃振荡培养，随时观察锥形瓶内变化。72h 后用移液枪吸取摇匀后的清液 1mL，加入已盛好 9mL 无菌蒸馏水的试管中，依次类推，这样可以得到 $10^{-2}$、$10^{-3}$、$10^{-4}$、$10^{-5}$、$10^{-6}$、$10^{-7}$、$10^{-8}$、$10^{-9}$ 稀释液。

2）平板稀释

（1）稀释混合平板法：在无菌操作条件下，分别吸取每种梯度稀释液 200μL，加在空培养皿中，水平轻轻转动培养皿，倒培养基，使菌液、培养基充分混匀铺平，放在平坦的桌面上，凝固后倒置于恒温培养箱，每个梯度做三个平行，编号记录。28℃培养 72h，随时观察。

（2）三点法分离：用接种环挑取在平板上的单菌落，在筛选培养基中接三点纯化培养，将所获菌株编号，接入斜面培养基，置 4℃冰箱中保存备用。

**2. 菌种活化**

对于已长久保存的菌种，需经斜面培养基活化培养一次，即取保存的斜面菌种黑曲霉，移至斜面培养基，经25～28℃斜面培养至孢子长好，作为活化后的种子。发酵用的种子制备：用同样方法，移接斜面培养基，得到的培养物作为发酵用的种子。

**3. 种子液的制备**

取活化好的斜面菌种，无菌操作，取 5mL 无菌水至黑曲霉斜面，用接种环轻轻刮下孢子，轻轻振荡制成孢子悬浮液。

**4. 发酵**

无菌操作，取柠檬酸发酵培养基（液）3 瓶，吸取 3mL 孢子悬浮液接种于柠檬酸发酵培养液中。摇床转速 250r/min，26～28℃下培养 5～7d，另一瓶不接种留作对照。观察发酵过程中 pH 的变化并记录（**注意**：pH3 左右是积累柠檬酸的最佳时期）。

**5. 发酵液预处理**

将 3 瓶培养液过滤，菌丝用蒸馏水略加洗涤后弃去。

**6. 发酵产物的检验与分析**

1）定性检验　取过滤液和对照液各约 5mL，放入试管内，加 Deniges 液 1mL，在酒精灯上缓缓加热至沸。逐滴加入 20g/L KMnO$_4$ 溶液，若有柠檬酸存在，则出现白色沉淀。

2）纸层析法　展开剂为正丁醇：甲酸：水=40：55：5（$V/V/V$）；显色剂为 0.25g 的甲基红和 0.25g 的溴酚蓝溶于 100mL 70%乙醇中，再用 0.1mol/L 的 NaOH 调成蓝绿色。层析纸为新华层析纸 5 号，裁成 14cm×23cm，裁剪时，纤维长丝方向与窄边平行，与长边垂直。

方法：将展开剂配好后在钟罩内平衡 3h，在层析纸上距底边处用铅笔画一条直线（距离层析液面约 1cm），每隔 2.5～3cm 用铅笔轻点一下作一记号，并点上标样与试验样，置于层析缸中展开至展层溶剂到达距顶端约 1cm 处时取出，用电吹风吹干，喷上显色剂，有机酸在蓝紫色背景下显示黄色斑点。计算 Rf 值（此方法在室温下需要 3～4h，可方便地检出发酵液中柠檬酸的纯度）。

**7. 柠檬酸含量的初步测定**

酸度滴定法：将过滤液充分摇匀，用吸管吸取 10mL 放入 150mL 锥形瓶中，加 2 滴酚酞指示剂，用 0.1mol/L NaOH 滴定酸度。对照也按同法滴定。

计算公式：
$$C_{柠檬酸} = \frac{C_{NaOH} \times (V_{滴定发酵液} - V_{滴定对照}) \times 10^{-3}}{3 \times 10 \times 10^{-3}} \times 192$$

式中，$C_{柠檬酸}$ 表示柠檬酸的浓度（g/L）；$C_{NaOH}$ 表示 NaOH 标准溶液浓度（mol/L）；$V_{滴定发酵液}$ 表示滴定发酵液所用的 0.1mol/L NaOH 标准溶液体积（mL）；$V_{滴定对照}$ 表示滴定对照所用的 0.1mol/L NaOH 标准溶液体积（mL）。

【注意事项】

1. 接种用的接种环，环柄宜稍长，环口宜圆滑，接种时环与平板间的夹角宜小，动作要轻巧，以防划破平板。

2. 为了取得好结果，三点接种时应该将平板倒置，以防染菌，提高成功率。

3. 平板不能浇得太薄，有条件的情况下，平板应在使用前一天倒成，而且培养基不宜太烫，以防平板表面冷凝水太多，影响分离效果。

4. 配制培养基时可加入少量的氯霉素，以抑制杂菌生长，提高霉菌的分离纯化率。

【实验后分析】

1. 影响黑曲霉发酵生产柠檬酸的因素有哪些？
2. 记录发酵过程产酸变化情况，并进行结果分析（pH变化曲线）。
3. 柠檬酸定性、定量测定结果进行分析，并对菌种产酸能力等进行评定。

【新实验设计】

改变培养基、培养温度及改进优化柠檬酸合成条件。

## 实验十九　固体发酵生产纤维素酶
## Solid state fermentation for cellulase production

【实验目的】

1. 通过本实验，学习固体发酵的基本原理及方法。
2. 掌握固体发酵生产纤维素酶的原理及基本流程。
3. 了解固体发酵生产纤维素酶所用菌种的特性。
4. 掌握纤维素酶的特点及作用原理。
5. 了解纤维素酶应用的现状与前景。

【实验原理】

固体发酵生产纤维素酶是以玉米等农作物秸秆为主要原料，其投资少、工艺简单、产品价格低廉，目前国内绝大部分纤维素生产厂家均采用该技术生产纤维素酶。同时，由于固体发酵更有利于木霉的生长和产酶，且成本低，酶活较高，有利于下游产品的提取精制，因此木霉纤维素酶生产常采用固体发酵方法。常用的菌株包括木霉属、曲霉属、青霉属和漆斑霉属，其中木霉是纤维素酶的重要生产菌株。

康氏木霉（*Trichoderma koningi*）和绿色木霉（*Trichoderma viride*）等霉菌，在含有诱导物、适宜通风培养条件下能产生纤维素酶。

纤维素酶是指能水解纤维素 β-1,4-葡萄糖苷键，使纤维素分解成纤维二糖和葡萄糖的一组酶的总称，它不是单一酶，而是由葡聚糖内切酶（也称CMC酶）、葡聚糖外切酶（也称微晶纤维素酶）和β-葡萄糖苷酶（简称BG，或称纤维素二糖酶）3个主要成分组成的诱导型复合酶系。Irwin等于1993年发现，在分解晶体纤维素时，任何一种酶都不能单独裂解晶体纤维素，只有这 3 种酶共同存在并协同作用才能完成水解过程：内切葡聚糖酶首先作用于微纤维素的无定型区，随机水解 β-1,4-糖苷键，产生大量带非还原性末端的小分子纤维素；外切葡聚糖酶从这些非还原性末端上依次水解 β-1,4-糖苷键，生成纤维二糖及其他低分子纤维糊精；β-葡萄糖苷酶将纤维二糖和寡糖水解成葡萄糖分子。这种协同作用普遍存在，且还可以发生在内切酶之间、外切酶之间，甚至发生在不同菌源的内切酶与外切酶之间。一般来说，协同作用与酶解底物的结晶度成正比。纤维素酶催化效率比一般酶高 $10^6$~$10^7$ 倍，酶的催化反应具高度专一性，酶催化活力可被调节控制，无毒性。

目前纤维素酶已被广泛应用于轻工业、食品加工业和饲料工业等行业中。动物饲料中含有大量的纤维素，而饲养动物（除部分反刍动物外）一般不具有分解纤维素的能力，因此，纤维素酶首先应用于饲料工业，主要是用作动物饲料添加剂。

纤维素酶可催化植物细胞壁中的纤维素水解，使细胞壁发生不同程度的改变，如软化、膨胀和崩溃等，从而提高细胞内含物的分泌和提取率。将纤维素酶应用于果蔬榨汁或花粉饮料中，可增加出汁率约 10%，减少压榨压力，促进汁液榨取和澄清作用，使汁液透明、不沉淀。

纤维素酶在食品加工及酿造业中应用极为广泛。豆腐生产工艺中，在大豆浸渍时添加 0.5%~5.0% 的纤维素酶，可提高豆腐出品率 4.00%~11.01%，且生产的豆腐色质和风味无明显变化，同时由于不改变原有的生产工艺路线，经济效益比较明显。将纤维素酶应用于酿酒，每 100kg 原料可增加出酒量 10~15kg，节约粮食 20%，且酒感醇香、杂醇油含量低。

随着人们对纤维素酶研究工作的深入，纤维素酶必将在饲料、食品、纺织、医药、环境保护、能源和资源开发等各个领域中发挥越来越大的作用。纤维素酶的应用对于解决工农业原料来源、能源危机及环境污染等问题具有十分重要的意义。

【实验仪器】

恒温培养箱、高压灭菌锅等。

【试材准备】

1）材料　麸皮、米糠、稻草粉。
2）菌种　绿色木霉。

【试剂配制】

(1) 马铃薯葡萄糖琼脂 (PDA) 培养基：马铃薯 200g，葡萄糖 10g，琼脂 18g，pH 自然。制作方法如下：将马铃薯洗净去皮，称取 200g 切成小块，加水煮烂（煮沸 20~30min，能被玻璃棒戳透即可），用 4 层纱布过滤，加入葡萄糖和琼脂，继续加热搅拌混匀，稍冷却后再补足水分至 1000mL，分装试管或者锥形瓶，加塞、包扎，121℃灭菌 20min 左右后取出试管摆斜面或者摇匀，冷却后贮存备用。

(2) 液体种子培养基：麸皮 5g，米糠 12g，$(NH_4)_2SO_4$ 2.0g，$KH_2PO_4$ 1.0g，$CaCl_2$ 1.0g，葡萄糖 6.0g，加水至 1000mL，pH5.4。

(3) 固体发酵培养基：$KH_2PO_4$ 3.0g，$(NH_4)_2SO_4$ 2.0g，尿素 0.5g，$MgSO_4 \cdot 7H_2O$ 0.5g，$CaCl_2$ 0.5g，麸皮 18g，微量元素溶液 10mL，加水至 1000mL，pH5.5。

(4) 微量元素贮液：FeSO$_4$·7H$_2$O 7.5g，MnSO$_4$·H$_2$O 2.5g，ZnSO$_4$ 2.0g，CoCl$_2$ 3.0g 加水至 1000mL。

(5) 标准葡萄糖溶液：用天平准确称取 100mg 分析纯无水葡萄糖（预先在 105℃干燥至恒重），用蒸馏水溶解后，转移至 100mL 容量瓶中，定容至刻度，摇匀。

(6) 3,5-二硝基水杨酸(DNS)的配制：将 6.3g 3,5-二硝基水杨酸和 262mL 2mol/L NaOH 溶液，加到 500mL 含有 185g 酒石酸钾钠的热水溶液中，再加 5g 结晶苯酚和 5g 亚硫酸钠，搅拌溶解，冷却后加蒸馏水定容至 1000mL，贮于棕色瓶中备用，在室温下放置 7～10d 后使用。

(7) 缓冲液的配制。

A 液：0.1mol/L 柠檬酸溶液，用天平准确称取分析纯柠檬酸(C$_6$H$_8$O$_7$H$_2$O，相对分子质量为 210.14)21.014g，溶解后定容至 1000mL，该溶液为 0.1mol/L 柠檬酸溶液。

B 液：0.1mol/L 柠檬酸钠溶液，用天平准确称取分析纯柠檬酸钠(Na$_3$C$_6$H$_5$O$_7$·2H$_2$O，相对分子质量为 294.12)29.41g，溶解后定容至 1000mL，该溶液为 0.1mol/L 柠檬酸钠溶液。

缓冲液：取 27.13mL A 液、22.88mL B 液，混匀后定容至 100mL，该溶液为 0.05mol/L(pH4.5)柠檬酸缓冲液。

【操作步骤】

**1. 固体发酵法生产纤维素酶工艺流程**

保藏菌种→活化→液体种子
↓
稻草粉→固体发酵基质调配→灭菌→冷却后接种→发酵→浸提→粗酶液

**2. 菌种的活化**

在消好毒和灭好菌的超净工作台上接种保藏菌种，进行菌种活化，置于恒温培养箱中，28℃培养 48～72h。

**3. 液体种子的制备**

将 100mL 液体种子培养基放入 250mL 锥形瓶中，加盖合适的棉塞，用牛皮纸将瓶口包好后，放入高压灭菌锅中，于 121℃灭菌 30min，取出后冷却至室温。在消好毒和灭好菌的超净工作台上接种活化好的斜面菌种 2～3 环于液体种子培养基中，置于恒温振荡培养箱中，28℃和 120r/min 摇床培养 72h。

**4. 固体发酵**

(1) 取 30g 稻草粉放入 250mL 锥形瓶中，加固体发酵培养基 100mL，混拌均匀后，用牛皮纸包好，放入高压灭菌锅中，于 121℃灭菌 40min，取出后冷却至室温。

(2) 在消好毒和灭好菌的超净工作台上进行接种，将液体种子按 10%接种量接入固体发酵培养基中，搅拌均匀，置于恒温培养箱中，28℃培养 72h。

**5. 纤维素粗酶液的制备**

将发酵好的固体发酵物加入稻草粉，用 6 倍蒸馏水浸提 1h，8 层纱布过滤，再将滤液 4000r/min 离心 15min，即可得到纤维素酶粗提液。

**6. 纤维素酶活力的测定**

1) 葡萄糖标准曲线的制作　　取 8 支洗净烘干的 20mL 具塞刻度试管，编号后按表 1-19-1

加入标准葡萄糖(G)溶液和蒸馏水，配制成一系列不同浓度的葡萄糖溶液。充分摇匀后，向各试管中加入 1.5mL DNS 溶液，摇匀后沸水浴 5min，取出冷却后用蒸馏水定容至 20mL，充分混匀。在 540nm 波长下，以 1 号试管溶液作为空白对照，调零点，测定其他各管溶液的光密度值并记录结果。以葡萄糖含量(mg)为横坐标，以对应的光密度值为纵坐标，在坐标纸上绘制出葡萄糖标准曲线。

表 1-19-1 不同浓度葡萄糖溶液的配制

| 管号<br>试剂 | 1 | 2 | 3 | 4 | 5 | 6 | 7 | 8 |
| --- | --- | --- | --- | --- | --- | --- | --- | --- |
| 葡萄糖标液/mL | 0 | 0.2 | 0.4 | 0.6 | 0.8 | 1.0 | 1.2 | 1.4 |
| 蒸馏水/mL | 2.0 | 1.8 | 1.6 | 1.4 | 1.2 | 1.0 | 0.8 | 0.6 |
| 葡萄糖含量/mg | 0 | 0.2 | 0.4 | 0.6 | 0.8 | 1.0 | 1.2 | 1.4 |

2) 滤纸酶活力的测定　　取 4 支洗净烘干的 20mL 具塞刻度试管，编号后，各加入 0.5mL 已配好的纤维素酶液和 1.5mL 0.05mol/L pH4.5 的柠檬酸缓冲液，向 1 号试管中加入 1.5mL DNS 溶液以钝化酶活性，作为空白对照，比色时调零用。将 4 支试管同时在 50℃水浴中预热 5～10min，再各加入滤纸条 50mg(新华定量滤纸，约 1cm × 6cm)，50℃水浴中保温 1h 后取出立即向 2～4 号试管中各加入 1.5mL DNS 溶液以终止酶反应，充分摇匀后沸水浴 5min，取出冷却后用蒸馏水定容至 20mL，充分混匀。以 1 号试管溶液为空白对照调零点，在 540nm 波长下测定 2～4 号试管液的光密度值并记录结果。

根据 3 个重复光密度的平均值，在标准曲线上查出对应的葡萄糖含量，按下式计算出纤维素酶产率(U/g)。在上述条件下，每小时由底物生成 1μmol 葡萄糖所需的酶量定义为一个酶活力单位(U)。

$$纤维素酶产率(U/g) = \frac{浸提液总体积(mL) \times 查标准曲线毫克数(mg) \times 5.56}{发酵稻草干重(g) \times 测定时所用发酵液的体积(mL)}$$

式中，5.56 为 1mg 葡萄糖的微摩尔数(1000/180=5.56)。

【实验后分析】

1. 保藏菌种为什么要进行活化？
2. 发酵生产纤维素酶对培养基有什么要求？

【新实验设计】

设计固体发酵生产蛋白酶实验。

## 实验二十 酸奶的发酵
## Yogurt production

【实验目的】

1. 学习酸奶制作的一般工艺。
2. 掌握酸奶制作过程中乳酸菌的作用及发酵条件。
3. 掌握从酸奶中分离和纯化乳酸菌的方法。
4. 对自制酸奶质量进行评价。

【实验原理】

酸奶是牛奶经过发酵制成的，口味酸甜细滑，营养丰富，深受人们喜爱。专家称它是一种功能性食品，能调节机体内微生物的平衡，和新鲜牛奶相比，酸奶不仅具有新鲜牛奶的全部营养素，而且酸奶使蛋白质结成细微的乳块，乳酸和钙结合生成乳酸钙，更容易被消化吸收。

酸奶是以牛奶为主要原料，接入一定量乳酸菌，经发酵后制成的一种乳制品饮料。当乳酸菌在牛奶中生长繁殖和产酸至一定酸度时，牛奶中的蛋白质因乳酸菌产酸而凝结成块状，并产生一些次生代谢物使它具有清新爽口的味道。此外，由于酸奶中含有乳酸菌的菌体及其代谢产物，它对肠道内致病菌有一定的抑制作用，故对人体的肠胃消化疾病也有良好的治疗作用。

原料奶的验收要求：①正常牛奶白色或微带黄色；②不得含有肉眼可见的异物；③不得有红色、绿色或其他异色；④不能有苦味、咸味、涩味、饲料味、青贮味、霉味和其他异味；⑤原料奶中抗生素检测合格。

不同菌株对青霉素的敏感性存在一定差异，加大发酵剂接种量会导致对抗生素残留检测结果的误判；低浓度抗生素残留原料乳在使用直投式发酵剂时，抗生素残留对酸乳发酵时间、黏度、乳清析出、产品口感等均有一定影响，因此，在生产上应避免由于抗生素检测误判造成的产品质量缺陷。

【实验仪器】

恒温水浴锅、恒温培养箱、高压灭菌锅等。

【试材准备】

1）材料　　市售鲜奶或奶粉、白砂糖。
2）酸奶菌种　　可自市售各味种酸奶或酸奶饮料中分离。
3）其他　　蛋白胨、牛肉膏、酵母膏、柠檬酸氢二铵、葡萄糖、吐温-80、乙酸钠、磷酸氢二钾、硫酸镁、硫酸锰、琼脂、蒸馏水、番茄汁液、陈化牛奶。220mL 纸杯、无菌移液器、培养皿、250mL 锥形瓶、接种环、玻璃棒、镊子、酒精棉、茶壶、电子天平、电炉、橡皮筋、耐高温的带盖玻璃瓶。

【试剂配制】

(1) 酸奶发酵培养基：市售鲜奶(或用奶粉配制)。

(2) MRS培养基(分离乳酸菌)：蛋白胨10.0g，牛肉膏10.0g，酵母膏5.0g，柠檬酸氢二铵[$(NH_4)_2HC_6H_5O_7$] 2.0g，葡萄糖($C_6H_{12}O_6 \cdot H_2O$) 20.0g，吐温-80 1.0mL，乙酸钠($CH_3COONa \cdot 3H_2O$) 5.0g，磷酸氢二钾($K_2HPO_4 \cdot 3H_2O$) 2.0g，硫酸镁($MgSO_4 \cdot 7H_2O$) 0.58g，硫酸锰($MnSO_4 \cdot H_2O$) 0.25g，琼脂18.0g，蒸馏水1000mL，pH6.2～6.6。

(3) 番茄汁培养基：番茄汁液400mL，蛋白胨10g，胨化牛奶10g，蒸馏水1000mL。

【操作步骤】

**1. 酸奶的制作方法**

(1) 玻璃瓶的清洗灭菌：将玻璃瓶清洗干净后，121℃灭菌20min后冷却备用，灭菌时盖子不能盖严。

(2) 配复原牛奶：按1:7的比例加水把奶粉配制成复原牛奶，并加0%、3%、5%和8%的蔗糖，或用市售鲜牛奶加入相同蔗糖浓度梯度调匀亦可。

(3) 牛奶的消毒：将牛奶装于灭菌茶壶中，加入配好的复原牛奶，加热致微沸状态后，添加白糖，搅拌使其溶化，后盖好壶盖，保温5～10min。

(4) 牛奶冷却：将消毒过的牛奶用自来水冷却至室温，无菌操作加入5%的乳酸菌菌种。

(5) 分装：凝固型酸奶需要在无菌条件下分装于零售容器，封口。

(6) 发酵：将装瓶的酸奶小心放到培养箱中，避免牛奶溅到瓶盖上，于40℃培养至凝固(3～4h，准确时间视凝乳情况而定)。

(7) 冷藏：同大多数发酵食品一样，酸奶在形成凝块后应在4～7℃的低温下保持24h以上(称为后熟阶段)，以获得酸奶特有的风味和较好的口感。

(8) 品味：酸奶质量评定以品尝为标准，通常有凝块状态、表层光洁度、酸度及香味等数项指标，品尝时若有异味就可判断酸奶污染了杂菌。

**2. 酸奶中乳酸菌的分离纯化**

(1) 倒平板培养基：将乳酸菌分离用的培养基(如MRS培养基或番茄汁培养基)完全熔化并冷却至45℃左右倒平板，冷凝待用。

(2) 稀释：将待分离的酸奶作适当稀释，取一定稀释度的菌液作平板分离。

(3) 分离纯化：乳酸菌的分离可采用新鲜酸奶进行涂布分离，或直接用接种环蘸取乳酸菌作平板划线分离，分离后，放37℃培养以获单菌落。观察菌落特征：经2～3d培养，待菌落长成后，应仔细观察并区别不同类型的乳酸菌。酸奶中的各种乳酸菌在马铃薯牛奶培养基平板表面常呈三种形态特征的菌落：扁平型菌落，大小为2～3mm，边缘不整齐，很薄，近似透明状，染色镜检为杆状；半球状隆起菌落，大小为1～2mm，隆起成半球状，高约0.5mm，边缘整齐且四周可见酪蛋白水解透明圈，染色镜检为链球状；礼帽形突起菌落，大小为1～2mm，边缘基本整齐，菌落中央呈隆起状，四周较薄，也有酪蛋白透明圈，染色镜检也呈链球状。

(4) 单菌株发酵实验：若将上述单菌落接入牛奶，经活化增殖后再以10%的接种量接入消毒后的牛奶中,分别于 37℃ 和 45℃ 下培养,各菌株的发酵液均可达 $10^{10}$ 个细胞/mL,若采用两种菌株混合培养,则含菌量可倍增。

(5)品尝:单菌株发酵成的酸奶与混菌发酵成的酸奶相比较,其香味和口感等都比较差,而两菌混合发酵又以球菌种和杆菌种按等量菌接种发酵成的酸奶为佳。

【注意事项】

感观评价不同加糖量酸奶的风味,主要从色、香、味、形等各个方面进行感观评价:①色泽要均匀一致,呈乳白色或微黄色。②具有发酵乳特有的滋味和气味。③组织细腻、均匀,允许有少量乳清析出(酸奶表面有一层薄薄的乳清,乳质均匀,黏稠度欠佳)。

【实验后分析】

1. 酸奶凝固的原因是什么?
2. 试分析影响酸奶质量的因素及控制方法。

【新实验设计】

探究搅拌型酸奶的制作方法。

# 第二部分　细胞工程实验
# Part Ⅱ　Cell Engineering Experiments

## Ⅰ. 基础实验

### 实验一　MS 培养基母液和培养基的配制
### Preparation of MS basic medium

【实验目的】

1. 通过 MS 培养基母液的配制，掌握配制培养基母液的基本技能。
2. 通过 MS 培养基的配制、分装和灭菌，了解和掌握配制培养基的基本技能。
3. 熟悉各种培养基母液的保存方法。

【实验原理】

MS（Murashige & Skoog medium）基础培养基是 Murashige 和 Skoog 于 1962 年为烟草细胞培养而设计的，其特点是无机盐和离子浓度较高，是一种较稳定的离子平衡溶液，其营养成分的数量和比例合适，能满足植物细胞的基本营养和生理需要，故适用范围比较广。大多数植物的组织培养和快速繁殖均使用它作为基本培养基，因此人们就用他们的名字来命名。MS 培养基中含有 30 多种营养成分（主要包括 MS 大量元素、MS 微量元素、MS 铁盐、MS 钙盐及 MS 有机物质等），为了避免每次配制培养基都要对这些成分分别进行称量和溶解，可预先将培养基中的各种成分，分别按照原量的 20 倍或 200 倍进行称量，配制成浓缩贮存液备用，这种浓缩贮液就叫做培养基母液。

【实验仪器】

电子分析天平、磁力搅拌器、低温冰箱、高压灭菌锅、微波炉（或电磁炉）、pH 计。

【试材准备】

1）试剂　配制 MS 培养基母液所需的各种无机盐、有机物、蒸馏水、琼脂粉、蔗糖及激素类物质等。

2）器材　玻璃锥形瓶、烧杯、容量瓶、量筒、50mL 玻璃试剂瓶、标签纸、移液管、记号笔、注射器、封口塑料膜、玻璃棒。

【试剂配制】

(1) 1.0mol/L NaOH。
(2) 1.0mol/L HCl。

【操作步骤】

### 1. 培养基母液的配制（MS培养基）

配制培养基前，先要配制培养基的各类母液。培养基母液分为 MS 大量元素、MS 微量元素、MS 铁盐、MS 钙盐、MS 有机物质及各种激素类母液，共 6 类。MS 培养基母液配方如表 2-1-1 所示。

表 2-1-1　MS 培养基母液配方

| 类别 | 成分 | 规定量/mg | 扩大倍数 | 称取量/mg | 母液体积/mL | 配 1L 培养基的吸取量/mL |
|---|---|---|---|---|---|---|
| 大量元素 | $KNO_3$ | 1 900 | 10 | 19 000 | 1 000 | 100 |
|  | $NH_4NO_3$ | 1 650 |  | 16 500 |  |  |
|  | $MgSO_4 \cdot 7H_2O$ | 370 |  | 3 700 |  |  |
|  | $KH_2PO_4$ | 170 |  | 1 700 |  |  |
| 微量元素 | $MnSO_4 \cdot 4H_2O$ | 22.30 | 100 | 2 230 | 1 000 | 10 |
|  | $ZnSO_4 \cdot 7H_2O$ | 8.6 |  | 860 |  |  |
|  | $H_3BO_3$ | 6.2 |  | 620 |  |  |
|  | KI | 0.83 |  | 83 |  |  |
|  | $NaMoO_4 \cdot 2H_2O$ | 0.25 |  | 25 |  |  |
|  | $CuSO_4 \cdot 5H_2O$ | 0.025 |  | 2.5 |  |  |
|  | $CoCl_2 \cdot 6H_2O$ | 0.025 |  | 2.5 |  |  |
| 铁盐 | $EDTA-Na_2$ | 37.25 | 100 | 3 725 | 1 000 | 10 |
|  | $FeSO_4 \cdot 7H_2O$ | 27.85 |  | 2 785 |  |  |
| 钙盐 | $CaCl_2 \cdot 2H_2O$ | 440 | 10 | 4 400 | 100 | 10 |
| 有机物质 | 甘氨酸 | 2.0 | 50 | 100 | 500 | 10 |
|  | 盐酸硫胺素 | 0.4 |  | 20 |  |  |
|  | 盐酸吡哆素 | 0.5 |  | 25 |  |  |
|  | 烟酸 | 0.5 |  | 25 |  |  |
|  | 肌醇 | 100 |  | 5 000 |  |  |

(1) 大量元素母液（10 倍母液）。按照表 2-1-1，分别称取 10 倍用量的各种大量无机盐成分，依次溶解于大约 800mL 热的（60~80℃）蒸馏水中（一种成分完全溶解后再加入下一种，最后加蒸馏水，定容至 1000mL 后装入试剂瓶中，室温保存备用）。

(2) 微量元素母液（100 倍液）。分别称取 100 倍用量的微量无机盐，依次溶解于 800mL 重蒸水中，加水定容至 1000mL，室温保存备用。

(3) 铁盐母液（100 倍液）。称取 100 倍用量的 $EDTA-Na_2$（乙二胺四乙酸钠）和 $FeSO_4 \cdot 7H_2O$，

溶于 800mL 重蒸水中,最后定容至 1000mL,室温保存备用。

(4)钙盐母液(10 倍)。称取 10 倍用量的 $CaCl_2 \cdot 2H_2O$ 溶于 80mL 重蒸水中,最后加水定容到 100mL,室温保存备用。

(5)有机物质母液(50 倍液)。分别称取 50 倍用量的各种有机物质,依次溶解于 400mL 重蒸水中,加水定容至 500mL,装入棕色试剂瓶中,存放在冰箱中备用(一个月内用完)。

(6)生长素类激素。分别准确称取相应的激素类物质 20mg,如 2,4-二氯苯氧乙酸(2,4-D)、吲哚-3-乙酸(IAA)、萘乙酸(NAA)等,先用 2mL 95%乙醇溶解,然后加水,定容至 20mL,浓度为 1mg/mL,室温保存备用。

(7)细胞分裂素类激素。准确称取细胞分裂素类物质 20mg,如激动素 KT、6-BA 等,先用 2mL 的 1mol/L 的 NaOH 溶解,然后加水,定容至 20mL,浓度为 1mg/mL,室温保存备用。

将配制好的母液分别装入试剂瓶中,贴好标签,注明各培养基母液的名称、配制日期、浓缩倍数,于 4℃冰箱或室温条件下贮藏。

**2. 培养基的配制与分装**

(1)取 1000mL 烧杯(或不锈钢杯)一只,先加入 600mL 的蒸馏水,再依次加入大量元素母液 100mL、微量元素母液 10mL、铁盐母液 10mL、钙盐母液 10mL、有机物质母液 10mL、蔗糖(3.0%,约为 30g),待蔗糖充分溶解后,加入琼脂粉(0.8%,7~8g,如用琼脂条,则要加 8~10g)。

(2)把盛有培养基的烧杯放在电磁炉上加热,先用旺火烧开,再用文火煮溶,注意经常搅拌,防止糊底。待琼脂完全溶化后,根据培养材料和实验目的再加入一定量的生长素和细胞分裂素,然后用 0.5mol/L 的 NaOH 或 HCl 调酸碱度至 pH 5.8~6.0,最后定容至 1000mL。定容后,把培养基分装到锥形瓶中,每只锥形瓶分装约 30mL 培养基。分装时要避免把培养基倒在瓶口上,否则培养时容易引起杂菌污染。

(3)把耐高温塑料薄膜裁成适当大小的长方形,背靠背折起来,折成正方形,紧密裹在瓶口上,用纱线捆扎好便可进行灭菌。灭菌后培养基冷却凝固才能使用。

**3. 培养基的灭菌**

培养基的灭菌通常采用高温高压湿热灭菌法,即在密闭的锅体内,随着压力的上升,水的沸点也随之增加,从而大幅度提高水蒸气的温度。在 121℃、0.11MPa 条件下,保持 20~25min,即可达到灭菌目的。灭菌过程如下:①加水;②装锅;③盖盖;④加热;⑤排放冷空气;⑥升压保温;⑦自然冷却(注意:在培养基灭菌时,切记制备无菌水)。

【注意事项】

1. 培养基配制的每一个环节都必须认真细致,严格按照上述各个步骤进行操作。
2. 灭菌时,高压灭菌锅内冷气必须排尽,否则会影响灭菌效果。当压力达到 0.103MPa 时,应注意维持时间,时间过长会破坏培养基的化学成分,时间过短则达不到灭菌效果。
3. 高压灭菌锅内的灭菌物品不能装得太满,要留有 30%的空间。

【实验后分析】

1. 配制培养基母液和培养基时应注意哪些事项?
2. 简述培养基灭菌的主要环节。

【新实验设计】

查阅 N6 培养基的配方,并根据 MS 培养基的配制过程,写出 N6 培养基的各成分及配比。根据配方练习独立配制培养基。

# 实验二 植物组织培养技术
## Plant tissue culture technology

【实验目的】

1. 了解植物细胞和组织培养技术的定义和基本要求。
2. 熟悉无菌操作的要求,初步掌握无菌操作技术的基本步骤。
3. 初步了解常规的植物组织培养技术。

【实验原理】

细胞分化(cell differentiation)是指细胞后代在形态、结构和功能等方面发生变化的过程,归根结底是某些功能基因的特异性表达。对于动物而言,只有部分干细胞仍保留了分化的全能性。而对于大多数植物而言,其任何一个细胞都具有生长分化成为一个完整植株的能力,称为植物细胞的全能性(totipotency)。

植物组织培养就是利用植物的全能性进行离体无菌植物培养的一门技术。植物组织培养是指植物愈伤组织和它的离体器官、组织、细胞和原生质体的离体无菌培养。植株培养是指以具备完整植株形态的材料(如幼苗和较大的植株)作为外植体的无菌培养。器官培养是指以植物的根、茎、叶、花、果等器官为外植体的离体无菌培养,如根的根尖、茎的茎尖、叶的叶原基、花瓣、雄蕊(花药、花丝)、胚珠、子房、果实等的离体无菌培养。组织培养是指以分离出植物各部位的组织(如分生组织、形成层、木质部、韧皮部、表皮、皮层、胚乳组织、薄壁组织、髓部等)或已诱导的愈伤组织为外植体的离体无菌培养。细胞培养是指以单个的游离细胞(如用果酸酶从组织中分离的体细胞或花粉细胞、卵细胞)为接种体的离体无菌培养。原生质体培养是指以除去细胞壁的原生质体为外植体的离体无菌培养。

植物组织培养的成功与否取决于外植体的制备、无菌操作和人工培养环境。外植体的制备是建立离体繁殖系的第一关。其制备原则是无菌和有活性。无菌操作是贯穿于整个组织培养过程的一门关键技术,外植体的制备过程都是在无菌环境下进行的,实验室中经常使用的无菌操作设备是超净工作台。通常进行无菌操作的实验人员也要经过严密的无菌操作训练并形成严格的"无菌"概念。

人工培养环境是植物组织培养的人工调控的关键。人工培养环境是整个组织培养的难点和重点,包括光照、温度、湿度、培养基等,这与植物的自然环境是类似的。光照、温度的选定通常依据所培养植物的生态习性,习惯上采用黑暗培养与光照培养(8h/d,3000lx)结合,温度在 25~28℃,湿度不需特意调整,因为培养容器中的湿度几乎达到 100%。因此,人工培养环境的重难点自然而然地落在了培养基上。

培养基是从无土栽培的营养液发展而来的，从某种意义上来说是模拟土壤。最初的培养基就是简单的马铃薯浸出液即土豆汁。后来随着植物生理学和生物化学研究的深入，培养基越来越复杂，成分越来越多。按照培养基的物理状态分为：固体培养基、液体培养基、半固体培养基，其中固体培养基是最常用的一种培养基。按照培养基成分分为：合成培养基、天然培养基、半合成培养基。合成培养基通常包括大量元素、微量元素、铁盐、有机复合物、糖、支持物和植物激素。

植物激素是植物组织培养中发挥生物学效力最强的培养因素，也是人工调控组织培养的"魔术棒"。植物激素包括五大类：生长素类、细胞分裂素类、赤霉素、乙烯类和生长抑制素类。在植物组织培养中最常用的是生长素和细胞分裂素。生长素包括α-萘乙酸、吲哚乙酸和2,4-D等，它们的生物学效应不同，但总体效应一致。细胞分裂素包括6-苄基腺嘌呤、6-糠氨基嘌呤和玉米素等。植物激素在培养基中的用量通常在0.01～10mg/L(ppm)，细胞分裂素的浓度在非生根培养中要大于生长素。

当应用组织培养技术建成某种植物的整体形态时，需经历一定的炼苗处理，使之逐步由无菌环境到有菌环境，由人工培养过渡到自然环境。习惯上是采用"过渡处理法"，即逐渐地使环境改变，经过一系列的处理，一株组织培养出来的"克隆苗"就成活了。

植物组织培养技术是植物细胞工程学、遗传学及其他生物学科研究的重要基本技术。也就是说，植物组织培养技术不是仅用于快速繁殖，而是有着相当广泛的用途，如单倍体育种、种质保存、生理学研究和基因转化等。目前，组培快繁技术在兰花等观赏花卉中基本实现了工厂化育苗，由此可见其具有广阔的应用前景。

【实验仪器】

超净工作台、高压灭菌锅、电冰箱、电热干燥箱、可调式电炉、精密天平(0.01g、0.0001g)、恒温培养室、光照培养箱、恒温培养箱、pH计、微量移液器及枪头(1000μL、200μL、20μL)、数码相机、微波炉。

【试材准备】

外植体根据实验需要自定。其他用品包括：①酒精灯；②枪型镊(20～25cm)、剪刀、手术刀(7#，含刀片)、记号笔、定性滤纸12cm；③无菌培养容器封口膜(专用塑料透气膜)、橡皮筋；④脱脂棉、纱布；⑤洗洁精；⑥玻璃器皿：搪瓷烧杯(1000mL、2000mL)、玻璃烧杯(50mL、100mL、250mL、500mL、1000mL)、量筒(25mL、50mL、100mL、250mL、500mL、1000mL)、容量瓶(50mL、100mL、250mL、500mL、1000mL)、试剂瓶(50mL、125mL、250mL、500mL、1000mL)、移液管(2mL、5mL、10mL)、锥形瓶(50mL、100mL、500mL、1000mL)、广口瓶(125mL、250mL)、150mm×25mm组培试管或玻璃试管、12cm培养皿。

【试剂配制】

(1) MS 培养基(琼脂粉、肌醇、盐酸硫胺素、核黄素、抗坏血酸、烟酸、盐酸吡哆醇、生物素、叶酸、甘氨酸、硝酸钾、二水氯化钙、七水硫酸镁、磷酸二氢钾、蔗糖、乙二胺四乙酸二钠、硫酸亚铁、硫酸锰、硫酸锌、硼酸、碘化钾、钼酸钠、氯化钴、硫酸铜)。

(2) 植物激素：6-苄氨基嘌呤(6-BA)、6-糠氨基嘌呤(KT)、赤霉素($GA_3$)、α-萘乙酸

(NAA)、2,4-D。

(3) 饱和漂白粉(次氯酸钠)溶液。

(4) 1mol/L 盐酸和 1mol/L 氢氧化钠。

(5) 吐温-80、无水乙醇。

(6) 95%乙醇、新洁尔灭、0.1%氯化汞。

(7) 标准缓冲液(pH4.0，pH6.86，pH9.18)。

【操作步骤】

**1. 器皿洗涤**

培养瓶及其他常用器皿应充分洗涤干净、烘干。常用的洗涤剂就是家庭用的洗衣粉及洗洁精两种。洗干净的瓶子可以用烘箱烘干。烘干时要缓慢升温，温度也无需太高(80℃为宜)。移液管之类的仪器，可用洗耳球和热洗衣粉水吸洗，再放水龙头下流水冲净，垂直放置晾干。注意带刻度的计量仪器不宜烘烤，以免玻璃变形，影响计量的准确度。

**2. 灭菌**

1) 培养基的灭菌　培养基在制备过程中带有各种杂菌，分装后应立即灭菌，应在 24h 之内完成灭菌工序。新制备分装好的培养基，放入高压灭菌锅内加热、加压灭菌。在 121℃ 的蒸汽温度下，一般少量的液体只要 20min 就能达到彻底灭菌效果，如果灭菌的液体量大，就应适当延长灭菌的时间。

特别要指出，只有完全排出高压灭菌锅内的空气，使锅内全部是蒸汽的情况下，1.1kg/cm$^2$ 的压力才对应 121℃，否则灭菌便不能彻底。灭菌的功效主要是依靠温度，而不是压力。

高压灭菌锅的放气排空：打开放气阀煮沸至大量热蒸汽喷出再关闭。灭菌完毕，当压力逐渐降至零后才能打开盖子，开盖后拿掉防潮物，使湿热蒸汽趁热散去。不可久不放汽，让压力锅自行冷却，这样易将棉塞等闷得太湿，引起霉菌污染。

由于容器的体积不同，瓶壁的厚度不同，因此灭菌的时间也要适当考虑。对高压蒸汽灭菌后不会变质的物品，如无菌水、栽培介质、接种用瓷碟、器械、纱布、棉塞等，可以延长灭菌时间或提高压力。只有培养基要求比较严格，既要保证灭菌彻底，又要防止培养基中的成分变质或效力降低，因此不能随意延长时间和增加压力。琼脂在长时间灭菌后凝固力会下降，以致不凝固。培养基随容器大小而变化，具体的灭菌时间设置可参考表 2-2-1。

表 2-2-1　培养基高压蒸汽灭菌所需的最少时间表

| 容积的体积/mL | 在 120℃条件下灭菌所需的最少时间/min |
| --- | --- |
| 20~50 | 15 |
| 75~150 | 20 |
| 250~500 | 25 |
| 1000 | 30 |
| 1500 | 35 |
| 2000 | 40 |

2) 不耐热的物质采用过滤灭菌　赤霉素(GA)、玉米素、脱落酸、尿素和某些维生素是

不耐热的,不能用高压蒸汽灭菌处理,通常采用过滤灭菌方法。先将除去了不耐热物质的培养基其他成分经高压蒸汽灭菌后放置无菌场所,当其冷却至40℃左右,琼脂将要凝结之前,加入经过滤灭菌的各种不耐热成分的溶液,然后混匀放置,待冷凉备用。如果是液体培养基,没有凝固这个问题,则可在冷却到室温后再立即加入。

3) 用于无菌操作的器械采用灼烧灭菌　在准备进行无菌操作时,把解剖刀、镊子、剪刀等浸入95%乙醇中几分钟,取出后在酒精灯上灼烧灭菌,然后放在灭过菌的支架上,放凉后立即使用。

4) 桌面、墙面等灭菌　可用70%乙醇反复涂擦作表面灭菌。

5) 植物材料的表面灭菌　采来的植物材料除去不用的部分,将需要的部分仔细弄干净,如用适当的刷子、画笔等刷洗,硬的材料可用刀刮。把材料切割到适当大小,视清洁程度而异,置自来水龙头下,流水冲洗几分钟至数小时,易漂浮或细小的材料可用尼龙丝网袋、塑料纱窗或铜丝网笼扎住,置烧杯中冲洗。这在污染严重时特别有用,可以有效地提高接种后的得率。

刷洗、冲洗是材料处理的第一步。第二步是用洗衣粉水或肥皂水浸洗并搅动,洗衣粉可按每100mL水加1~2角匙配制。这是进一步减少污染的处理,大约浸搅5min,然后再用自来水冲净洗衣粉水。第三步是材料的表面灭菌,要在超净工作台或接种箱内操作。将一干净烧杯(大小视材料多少而定)或广口瓶内外表面用70%或80%乙醇擦拭作表面灭菌,放一经同样处理的玻璃棒,置于超净工作台内,再把处理好的植物材料置入,同时准备好消毒溶液、无菌水、待用培养基等。工作人员换上洁净的工作服,戴上帽子,防止头发散落尘屑。用肥皂洗手至肘部,用洁净毛巾擦干,用70%乙醇擦手。坐到超净工作台前,把沥干水的植物材料转放到消过毒的烧杯或广口瓶中,倒入消毒溶液,加吐温-80数滴,在持续消毒的时间内不时用玻璃棒轻轻搅动或盖上广口瓶盖轻轻摇动,以促进植物材料各部分与消毒溶液充分接触,驱除气泡,使消毒彻底。在快到预定时间之前1~2min,即开始把消毒溶液倒入另一准备好的大烧杯中,要注意勿使材料倒出。倾净后立即倒入无菌水,轻搅涮洗。无菌水涮洗每次3min左右,涮洗的次数为3~10次。

近年来,人们发展了使用两种甚至两种以上的灭菌剂来处理外植体。多数人提倡在倒入灭菌剂之前,用70%乙醇作短暂灭菌,因70%乙醇穿透力强,也很易杀伤植物细胞,一般控制在10~30s。有一些特殊的材料,如果实、花蕾、包有苞片和苞叶等的孕穗、具多层鳞片的休眠芽等,主要取用内部的材料,也可只用70%乙醇处理。处理完的材料放在无菌条件下,等乙醇蒸发后再剥除外层,取用内部材料。灭菌溶液要充分浸没材料,切勿勉强在一个体积偏小的容器里灭菌很多材料。否则,污染概率会大幅度增加。

**3. 无菌操作**

现将常用于植物组织培养工作中的无菌操作程序总结如下。

(1) 将初步洗涤及切割好的植物材料放入广口瓶或带螺旋盖的瓶中,置超净工作台上,看好时间并记录,倒入加有表面活性剂的灭菌液,盖上瓶盖,并轻摇数次。到预定时间时,开盖倒出灭菌液。

(2) 立即倒入无菌水,盖上盖子,轻摇2~3min后将水倒出,再加适量无菌水,反复涮洗3~4次或8~10次,最后沥去水分,用灼烧放凉的镊子将灭好菌的材料放置在灭过菌的纱布上。小纱布包应有4层厚度,可多预备几包。

(3) 通常小纱布包放在灭过菌的小瓷碟上，上面再放材料，然后一手拿解剖刀，一手拿镊子，使材料在纱布上吸干，并进行适当切割，有时材料也可在灭菌前全部切好。注意刀和镊子每使用片刻就应擦干净放入 95%乙醇中，待灼烧放凉备用。常两把交换使用，可提高工作效率，并防止连续污染的发生。例如，镊子夹了没有消毒好的材料，再夹其他材料，可造成污染。又如，刀或镊子碰到台面、管的外壁、棉塞、包头纸，以及手拿的部位过近，未能充分灼烧，连续使用过久等，都易引起交叉污染。经常灼烧操作器械便可减少这种污染，即便污染也是独立发生的，不会连续成片地污染。材料洗净吸干水分也有防止连续污染的作用。

(4) 用上述灼烧消毒过的器械，将切割好的外植体插植到培养基表面上。具体操作是：左手拿试管或其他培养瓶，拿走包头纸，将试管几乎水平拿着，靠近酒精灯焰，将管口外部在灯焰上燎数秒钟。因为气流影响，管口并不能灼烧灭菌，只是将灰尘、杂菌等固定在原处。此时用右手小指和无名指配合手掌将棉塞在灯焰附近慢慢拔出，以免空气向管内冲击，引起管口灰尘等冲入，造成污染。棉塞始终拿在手上，这时再将管口在灯焰上旋转，使其充分灼烧灭菌，主要注意管口附近，包括管口内表面。然后用镊子将外植体送入管内，轻轻插在培养基上，镊子灼烧后放回架上，再轻轻塞上棉塞。这时将管口及棉塞均在灯焰上灼烧数秒，灼烧时均应旋转，避免烧坏，塞好棉塞，包上包头纸，便完成了一管的接种操作，如此一直到外植体全部接完。

操作时要注意棉塞不能乱放，手拿的部分限于棉塞膨大的上半部分，塞入管内的那一段始终悬空，且不要碰到任何其他物体。如果是螺盖或薄膜，则应小心解下，放置在灭过菌的表面上，放置处应随时用酒精棉球涂擦灭菌。

**4. 植物材料培养**

在光照培养箱或恒温培养室中，设定好培养条件，培养大约 1 周后，开始观察和统计材料的生长情况。

【注意事项】

1. 无菌操作前，将双手用酒精棉球擦拭消毒；手术刀、剪刀、镊子等金属工具用火焰灼烧灭菌，在乙醇中冷却，再将乙醇燃尽后方可使用；操作过程中尽量减少培养容器在空气中的暴露时间；所有无菌操作请尽量在燃着的酒精灯附近进行。

2. 接种时，可先在实验台练习，后用未消毒外植体在未消毒超净工作台练习，熟练后再对无菌材料进行操作。

3. 接种 1 周后，应注意观察植物组织的生长情况。

【实验后分析】

1. 为什么用于植物快速繁殖的每一个茎段，都必须至少含有一个生长点？
2. 在以脱毒为目的组培中，植株哪些部位可以作为外植体进行培养？

【新实验设计】

如果发现你培养的植物组织中出现了微生物污染，请提出解决方案。

# 实验三　植物细胞的悬浮培养技术
## Plant cell suspension culture

本实验扫描二维码获取相关内容！

# 实验四　植物原生质体分离鉴定和培养
## Plant protoplast isolation and culture

【实验目的】

1. 学习植物细胞原生质体分离纯化的方法。
2. 了解原生质体活性鉴定的原理。
3. 掌握植物原生质体培养的基本方法，并对培养的结果进行初步观察。

【实验原理】

植物原生质体是除去细胞壁后，为原生质所包围的"裸露细胞"，是开展基础研究的理想材料。其中，酶解法分离原生质体是一个常用的技术，其原理是植物细胞壁主要由纤维素、半纤维素和果胶质组成，因而使用纤维素酶、半纤维素酶和果胶酶能降解细胞壁成分，除去细胞壁，即可得到原生质体。由于原生质体内部与外界环境之间仅隔一层薄薄的细胞膜，必须在渗透压平衡的溶液中才能保持其完整性。另外，还应当考虑取材、酶的种类和纯度、酶液的渗透压、酶解时间及温度等因素对分离原生质体的影响。

测定原生质体的活性有多种方法。荧光素双乙酸酯（FDA）染色是常用的一种方法，FAD本身无荧光、无极性，可透过完整的原生质膜。一旦进入原生质体后，由于受到酯酶分解而产生具有荧光的极性物质荧光素。它不能自由出入原生质膜，故有活力的细胞能产生荧光，无活力的原生质体不能分解FAD，无荧光产生。

在适宜的培养条件下，分离的原生质体能合成新壁，进行细胞分裂，并再生成完整植株。植物的幼嫩叶片、子叶、下胚轴、未成熟果肉、花粉、培养的愈伤组织和悬浮培养细胞均可作为分离原生体的材料来源。游离出来的原生质体可用过筛-低速离心法收集，用蔗糖漂浮法纯化，然后进行培养。

【实验仪器】

恒温摇床、低温冷冻离心机、倒置显微镜、普通光学显微镜、超净工作台、高压灭菌锅、恒温培养箱。

【试材准备】

1）植物材料　绿豆、烟草幼苗叶片等。

2）其他材料　培养皿、离心管、载玻片、刀片、镊子、过滤漏斗、300目不锈钢网筛及配套的小烧杯、吸管、镊子、解剖刀、细菌过滤器和0.45μm的滤膜、血细胞计数板、带皮头的刻度移液管(5mL、10mL，上部管口加棉塞)、培养皿或扁平培养瓶(50mL)、大培养皿、吸水纸等，使用前均需经过灭菌。

【试剂配制】

(1) 70%乙醇。
(2) 0.1%升汞溶液，并滴入少许吐温-80。
(3) 灭菌蒸馏水。
(4) 0.16mol/L 和 0.20mol/L $CaCl_2 \cdot 2H_2O$ 溶液，并加有 0.1% MES(2-N-吗啉乙磺酸)，pH5.8～6.2。
(5) 20%和12%蔗糖溶液，pH5.8～6.2。
(6) 酶液A：

| 纤维素酶(Onozuka R-10) | 2% |
| 果胶酶(Serva) | 1% |
| (若用国产EA3-867纤维素酶，则果胶酶可省去) | |
| 甘露醇 | 0.6mol/L |
| $CaCl_2 \cdot 2H_2O$ | 0.05mol/L |
| MES | 0.1% |
| pH | 5.8～6.2 |

(7) 酶液B：

| 纤维素酶(Onozuka R-10) | 2% |
| 离析酶(Macerozyme R-10) | 1% |
| 半纤维素酶 | 0.2% |
| 甘露醇 | 0.4mol/L |
| $CaCl_2 \cdot 2H_2O$ | 0.1% |
| MES | pH5.8～6.2 |

(8) 0.02%二乙基荧光素(FDA)：称量5mg FDA溶于1mL丙酮中，4℃条件下避光贮存，使用时取0.22mL FDA贮存液加入5mL 0.65mol/L甘露醇中，使最终浓度为0.01%。
(9) DPD培养基(表2-4-1)。

表2-4-1　DPD培养基配方(pH5.8)

| 成分 | 含量/(mg/L) | 成分 | 含量/(mg/L) |
| --- | --- | --- | --- |
| $NH_4NO_3$ | 270 | KI | 0.25 |
| $KNO_3$ | 1480 | 烟酸 | 4 |
| $MgSO_4 \cdot 7H_2O$ | 340 | 盐酸吡哆锌 | 0.7 |
| $CaCl_2 \cdot 2H_2O$ | 570 | 盐酸硫胺素 | 4 |
| $KH_2PO_4$ | 80 | 肌醇 | 100 |

续表

| 成分 | 含量/(mg/L) | 成分 | 含量/(mg/L) |
|---|---|---|---|
| $FeSO_4 \cdot 7H_2O$ | 27.8 | 叶酸 | 0.4 |
| $EDTA-Na_2$ | 37.3 | 甘氨酸 | 1.4 |
| $MnSO_4 \cdot H_2O$ | 5 | 生物素 | 0.04 |
| $Na_2MoO_4 \cdot 2H_2O$ | 0.1 | 蔗糖 | 2000 |
| $H_3BO_3$ | 2 | 甘露醇 | 0.3mol/L |
| $ZnSO_4 \cdot 7H_2O$ | 2 | 2,4-D | 1 |
| $CuSO_4 \cdot 5H_2O$ | 0.015 | 激动素 | 0.5 |
| $CoCl_2 \cdot 6H_2O$ | 0.01 | | |

(10) C81V 培养基(表 2-4-2)。

表 2-4-2　C81V 培养基(pH5.8)

| 成分 | 含量/(mg/L) | 成分 | 含量/(mg/L) |
|---|---|---|---|
| $NH_4NO_3$ | 1000 | 烟酸 | 1 |
| 柠檬酸铵 | 100 | 盐酸吡哆锌 | 1 |
| 尿素 | 100 | 盐酸硫胺素 | 10 |
| $MgSO_4 \cdot 7H_2O$ | 250 | 肌醇 | 200 |
| $CaCl_2 \cdot 2H_2O$ | 400 | 叶酸 | 1 |
| $KH_2PO_4$ | 100 | 水解酪蛋白 | 500 |
| $NaHCO_3$ | 150 | 甘氨酸 | 10 |
| $FeSO_4 \cdot 7H_2O$ | 27.8 | 谷氨酰胺 | 100 |
| $EDTA-Na_2$ | 37.3 | 色氨酸 | 10 |
| $MnSO_4 \cdot H_2O$ | 10 | 半胱氨酸 | 10 |
| KI | 0.75 | 蛋氨酸 | 5 |
| $CoCl_2 \cdot 6H_2O$ | 0.025 | 胆碱 | 10 |
| $ZnSO_4 \cdot 7H_2O$ | 2 | 葡萄糖 | 0.38mol/L |
| $CuSO_4 \cdot 5H_2O$ | 0.025 | 玉米素 | 0.1 |
| $H_3BO_3$ | 3 | 萘乙酸 | 0.2 |
| $Na_2MoO_4 \cdot 2H_2O$ | 0.25 | | |

(11) 0.1%酚藏花红(0.4mol/L 甘露醇配制)。

(12) 0.01%荧光增白剂(0.3mol/L 甘露醇配制)[注：(3)、(4)、(5)用高压蒸汽灭菌,(6)、(7)、(8)、(9)用过滤灭菌]。

【操作步骤】

**1. 叶肉原生质体的分离和培养**

(1) 取充分展开的叶片,用自来水冲洗干净。

(2)将叶片在 0.1%升汞溶液中浸泡灭菌 10min，中间摇动几次，取出后用无菌蒸馏水漂洗 5 次。

(3)将叶片移入大培养皿中，用吸水纸吸去上面的水珠。然后将叶背面朝上，小心用镊子撕去下表皮。

(4)将撕去下表皮后的叶片，放进预先放有酶液 A 的培养皿或带盖锥形瓶中，每 10mL 酶液约放入 2g 叶片。若叶片不易撕下下表皮，可用锋利的解剖刀将叶片切成约 0.5mm 宽的小条，放入酶液。

(5)将培养皿用石蜡膜带封口，在 28℃条件下保温 3～6h，中间轻轻摇动 2～3 次。在倒置显微镜下检查，直到产生足够量的原生质体。

(6)将完全酶解后的原生质体悬浮液用不锈钢网筛过滤到小烧杯中，以除去未酶解完全的组织。

(7)将滤液分装在刻度离心管中，用 600r/min 的速度离心 5min，使原生质体沉淀。

(8)用移液管吸去上清液。将沉淀的原生质体悬浮在 2mL 0.2mol/L 的 $CaCl_2·2H_2O$ 中。

(9)用注射器生长针头向离心管底部缓缓注入 20%蔗糖溶液 6mL，在 600r/min 条件下离心 5min。此步完成后，在两相溶液的界面之间将出现一层纯净的完整原生质体带，杂质、碎片将沉到管底。

(10)取原生质体提取液 1 滴于载玻片上，加入相同体积的 0.02% FDA 稀释液，静置 5min 后，于荧光显微镜下观察，发绿色荧光的为有活力的原生质体，没有产生荧光的原生质体无活力。

(11)注射器吸出管底的杂质和下部的蔗糖溶液及上部的 $CaCl_2·2H_2O$ 溶液。

(12)离心管中留下的纯净原生质体用 8mL 0.2mol/L 的 $CaCl_2·2H_2O$ 悬浮。离心 5min，吸去上清液，再用培养基如上述方法洗涤一次。

(13)将收集的原生质体悬浮在适量 DPD 培养基中，将其密度调整到 $5×10^4$ 个细胞/mL 左右。

(14)用皮带头的刻度移液管将原生质体悬液分装在培养皿中，每皿放 2mL。

(15)用石蜡膜带封口，置 26℃左右条件下进行暗培养。

**2. 培养结果观察**

(1)原生质体活力检测。凡是活的原生质体均呈圆球形，在显微镜下可观察到明显的胞质环流运动。在叶肉原生质体中由于叶绿体的阻挡，看不清胞质环流。可取一滴原生质体悬液放在载玻片上，加一滴 0.1%酚藏花红溶液，凡活的原生质体均不着色，而死去的原生质体立即染成红色。

(2)细胞壁再生的观察。培养 24～28h 后，大部分原生质体已再生新壁，并且体积增大，变成椭圆形。可用以下方法鉴别细胞壁的再生：①取一滴原生质体培养悬液放在载玻片上，加一滴高浓度(25%)蔗糖溶液，有壁的细胞将发生质壁分离。②取一滴原生质体培养悬液放在载玻片上，加一滴 0.01%荧光增白剂溶液。在荧光显微镜下，当用 366nm 波长的紫外光照射时，细胞壁将发黄绿色荧光。

**3. 细胞分裂的观察**

培养 4d 后，将出现第一次分裂，可在倒置显微镜下观察。培养 8～10d 后，应统计分裂频率，即出现分裂的原生质体占成活原生质体的百分率。

### 【注意事项】

1. 分离原生质体时的离心速度要小,要用无菌水,动作要轻柔,离心温度要恒温。
2. 培养原生质体时一般在细胞团形成后(在培养的第 15～20 天),应向培养瓶中补加渗透剂减半的新鲜培养基,以促进细胞团的增殖。待小愈伤组织形成后,转移到固体培养基上,进行植株分化的条件试验。

### 【实验后分析】

1. 要获得数量多、活力强的原生质体,在实验中应注意哪些问题?
2. 除了本实验介绍的方法,还可以用哪些方法判断分离的原生质体活力?
3. 酶解液及原生质体起始培养液中,为何要保持较高的渗透压?
4. 为何在培养一段时间后,需向培养瓶补加降低渗透压的新鲜培养基?

### 【新实验设计】

根据原生质体活力的检测原理,设计一个新实验来检测植物原生质体的活力。

## 实验五　植物细胞融合
## Plant cell fusion

本实验扫描二维码获取相关内容!

## 实验六　动物细胞融合
## Animal cell fusion

本实验扫描二维码获取相关内容!

## 实验七　动物细胞微丝束的光学显微镜观察
## Cell microfilament bundles dyeing and observation

### 【实验目的】

1. 掌握考马斯亮蓝 R250 对动物细胞胞质微丝的染色方法。
2. 通过观察,对细胞内微丝的分布有一个整体的认识。

【实验原理】

狭义的细胞骨架(cytoskeleton)是指真核细胞基质中错综复杂的纤维状网络结构，主要包括微管(microtubule，MT，20~25nm)和纤丝(filament)两大类；另外，胞质中还散布着一些3~6nm的细小纤维。按纤维的直径、组成成分及组装结构的不同，纤丝又可分为微丝(microfilament，MF)、中间丝(intermediate filament，IF)和粗丝(thick filament，TF)三类。微丝是肌动蛋白亚单位组成的螺旋状纤维(F-actin)，直径为6~7nm，又名肌动蛋白丝，其长度不定，多分布在近细胞膜的下方。微丝在不同种类的细胞中，它们又与某些结合蛋白一起形成不同的亚细胞结构，如张力纤维(stress fiber)、肌肉细丝、肠上皮绒毛轴心等。现在观察微丝可以用电镜、组织化学、免疫细胞化学等手段。本实验用考马斯亮蓝R250显示微丝组成的张力纤维。

考马斯亮蓝R250是一种普通的蛋白质染料，它可以使各种细胞骨架蛋白质着色，并非特异地显示微丝，但是由于有些细胞骨架纤维在该实验条件下不够稳定，如微管；还有些类型的纤维太细，在光学显微镜下无法分辨，因此我们看到的主要是微丝组成的张力纤维，张力纤维形态长而直，常常与细胞的长轴平行并贯穿细胞全长。观察微丝可以用电镜、组织化学、免疫细胞化学等手段，本实验主要介绍考马斯亮蓝R250显示由微丝组成的张力纤维的实验方法。染色时用M-缓冲液，其中咪唑是缓冲剂，EGTA和EDTA是金属离子的螯合剂，可螯合$Ca^{2+}$和$Mg^{2+}$，在这样的条件下，骨架纤维保持聚合状态并且较为舒张。

【实验仪器】

光学显微镜(带摄像CCD)等。

【试材准备】

体外培养的动物细胞；载玻片、35mm小染缸等。

【试剂配制】

(1) 0.01mol/L 磷酸缓冲盐溶液(PBS)的配制。0.2mol/L $Na_2HPO_4$/$KH_2PO_4$ 缓冲液(pH7.3) 50mL，NaCl 0.15mol/L，加重蒸水至1000mL(注：其中PBS的配法为0.2mol/L $Na_2HPO_4$ 77mL +0.2mol/L $NaH_2PO_4$ 23mL)。

(2) M-缓冲液。咪唑(imidazole，pH6.7) 50mmol/L，KCl 50mmol/L，$MgCl_2$ 0.5mmol/L，EGTA 1mmol/L，EDTA 0.1mmol/L，β-巯基乙醇 1mmol/L，甘油 4mmol/L，用1mol/L HCl调pH至7.2。

(3) 1%的Triton X-l00/M-缓冲液。

(4) 0.2%考马斯亮蓝R250染液。溶剂为甲醇(46.5mL)+冰醋酸(7mL)+蒸馏水(46.5mL)。

(5) 30%戊二醛-磷酸缓冲液，pH7.2。

【操作步骤】

本实验的具体操作程序如下：

细胞培养在盖玻片上
↓
PBS 液轻轻涮洗
↓
1% TritonX-100/M-缓冲液处理 15min(室温或 37℃)
[Triton X-100 是非离子型表面活性剂(去污剂),能增加细胞膜通透性并抽提部分杂蛋白质,使骨架图像更清晰]
↓
M-缓冲液轻轻洗细胞 3 次(稳定细胞骨架)
↓
3%戊二醛-磷酸盐缓冲液固定细胞 5～15min
↓
PBS 液洗细胞若干次
↓滤纸吸干
0.2%考马斯亮蓝 R250 染片 30min
↓
小心地用水漂洗
↓
空气干燥
↓
直接观察或用树脂封片后观察

【注意事项】

1. 普通光学显微镜观察,可见到深蓝色的纤维束,粗细不等,基本上平行排布。在成纤维样细胞中,纤维沿细胞长轴排列;而在上皮样细胞,如 HeLa 等,因细胞呈多边形,张力纤维有交叉,沿不同方向跨越胞体伸向细胞突起处或黏着斑处。

2. 张力纤维是一动态结构,在充分贴壁铺展的细胞中纤维挺直、丰富,形态比较典型;反之,张力纤维收敛略显弯曲;当将贴壁培养的细胞从基质表面除下时,细胞变圆,张力纤维随之消失。

【实验后分析】

描绘所观察到的细胞张力纤维的形态分布。

【新实验设计】

设计一个新实验,观察并绘出植物细胞的微丝束。

# 实验八　线粒体和液泡系的超活染色与观察
# Mitochondria and vacuoles dyeing and observation

【实验目的】
1. 观察动植物活细胞内线粒体、液泡系的形态、数量与分布。
2. 学习一些细胞器的超活染色技术。

【实验原理】

活体染色是使生活有机体的细胞或组织特异性着色，但对活样品又没有毒害作用的一种活体染色方法。其目的是显示生活细胞内的某些结构，而不影响细胞的生命活动和产生理化变化以致细胞死亡。活体染色技术可用来研究生活状态下的细胞形态结构和生理病理状态。

根据所用染色剂的性质和染色方法的不同，通常把活体染色分为体内活体染色与体外活体染色两类。体内活体染色是以胶体状的染料溶液注入动植物体内，染料的胶粒固定、堆积在细胞内某些特殊结构里，达到易于识别的目的。体外活体染色又称超活染色，它是由活的动植物分离出部分细胞或组织小块，以染料溶液浸染，染料被选择固定在活细胞的某种结构上而显色。活体染料之所以能固定、堆积在细胞内某些特殊的部分，主要是靠染料的"电化学"特性。碱性染料的胶粒表面带阳离子，酸性染料的胶粒表面带有阴离子，而被染的部分本身也是具有阴离子或阳离子，这样，它们彼此之间就发生了吸引作用。但并非任何染料均可用于活体染色，理论上应选择那些对细胞无毒性或毒性极小的染料，且使用时需要配成稀淡的溶液。一般来说，最适用的是碱性染料。詹纳斯绿B（Janus green B）和中性红（neutral red）两种碱性染料是活体染色剂中最重要的染料，对于线粒体和液泡系的染色分别具有专一性。

线粒体是细胞进行呼吸作用的场所，其形态和数量随不同物种、不同组织器官和不同的生理状态而发生变化。詹纳斯绿B是毒性较小的碱性染料，可专一性地对线粒体进行超活染色，这是由于线粒体内的细胞色素氧化酶系的作用，使染料始终保持氧化状态（即有色状态），呈蓝绿色；而线粒体周围的细胞质中，这些染料被还原为无色的色基（即无色状态）。中性红为弱碱性染料，对液泡系（即高尔基体）的染色有专一性，只将活细胞中的液泡系染成红色，细胞核与细胞质完全不着色，这可能是与液泡中某些蛋白质有关。

【实验仪器】

光学显微镜（带摄像CCD）、恒温水浴锅等。

【试材准备】

1）材料　人口腔上皮细胞、小麦种子或黄豆幼苗根尖。
2）器材　解剖盘、剪刀、镊子、双面刀片、解剖盘、载玻片、凹面载玻片、盖玻片、表面皿、吸管、牙签、吸水纸。

【试剂配制】

(1) Ringer 溶液。氯化钠 0.85g(变温动物用 0.65g)，氯化钾 0.25g，氯化钙 0.03g，蒸馏水 100mL。

(2) 10%、1/3000 中性红溶液。称取 0.5g 中性红溶于 50mL Ringer 溶液，稍加热(30~40℃)使之很快溶解，用滤纸过滤，装入棕色瓶于暗处保存，否则易氧化沉淀，失去染色能力。使用前，取已配制的 1%中性红溶液 1mL，加入 29mL Ringer 溶液混匀，装入棕色瓶备用。

(3) 1%、1/5000 詹纳斯绿 B 溶液。称取 50mg 詹纳斯绿 B 溶于 5mL Ringer 溶液中，稍微加热(30~40℃)使之溶解，用滤纸过滤后，即为 1%原液。取 1%原液 1mL 加入 49mL Ringer 溶液，即成 1/5000 工作液，装入瓶中备用。最好现用现配，以保持其有充分的氧化能力。

【操作步骤】

**1. 人口腔黏膜上皮细胞线粒体的超活染色与观察**

具体实验操作程序如下：

清洁载玻片后放在 37℃恒温水浴锅的金属板上
↓
于载玻片中央滴 2 滴 1/5000 詹纳斯绿 B 染液
↓
用牙签在口腔黏膜处稍用力刮取上皮细胞
↓
刮下的黏液状物置于载玻片的染液滴中
↓
染色 10~15min(注意不可使染液干燥，必要时可再加染液)
↓
盖上盖玻片，显微镜下观察

**2. 植物细胞液泡系的超活染色与观察**

具体操作程序如下：

取黄豆芽的根尖，并用刀片纵切根尖组织
↓
放入中性红染液滴中，染色 5~10min。
↓
吸去染液，滴一滴 Ringer 液
↓
盖上盖玻片进行镜检

(注：可用镊子轻轻地下压盖玻片，使根尖压扁，利于观察)

【注意事项】

在高倍镜下，先观察根尖部分的生长点细胞，可见细胞质中散在很多大小不等的染成玫红色的圆形小泡,这是初生液泡。然后,由生长点向伸长区观察,在一些已分化长大的细胞内,液泡的染色较浅,体积增大,数目变少。在成熟区细胞中,一般只有一个巨大液泡,占据细胞的绝大部分体积,将细胞核挤到细胞一侧贴近细胞壁处。

【实验后分析】

1. 用一种活体染色剂对细胞进行超活染色,为什么不能同时观察到线粒体、液泡系等多种细胞器?
2. 小麦或黄豆根尖经中性红超活染色,为什么看到生长点的细胞中液泡多,而且染色深,延长区细胞中液泡数量变少,染色浅?
3. 高等动物和高等植物细胞中的液泡系分布上有何不同?

【新实验设计】

设计一个新实验程序,观察其他动植物细胞中的线粒体或液泡系的分布和形态变化。

## 实验九 叶绿体的分离与荧光观察
## Chloroplast separation and observation by fluorescence microscope

【实验目的】

1. 通过植物细胞叶绿体的分离,了解细胞器分离的一般原理和方法。
2. 观察叶绿体的自发荧光和次生荧光,并熟悉荧光显微镜的使用方法。

【实验原理】

叶绿体是植物细胞所特有的能量转换细胞器,光合作用就是在叶绿体中进行的,因为具有这一重要功能,所以叶绿体一直是细胞生物学、遗传学和分子生物学的重要研究对象。叶绿体是植物细胞中较大的一种细胞器,利用低速离心即可分离集中进行各种研究。分离细胞器的常用方法是将组织匀浆后悬浮在等渗介质中进行差速离心。

叶绿体的分离应在等渗溶液(0.35mol/L NaCl 或 0.4mol/L 蔗糖溶液)中进行,以免渗透压的改变使叶绿体受到损伤。将匀浆液在 1000r/min 的条件下离心 2min,以去除其中的组织残渣和未被破碎的完整细胞。然后,在 3000r/min 的条件下离心 5min,即可获得沉淀的叶绿体(混有部分细胞核)。分离过程最好在 0~5℃的条件下进行;如果在室温下,要迅速分离和观察。

利用荧光显微镜对可发荧光的物质进行检测时,将受到许多因素的影响,如温度、光、淬灭剂等。因此在荧光观察时应抓紧时间,有必要时立即拍照。另外,在制作荧光显微标本时最好使用无荧光载片、盖片和无荧光油。

【实验仪器】

普通离心机、组织捣碎机、粗天平、荧光显微镜等。

【试材准备】

1）植物材料　新鲜菠菜。

2）其他　500mL 烧杯 2 个，250mL 量筒 1 个，滴管 20 支，10mL 刻度离心管 20 支，试管架 5 个，纱布若干，无荧光载片和盖片各 4 片。

【试剂配制】

（1）0.35mol/L 氯化钠溶液。

（2）0.01% 吖啶橙（acridine orange）：称取 1mg 吖啶橙溶于 1mL 水中，配制成 1mg/mL 母液，使用前稀释成 0.01% 浓度即可。

【操作步骤】

**1. 叶绿体的分离与观察**

新鲜的嫩菠菜叶→洗净擦干去除叶梗脉→取 30g 放入 150mL 氯化钠溶液→组织捣碎机匀浆→低速（5000r/min）匀浆 3~5min（破碎细胞）→匀浆液→6 层纱布过滤，取 4mL→1000r/min 离心 2min（去除组织残渣和未被破碎的细胞）→取上清→3000r/min 离心 5min→保留沉淀（即混有部分细胞核的叶绿体）

用氯化钠溶液悬浮→光学显微镜下观察。

**2. 菠菜叶徒手切片观察**

新鲜菠菜叶→刀片切出一斜面置于载玻片上→滴加 1~2 滴氯化钠溶液→盖上盖片显微镜下观察。

【注意事项】

1. 在普通光镜下可以看到三种细胞：①表皮细胞，为边缘呈锯齿形的鳞片状细胞；②保卫细胞，为构成气孔的成对存在的肾形细胞；③叶肉细胞，为排列成栅状的长形和椭圆形细胞。叶绿体呈绿色橄榄形，在高倍镜下还可以看到绿色的基粒。

2. 在荧光显微镜下，叶绿体发出火红色荧光，但其荧光强度要比游离叶绿体弱，气孔发绿色荧光，两保卫细胞内的火红色叶绿体则环绕气孔排列成一圈。表皮细胞内的叶绿体数量要比叶肉细胞少。

3. 用吖啶橙染色后，叶绿体则发出橘红色荧光，细胞核可发出绿色荧光，气孔仍为绿色。

【实验后分析】

1. 叶绿体分离的实验原理是什么？在分离叶绿体时应注意些什么问题？
2. 普通光学显微镜与荧光显微镜有何异同点？
3. 根据荧光观察结果，绘制菠菜叶的结构模式图。
4. 概述滤镜系统的选用原则。

【新实验设计】

设计一个新实验——原位观察植物叶绿体荧光。

# 实验十　细胞凝集反应
## Cell agglutination phenomenon

【实验目的】

1. 观察血细胞的凝集现象。
2. 掌握凝集素促使细胞凝集的原理。学习研究细胞凝集反应的方法，了解细胞发生凝集反应的原因。

【实验原理】

细胞质膜是由蛋白质不同程度镶嵌在脂双层中所形成的动态流动结构，蛋白质和脂类分子又与寡糖链结合为糖蛋白和糖脂分子，糖蛋白和糖脂分子伸至细胞表面的分支状寡糖链在质膜表面形成细胞外被（又称为糖萼）。许多研究结果表明：细胞间的分子识别、细胞的生长和分化、免疫反应和肿瘤发生等均与细胞外被（分支状寡糖链）有关。凝集素能与细胞外被的糖分子相连接，在细胞间形成"桥"，从而达到细胞凝集的效果。

凝集素（lectin）是一类含糖的（少数凝集素例外）并能与糖进行专一性结合的蛋白质，它具有凝集细胞和刺激细胞分裂的作用。凝集素促使细胞凝集主要是由于它能与细胞外被的糖分子相连接，在细胞间形成"桥"，且加入与凝集素互补的糖分子可以抑制细胞间的凝集反应。

【实验仪器】

捣碎机、离心机、光学显微镜等。

【试材准备】

1) 植物材料　马铃薯块茎、韭菜叶片。
2) 器材　胶头滴管、载玻片、离心管、剪刀、烧杯、量筒。

【试剂配制】

(1) 磷酸缓冲液：分别称取氯化钠 7.2g 和磷酸氢二钠 1.48g，用蒸馏水溶解，混合后用蒸馏水定容至 1000mL，调 pH 至 7.2。

(2) 2%兔血细胞：以无菌方法抽取兔的静脉血液（加肝素抗凝剂）用生理盐水洗 5 次，每次 2000r/min 离心 5min，最后按红细胞体积加生理盐水配成 2%兔血细胞液。

(3) 生理盐水。

【操作步骤】

**1. 马铃薯块茎**

(1) 提取凝集素：称取马铃薯去皮块茎 4g，加少许磷酸缓冲液研磨成匀浆，再加磷酸缓冲液至 30mL，浸泡 2h，浸出的粗提液中含有可溶性马铃薯凝集素。

(2) 测定血凝活性：用滴管吸取马铃薯凝集素粗提液和 2%兔血细胞液各一滴，置载玻片上，充分混匀，静置 10min 后于低倍显微镜下观察细胞凝集现象。

**2. 韭菜叶片**

(1) 取韭菜叶片 3～5g 用蒸馏水洗净剪碎，按 1：1($m/V$) 加入生理盐水，用捣碎机或研磨成匀浆，过滤，滤液 5000r/min 离心 20min，弃沉淀，留上清液。

(2) 上清液加硫酸铵 (约 1.8g) 至 60% 饱和度沉淀，5000r/min 下离心 20min，沉淀用 1mL 磷酸缓冲液溶解。

(3) 用滴管吸取韭菜凝集素提取液和 2% 兔血细胞液各一滴，置载玻片上，充分混匀，静置 10min 后于光学显微镜下观察细胞凝集现象。用一滴磷酸缓冲液和一滴 2% 兔血细胞液混合作为对照观察。

【注意事项】

哪些因素影响细胞凝集反应？

【实验后分析】

1. 绘图表示血细胞凝集现象，并说明原因。
2. 植物细胞凝集素在兔红细胞液凝集过程中起的作用是什么？

【新实验设计】

设计新实验比较马铃薯和韭菜凝集素的凝集效果 (可用凝集率、细胞产生凝集所需时间作为比较依据)。

# 实验十一 细胞膜的渗透性测定
## The permeability measurement of cell membrane

【实验目的】

1. 了解细胞膜的渗透性特征及原理。
2. 了解细胞膜对各类物质渗透性及各类物质进入细胞的速度。
3. 了解溶血现象及其发生机制。

【实验原理】

细胞膜是细胞与环境进行物质交换的选择通透性屏障，是一种半透膜，可选择性地控制物质进出细胞。将红细胞放在低渗溶液中，水分子大量渗透到细胞内，可使细胞胀破，血红蛋白释放到介质中，溶液由不透明的红细胞悬液变为红色透明的血红蛋白溶液，这种现象称为溶血 (hemolysis)。由于溶质渗透入细胞的速度不同，溶血时间也不同，因此，发生溶血现象所需的时间长短可以作为测量物质进入红细胞速度的一种指标。本实验选用红细胞作为细胞膜渗透性的实验材料，将其放入不同的介质溶液中，观察红细胞的变化。

【实验仪器】

冰箱、离心机、光学显微镜、磁力搅拌器、电子天平等。

【试材准备】

鸡血或兔血等新鲜血液。

【试剂配制】

(1) 0.9%氯化钠溶液。
(2) 2种低渗溶液：0.017mol/L 氯化钠溶液和 0.032mol/L 葡萄糖溶液。
(3) 10种等渗溶液：0.17mol/L 氯化钠溶液、0.032mol/L 葡萄糖溶液、0.17mol/L 氯化铵溶液、0.17mol/L 乙酸铵溶液、0.17mol/L 硝酸钠溶液、0.12mol/L 草酸铵溶液、0.12mol/L 硫酸钠溶液、0.32mol/L 丙三醇（甘油）溶液、0.32mol/L 乙醇、0.32mol/L 丙酮。

【操作步骤】

**1. 10%动物红细胞悬液的制备**

取 1mL 动物的新鲜血液于一干净的烧杯中，缓慢加入 9mL 0.17mol/L 的氯化钠溶液，充分混匀，制备成不透明的红色液体，即为 10%的动物红细胞悬液。

**2. 溶血现象的观察**

取试管2支，分别加入 0.017mol/L 的氯化钠溶液和 0.032mol/L 葡萄糖溶液 10mL，再加入 1mL 制备好的 10%红细胞悬液，静置并仔细观察溶液颜色的变化。当溶液由不透明的红细胞悬液变成透明的血红蛋白溶液，即表明红细胞发生了溶血现象。

**3. 红细胞膜的渗透性检测与观察**

取试管1支，加入 0.17mol/L 氯化钠溶液 10mL，再加入 1mL 制备好的动物红细胞悬液，轻轻摇动，混匀后室温静置，观察试管是否会发生溶血现象，以及发生溶血现象的时间。然后，分别取干净的试管，加入以下几种等渗溶液[0.032mol/L 葡萄糖溶液、0.17mol/L 氯化铵溶液、0.17mol/L 乙酸铵溶液、0.17mol/L 硝酸钠溶液、0.12mol/L 草酸铵溶液、0.12mol/L 硫酸钠溶液、0.32mol/L 丙三醇（甘油）溶液、0.32mol/L 乙醇、0.32mol/L 丙酮]，并观察溶血现象及其发生时间。

【注意事项】

1. 当试管中加入红细胞和检测溶液时，注意不要强烈摇晃，以免造成人为的红细胞破裂。
2. 检测溶液中滴加红细胞悬液时，操作要迅速。

【实验后分析】

1. 思考分析什么是溶血现象，溶血现象的发生原理是什么。
2. 讨论导致溶血现象时间不同的原因有哪些。

【新实验设计】

设计一个实验比较分析氯化钾、硫酸镁和乙酸等溶液的溶血现象，并对溶血时间进行比较，分析原因。

## 实验十二 细胞活力检测
## The cell vitality detection and analysis

本实验扫描二维码获取相关内容！

## 实验十三 细胞的冻存与复苏
## Cell frozen storage and recovery

本实验扫描二维码获取相关内容！

# II. 综合设计实验

## 实验十四　细胞周期检测与同步化
### Cell cycle determination and synchronization

【实验目的】

1. 了解细胞同步化的原理。
2. 初步掌握几种同步化细胞的操作技术。

【实验原理】

连续分裂的细胞从上一次有丝分裂结束到下一次有丝分裂完成所经历的整个过程为细胞周期(cell cycle)。细胞周期包含 4 个阶段：①$G_1$ 期，指前一次有丝分裂完成到 DNA 复制前的一段时期；②S 期，即 DNA 合成期，为真核细胞分裂(cell division)间期中进行 DNA 合成的阶段；③$G_2$ 期为 DNA 合成后期，指 DNA 合成结束至有丝分裂开始之间的一个阶段；④M 期又称分裂期，是染色体真正开始分离时期。尽管细胞周期中各期的持续时间因不同细胞类型而异，但相对而言 M 期最短，S 期较长。

在细胞培养过程中，细胞多处于不同的细胞周期时相中，其中有少数细胞在进行有丝分裂活动，其余细胞分别处于 $G_1$、S 和 $G_2$ 各期。不同时相的细胞对药物干预存在不同反应，会影响实验的重复性，因此，需要获得周期一致性的细胞。利用细胞同步化技术可使大量细胞处于同一细胞时期，并可获得该时期大量的物质，如细胞中期时的染色体。细胞周期同步化是指为了研究某一时相细胞的代谢、增殖、基因表达或凋亡，借助某种自然或人为的实验手段，使细胞群体中处于细胞周期不同时相的细胞停留在同一时相的现象。细胞周期同步化分为自然同步化和人工同步化，前者由于细胞群体受多种条件限制，对结果有很大影响，因此一般都采取后者。细胞同步化本质上包括用一定的方法获得一定数量的同步化细胞群和使细胞进入同步化生长的两层含义。

目前，常用的细胞同步化方法有两种。

1) M 期同步化方法(振荡收集法)　　该法利用 M 期细胞变圆易脱落的特点，使单层贴壁生长的细胞处于对数增殖期，此时分裂活跃。处于 M 期的细胞变圆隆起，黏附能力降低，松散地附着于培养皿上，轻轻振荡或拍击培养瓶，M 期细胞则与瓶壁脱离，悬浮在培养液中，收集培养液，之后再加入新鲜培养液，按照此法继续收集，可得到一定数目的 M 期细胞。振荡收集法操作简单，同步化程度高并且细胞不受药物伤害，能够真实反映细胞周期状况，缺点是由于 M 期较短，被分离出的细胞很少，只能应用于贴壁细胞。

2) S 期同步化方法(胸腺嘧啶核苷双阻断法)　　胸腺嘧啶核苷(TdR)双阻断法：在处于对

数生长期细胞的培养基中首次加入过量的 DNA 合成抑制剂 TdR，能可逆地抑制 S 期细胞的 DNA 生成，而不作用其他细胞阶段的运转，导致大多数细胞群被同步化于 $G_1$/S 期交界处，但仍有部分细胞处于 S 期范围；移去胸腺嘧啶核苷，细胞再培养一段比 S 期较长而短于 $G_2$、M、$G_1$ 三期总和的时间，让它们完全越过 S 期，但又不使按周期发展最快的细胞进入下一个 S 期。第二次胸腺嘧啶核苷处理，当细胞继续运转至 $G_1$/S 交界处时，被过量的胸腺嘧啶核苷抑制而停止。细胞则于 $G_1$/S 期边界汇集，再次撤掉胸腺嘧啶核苷，加入完全培养基，使细胞继续生长，则细胞同时启动于 S 期。5-氟脱氧尿嘧啶、羟基脲、阿糖胞苷、氨甲蝶呤、高浓度 AdR 和 GdR 等 DNA 合成抑制剂均可抑制 DNA 合成使细胞同步化，由于高浓度胸腺嘧啶核苷对 S 期细胞的毒性较小，因此常用胸腺嘧啶核苷双阻断法诱导细胞同步化。其优点是同步化程度高，适用于任何培养体系。几乎可将所有的细胞同步化，缺点是造成非均衡生长，个别细胞体积增大。

【实验仪器】

细胞培养设备、倒置显微镜、台式离心机、水浴、4℃冰箱、二氧化碳培养箱、$N_2$ 罐、流式细胞仪、超净工作台等。

【试材准备】

1）材料　　HeLa 细胞。
2）器材　　培养瓶、移液器、枪头、5mL 注射器、试管、离心管、封口膜、微量移液器、枪头、烧杯、废液缸等。

【试剂配制】

(1) 0.25%胰蛋白酶液。
(2) 无血清细胞培养液。
(3) DAPI 试剂。
(4) Hank's 溶液。
(5) 2mmol/L TdR。
(6) 70%乙醇（保存于 4℃）。
(7) RNase-A（10mg/mL，−20℃保存）。
(8) 碘化丙啶 PI（650g/mL，避光保存于−20℃）。
(9) PBS（pH7.4 保存于 4℃）。
(10) 秋水仙胺或秋水仙素。

【操作步骤】

**1. M期同步化方法（振荡收集法）**

(1) 取生长于占满瓶底面积 60%～80%的培养细胞一瓶，轻轻摇晃或拍击培养瓶，使松动细胞脱落而悬浮在培养液中，并用离心管收集。
(2) 用 Hank's 溶液洗涤 2 次，漂洗液收集到离心管。
(3) 600r/min 离心 5min，并用培养液将细胞浓度调整为 $2.5×10^5$ 个/mL 接种于培养瓶。

**2. S期同步化方法(TdR双阻断法)**

(1)取指数生长期细胞。

(2)第一次阻断：将对数生长期细胞的培养基换成含 2mmol/L 的新鲜胸腺嘧啶核苷培养液。

(3)37℃、5% $CO_2$ 二氧化碳培养箱中培养 12h。

(4)第一次释放：弃去含有胸腺嘧啶核苷的培养基，用 Hank's 溶液对贴壁细胞漂洗 2～3 次，并更换不含 TdR 的新鲜培养基，继续培养 16h。

(5)第二次阻断：弃去培养液，再加入浓度为 2mmol/L 胸腺嘧啶核苷的新鲜培养基，37℃、5% $CO_2$ 培养 12h。

(6)第二次释放：重复第(4)步骤，此时的细胞大部分出去 $G_1$/S 期边界，同步化细胞随时间推移逐渐进入 S 期。

根据以上两种方法得到的不同时相的同步化细胞，离心后，直接涂片，甲醇固定 5min，DAPI 染色，分析。

**3. 利用流式细胞术分析细胞周期时相**

(1)将细胞传代培养至指数生长期，吸弃上清，用 Hank's 溶液洗涤细胞一次，胰酶消化细胞，完全培养基终止，收集细胞。1200r/min 离心 5min，弃去上清。

(2)加 4℃ 预冷的 PBS 漂洗细胞沉淀 2 次，1500r/min 离心 5min，收集细胞。

(3)快速将细胞悬液注入预冷的 70%乙醇中，封口膜封口。4℃固定，过夜(可延长至 2 周)。

(4)1500r/min 离心 5min 去固定液，收集固定细胞，用 0.4mL PBS 使细胞重悬并转至试管中吹打均匀(防止细胞破碎)。PBS 漂洗 2 次。

(5)细胞染色液配制：40×加碘化丙啶(PI)母液(2mg/mL)：100×RNA 酶 A 母液(10mg/mL)：1×PBS =25：10：1000。

(6)细胞染色：根据细胞量，加入一定体积的细胞染色液(1～1.5mL)重悬，使上机时细胞通过率为 200～350 个/s。

(7)用 300 目(孔径 40～50μm)的筛网过滤于流式上机管中，上机检测。

(8)样品分析测定及打印。

**4. 秋水仙素阻抑法**

(1)将细胞培养至指数生长期。

(2)加入秋水仙素，使培养基最终浓度为 0.25～0.5μg/mL，作用 6～7h。

(3)收集细胞，800r/min 离心 5～10min，弃去上清，沉于管底的细胞即为 M 期细胞。

**5. $N_2$ 阻断法**

(1)将细胞传代培养至指数生长期。

(2)将培养瓶置于 $N_2$ 罐中并通入适量 $CO_2$(约相当于罐中体积的 5%)。

(3)关闭 $N_2$ 罐，连接 $N_2$ 管子和压力表，慢慢向罐中充入 $N_2$ 直到压力为 0.55～0.62MPa。

(4)将 $N_2$ 装置放在 37℃培养箱中 10～16h。次日取出，然后缓缓放出 $N_2$(最好放出窗外)。

(5)取出细胞，观察同步化效果，并用振荡法收集细胞于离心管中。

(6)800r/min 离心 10min，收集细胞。

**6. $G_1$期和$G_2$期细胞的获得**

(1)$G_2$期细胞的获得。根据细胞周期测定的数值,使用胸腺嘧啶核苷双阻断法使细胞同步化于$G_1$/S期交界处后,使细胞释放胸腺嘧啶核苷后继续培养。其培养时间应大于S期时间并小于S期与$G_2$期总和的时间。然后先用振荡收集法使已进入M期的细胞脱落瓶壁,弃去上清培养基;再用胰酶消化,加入新鲜培养基制成细胞悬液,离心收集细胞,即为$G_2$期细胞。

(2)$G_1$期细胞的获得。向用胸腺嘧啶核苷双阻断法获得的细胞中加入一定量的培养基,继续培养1~10h即可获得各阶段的$G_1$期细胞。

向细胞中加入缺乏异亮氨酸的培养基进行培养,培养时间超过一个细胞周期,即可获得$G_1$期细胞。

【注意事项】

1. 一般所有同步化法都会对细胞的生理活动产生一定的影响,因此在选用某一种方法时应首先清楚了解该方法的作用机制,优选对实验目的影响小的方法。

2. 应用TdR双阻断法,第一次撤掉胸苷后的培养时间不能超过$G_1$期+$G_2$期+M期的总和,否则,细胞又将进入S期。

3. 收集到的有丝分裂期的细胞可以贮存在冰上,然后处理其余的培养瓶。

【实验后分析】

1. 细胞阻断在S期和M期的方法有哪些?
2. TdR阻断法为什么要作用两次?

【新实验设计】

对各个时期的同步化细胞的检测可通过流式细胞术来鉴定其细胞周期,通过比较各时相细胞的百分比,看是否达到预期的目的。S期细胞可通过放射自显影来鉴定结果,M期细胞可涂片、染色,在显微镜下观察染色体,计算有丝分裂指数。

# 实验十五　细胞凋亡观察
## Programmed cell death induction and analysis

本实验扫描二维码获取相关内容!

# 实验十六　显微注射技术
## Cell microinjection technology

本实验扫描二维码获取相关内容!

# 实验十七 杂交瘤技术
# Hybridoma technology

【实验目的】
1. 掌握杂交瘤技术的基本原理和基本操作方法。
2. 能运用杂交瘤技术来制备单克隆抗体。

【实验原理】
　　杂交瘤技术是 1975 年 Kohler 和 Milstein 用于制备单克隆抗体而创建的一项重要技术，被誉为"免疫学上的一次革命"。此技术被广泛用于各种单克隆抗体的制备。抗体是由 B 淋巴细胞分泌的，一个 B 淋巴细胞只能分泌一种抗体。把 B 淋巴细胞和骨髓细胞融合，即可形成在体外长期存活并分泌的杂交瘤细胞，如果把单个杂交瘤细胞克隆化，扩增传代，其分泌的抗体即为高度纯一的单克隆抗体。单克隆抗体具有高度专一性，一种单克隆抗体只能结合一种特定的抗原决定簇。正是由于这种高度专一性，因此被广泛用于疾病的论断和治疗，生物大分子的鉴定、定位和分离纯化，以及一些细胞器、特定细胞或病毒的鉴定、定位和分离等方面，具有极其远大的应用前景，因此，用于制备单克隆抗体的杂交瘤技术也变得越来越重要，应用范围越来越广。
　　杂交瘤技术的建立基于以下三种关键技术。
　　1) 动物免疫　　动物体内的 B 淋巴细胞在特定外来抗原的刺激下，可以大量增殖变成浆细胞以分泌针对于该抗原的抗体。脾内不同的 B 淋巴细胞克隆可分泌针对不同抗原的抗体。当受到特定外来抗原刺激时，相应的 B 淋巴细胞克隆便大量增殖以分泌相应的特异性抗体。动物免疫的作用就是用特定外来抗原对动物进行一次或多次免疫，以刺激能分泌针对于该抗原抗体的 B 淋巴细胞大量增殖，从而大量产生专一的 B 淋巴细胞。
　　2) 细胞融合　　B 淋巴细胞受外来抗原刺激后可以分泌抗体，但它在体外存活很短时间（最多两周）后即死亡；而骨髓瘤细胞不分泌任何免疫球蛋白，却能在体外长期存活。如果能将这两种细胞的特性结合起来，我们就能得到既能分泌抗体又能在体外长期存活的细胞。
　　脾脏是动物体内 B 淋巴细胞集中的最大免疫器官，取出脾细胞(B 淋巴细胞)和骨髓瘤细胞融合后，能产生 5 种细胞类型；未融合的脾细胞和骨髓瘤细胞，自身融合的脾细胞和骨髓瘤细胞，以及脾细胞和骨髓瘤细胞融合形成的杂交瘤细胞。其中杂交瘤才是我们需要的，因此就要设法将此杂交瘤细胞从上述细胞混合液中挑选出来。
　　3) 杂交瘤细胞的筛选　　在细胞融合后，要从上述 5 种细胞中筛选出杂交细胞，一般使用 HAT 培养进行筛选，HAT 培养基中含有次黄嘌呤(H)、氨基蝶呤(A)和胸腺嘧啶(T)三种成分。细胞的 DNA 合成有内源性途径(主要途径)和外源性途径(旁路途径)两种方式。内源性途径就是利用谷氨酰胺或单磷酸尿苷酸在二氢叶酸还原酶的催化下来合成 DNA；而外源性途径则是利用次黄嘌呤或胸腺嘧啶在次黄嘌呤鸟嘌呤磷酸核糖基转移酶(hypoxanthine guznine phosphoribosyl transferase，HGPRT)或胸腺嘧啶激酶(thymidine kinase，TK)的催化下来补救合成 DNA，HAT 培养基中氨基蝶呤是二氢叶酸还原酶的抑制剂，能有效地阻断 DNA 合成的内源性途径。B 淋巴细胞具有 HGPRT 和 TK 这两种酶，因此在内源性途径被阻断后仍能利用 HAT 培养基中的次黄嘌呤和胸腺嘧啶来合成 DNA，可在 HAT 培养基中存活，但 B 淋巴细胞是正常细胞，故不能长期存活。杂交瘤技术中所使用的 SP2/0-Ag14 骨髓瘤细胞为 HGPRT-的 TK-缺陷型，缺乏 HGPRT 酶和 TK 酶在内源性途径被阻断后不能进行 DNA 的外源性合成，故不能在 HAT 培养基中存活。杂交瘤细胞由于继承了 B 淋巴细胞和骨髓瘤细胞的双重特性，能够合成 HGPRT 酶和 TK 酶，故在 HAT 培养基中能长期存活。因此，将融合后的细胞在 HAT 培养基中培养两周后，只有杂交瘤细胞能存活下来，成为制造单克隆抗体的细胞源。

【实验仪器】

普通离心机、倒置显微镜、酶联免疫检测仪、$CO_2$ 恒温培养箱、恒温水浴锅、高压灭菌锅等。

【试材准备】

1）材料　8～12 周龄 BALB/c 纯系小鼠 10 只；SP2/0-Ag14 骨髓瘤细胞；灭活的人轮状病毒(用作抗原)。

2）器材　血细胞计数板 2 块，25mL 和 50mL 培养瓶 20 个，96 孔和 24 孔培养板各 10 块，40 孔酶标板 20 块，50mL 塑料离心管 6 支，10mL 玻璃离心管 10 支，1mL、5mL 和 10mL 吸管各 4 支，6cm 培养皿 2 套，100mL 和 50mL 培养瓶各 10 个，1mL、5mL 和 10mL 注射器各 2 支，小滴管 8 支，玻璃套管 4 支，中型、小型手术剪刀各 2 把，中型、小型手术镊各 2 把，6 号针头 8 个，L 形 6 号针头 2 个，500mL 和 1000mL 杯各 2 个，酒精灯一盏，不锈钢网(55cm，200 目)2 块，解剖盘 2 个，过滤灭菌装置一套，橡皮塞若干，70%酒精棉球若干。

【试剂配制】

(1) RPMI 1640 培养基。RPMI 1640 粉 10g，青霉素、链霉素各 10 万单位，加三蒸水最终至 1000mL，用 1mol/L NaOH 和 1mol/L HCl 将 pH 调至 7.0，用 0.22mm 滤膜抽滤除菌，分装冻存备用。RPMI 1640 基本培养液 80mL，无菌的灭活小牛血清 20mL(新鲜小牛血清在 56℃灭活 30min 后，抽滤除菌)。

(2) 小牛血清(FCS)。

(3) 50% PEG 液。

(4) HT 培养液。100×HT 母液，次黄嘌呤(H)136.1mg，胸腺嘧啶(T)38.8mg，三蒸水 100mL，于 50℃溶解后，用 0.22μm 滤膜抽滤除菌，分装冻存备用。

(5) HAT 培养液。RPMI 1640 完全培养液 1000mL，100×HT 母液 10mL，100×A 母液 10mL。100×A 母液：氨基蝶呤(A)1.76g，三蒸水 90mL，滴加 1mol/L NaOH 至完全溶解，再用 1mol/L HCl 调 pH 至 7.5，加三蒸水至 1000mL，用 0.22μm 滤膜抽滤除菌，分装冻存备用。

(6) 0.5%台盼蓝(trypan blue)。

(7) 1mol/L NaOH。

(8) 1mol/L HCl。

(9) 包被液。$Na_2CO_3$ 1.59g，$NaHCO_3$ 2.93g，加蒸馏水至 1000mL，完全溶解后置 4℃保

存备用。

(10) 底物反应液。底物缓冲液 100mL，邻苯二胺(OPD)40mg，过氧化氢($H_2O_2$)150mL。

(11) 辣根过氧化物酶羊(或兔)抗鼠 IgG，青霉素，链霉素。

【操作步骤】

杂交瘤的制备一般应包括动物免疫、细胞融合及 HAT 筛选、抗体的检测和克隆化几个基本操作步骤。

**1. 动物免疫**

动物免疫的方法很多，一般有常规免疫法、脾内一次性免疫法、短程免疫法和体外免疫法等。脾内一次性免疫法具有用量少、免疫程序短、不加佐剂且所得单克隆抗体的特异性较高等特点。由于单次免疫抗原刺激后数日内就进行细胞融合，因此不存在所谓"优势克隆"的问题，从而更容易获得多种不同特异性的单克隆抗体，也能助于筛选出差别微小的两种抗原的单克隆抗体。但该方法的缺点是，其免疫效果要等杂交瘤筛选时才明了，因此在实验时有一定的随机性；此外对一些免疫原性较差的抗原决定簇的单克隆抗体的筛选较困难。常规免疫法比较可靠，由于在融合前能通过测定血清中的抗体滴度来证实免疫效果，因此实验成功的把握性较大。但由于免疫动物多次反复接受相同抗原的刺激，会使某些特定的淋巴细胞克隆大量增殖，易形成"优势克隆"，因此所产生单克隆抗体的种类较少，很可能多个克隆所产生的单克隆抗体都是针对于同一个抗原决定簇的。另外此法的免疫程序太长，费时费力。而短程免疫法和体外免疫法均各有其优缺点，在此不再介绍。在利用杂交瘤技术制备单克隆抗体时，一般采用常规免疫法。

在本实验中，我们使用人轮状病毒脾内一次性免疫法来免疫动物，以达到快速简便的实验效果，也适于学生操作。具体方法如下。

(1) 纯化分离已灭活的人轮状病毒，并精确定量。

(2) 用戊巴比妥钠对 2 只 10 周龄的 BALB/c 小鼠进行麻醉，按每克体重注射 0.05g 戊巴比妥钠的量对小鼠进行腹腔注射，5min 后小鼠即进入昏迷状态。

(3) 无菌打开小鼠腹腔，暴露出脾脏，用 1mL 注射器将含有 30ng 的 0.1mL 抗原(人轮状病毒)液分别注射到 2 只小鼠脾脏内。

(4) 将脾脏轻轻复位，缝合伤口，饲养备用。

(5) 免疫 3d 后取脾细胞进行融合。

**2. 细胞融合及HAT筛选**

细胞融合方法一般有病毒介导的细胞融合、PEG 介导细胞融合及电融合等。病毒介导的细胞融合方法要涉及仙台病毒的培养和灭活，尤其是仙台病毒的培养条件要求严格，过程比较复杂，因此现在一般不使用此方法。电融合为 20 世纪 80 年代兴起的一种融合方法，它除需要昂贵的电融合仪外，还需要特定的技术条件。目前最常使用的融合方法是 PEG 介导的细胞融合方法，该方法具有操作简便、快速省时且融合效果好等优点。本实验使用的是一种快速 PEG 融合方法，具体操作如下。

1) 细胞悬液的制备　　在杂交瘤技术中要使用三种细胞悬液：脾细胞悬液、SP2/0-Ag14 骨髓瘤细胞悬液和腹腔巨噬细胞(用作饲养细胞)悬液。

(1) 脾细胞悬液的制备。取已免疫 BALB/c 小鼠，于免疫后第三天用眼球放血处死(收集流出血液制备阳性血清),用 70%乙醇浸泡 5min 后,无菌打开腹腔,取出脾脏,去除多余的脂肪组织,用 37℃ GKN 液清洗 2~3 次。向脾内注射 0.2mL GKN 液后(脾脏膨胀使细胞散开),放入培养皿中,加入 5mL GKN,用 L 形 6 号针头将脾细胞轻轻挤出,用滴管吹打数次以使细胞散开成单细胞状态。用不锈钢网将此细胞悬液过滤到一个 50mL 塑料离心管中,再加入 10mL GKN 液,混匀后,1000r/min 离心 5min,弃上清,用 10mL GKN 液重新悬浮细胞,取 0.1mL 均匀细胞悬液进行活细胞计数,其余细胞悬液入 37℃备用。

(2)SP2/0-Ag14 细胞悬液的制备。将 SP2/0-Ag14 细胞用 RPMI 1640 完全培养液作增殖培养,每天传代一次,连续传代 3d,使细胞在融合时达到对数生长期。取 3~5 瓶(50mL 的培养瓶)SP2/0-Ag14 细胞,倾去原来的培养上清液,每瓶加入 37℃ GKN 液 4mL,将细胞悬浮起来,收集各瓶中细胞液放入一个 50mL 塑料离心管中 1000r/min 离心 5min(为省时可同脾细胞一同离心),弃去上清液,用 10mL 37℃ GKN 液将细胞悬浮均匀,取 0.1mL 用活细胞计数,其余悬液放 37℃备用。

(3)腹巨噬细胞悬液的制备。杂交瘤细胞开始生长时,需要有饲养细胞,一般用腹腔巨噬细胞作为饲养细胞。

取 12 周龄 BALB/c 小鼠,拉颈处死,浸入 70%乙醇中消毒 5min。在解剖盘中无菌打开腹部皮肤,暴露出腹膜,向腹腔中注入 10mL RPMI 1640 完全培养液,按摩腹部 1~2min 后,用注射器抽出腹腔液(一般可抽出 8~9mL),放入一个 50mL 塑料离心管中,置 37℃备用。一般一只小鼠取出的腹腔巨噬细胞可接种 3~5 块 24 孔或 96 孔培养板。可根据需要接种的培养板数来确定所使用饲养细胞的量。

2)细胞融合及 HAT 筛选(在无菌条件下操作)

已计数脾细胞和骨髓瘤细胞按 6∶1 的比例混合于离心管

↓

1000r/min 离心 5min

↓弃上清

轻弹离心管底部,使沉淀细胞松散

↓40℃预热 1~2min

边摇边在 45s 内匀速加工 50% PEG 溶液

↓

90s 内边摇边向管内加速加入 37℃ GKN 液

↓室温静置 10min

1000r/min 离心 10min

↓

加入 37℃的腹腔巨噬细胞悬液和 40mL HAT 培养液

↓

将细胞悬液分种于 2 块 24 孔板和 96 孔板

↓

37℃、5% $CO_2$ 孵箱中培养

↓

观察细胞的生长情况
↓
5d 用 HAT 培养液半量换液；10d 用 HT 培养液半量换液；
14d 用 HT 培养液全量换液
↓
当杂交瘤细胞长满孔底面积的 1/2～2/3 时，即可取培养上清液进行抗体检测

### 3. 抗体的检测

杂交瘤技术所使用的抗体检测方法必须具有简便、快速、敏感而且能在短时间内检测大量样品的特点。常用的方法有酶联免疫吸附法(enzyme-linked immunosorbent assay, ELISA)、间接免疫荧光法(indirect immunofluorescence, IIF)、放射免疫法(radioimmunoassay, RIA)和双相扩散法等。间接免疫荧光法需要使用荧光显微镜，价格昂贵，灵敏度也较低，而且不能用于可溶性抗原的抗体检测，但其优点是能进行反应的定位。放射免疫法操作较复杂，所用的液体闪烁仪及制剂价格昂贵，但其灵敏度较高。而酶联免疫吸附法则操作简便快速、灵敏度高(0.5ng/mL)，且适于大规模操作，它需要酶联免疫检测仪，价格较便宜。双相扩散法操作简单，不需要昂贵仪器，实验周期也较短，但灵敏度较低，一般可用于抗体的初步检测。

在杂交瘤技术中常常使用酶联免疫吸附法和双相扩散法。下面分别介绍这两种方法的操作过程。

1) 酶联免疫吸附法

纯人轮状病毒用包被液稀释到 10mg/100mL
↓
将此浓度抗原液按每孔 100mL 的量分别加入 40 孔酶标板孔中
轻轻振荡使液体覆盖孔底
↓
4℃，过夜
↓
倾去酶标板液体用 PBSS-吐温-20 缓冲液洗涤
每次洗 3min，共洗 3 次
↓
1%小牛血清白蛋白室温下封闭 30min
↓
甩去封闭液用 PBSS-吐温-20 缓冲液洗 3 次，每次 3min
↓
每孔加入待测杂交瘤培养上清液 100mL；
留出 4 孔，加入 100mL 阳性血清作为阳性对照；
4 孔，加入 100mL HT 培养液作为阴性对照；

4孔，加入 PBSS-吐温-20 缓冲液 100mL 作为空白对照

↓

加入标有辣根过氧化物酶的羊（或兔）抗鼠 IgG，37℃孵育 60min

↓

甩去酶标二抗液，用 PBSS-吐温-20 缓冲液清洗 5 次，每次 3min

↓

加入 100mL 邻苯二胺底物反应液，室温暗处反应 30min

↓

每孔加入 1 滴 2mol/L $H_2SO_4$ 以终止反应，用酶联免疫检测仪进行结果检测（呈现棕褐色反应者为阳性反应。检测出上清液为阳性的培养板孔即为阳性孔，可进行克隆化实验）

2）双相扩散法　　用含有 0.01% $NaN_3$ 和 1%琼脂的磷酸缓冲液倒平板，每块 9cm 培养皿加 18mL。用打孔器在倒好的琼脂平板上均匀打 7 个孔，中央一孔的孔径为 4mm，周围 6 孔的孔径为 6mm 中央孔与周围孔的间距为 8～10mm。中央孔加入待测的杂交瘤培养上清液至孔满，周围孔也分别加入羊（或兔）抗鼠二抗 IgG1、IgG2a、IgG2b、IgG3 和 IgM 的标准抗体制品至孔满。吸干待测孔中的液体后将培养皿倒置。40℃放置 5～7h 或 37℃过夜。取出琼脂板观察结果，出现沉淀线可初步判定为免疫反应呈阳性，另外还可根据沉淀线的位置来确定所含抗体的类型。有阳性免疫反应的培养上清液原来所在的培养孔即为阳性孔，可进行克隆化实验。

**4. 克隆化**

对阳性孔中的杂交瘤细胞进行克隆化培养的方法一般有有限稀释法、软琼脂平板法和显微操作法等。软琼脂平板法操作比较繁琐，特别是在大量克隆化培养时需要制备很多平板，费时费力。而显微操作法需要使用显微操纵仪，价格昂贵，而且不适于大量样品克隆化。但有稀释法却具有简便快速且适于大规模操作等优点，因此在杂交瘤细胞的克隆化操作中常常使用这种方法。有限稀释法的具体方法如下。

(1)将阳性孔中的杂交瘤细胞吹打为均匀悬液，取 0.1mL 进行活细胞计数。

(2)用含有腹腔巨噬细胞的 RPMI 1640 完成全培养液对杂交瘤细胞进行梯度稀释，使其浓度分别为每毫升 50 个、15 个、5 个细胞。

(3)把三种稀释度的杂交瘤细胞悬液分种于三块孔培养板孔中（0.2mL/孔）。

(4)置 37℃、50% $CO_2$ 培养箱中培养。

(5)培养到第 5 天便可看到较小的细胞克隆，待单细胞克隆长满孔底面积的 1/2～2/3 时，再进行抗体检测。阳性孔中的单克隆杂交细胞即为阳性克隆，所分泌的抗体即为单克隆抗体。

获得单克隆杂交瘤细胞后，可通过免疫交叉实验来确定其所分泌的单克隆抗体是不是人轮状病毒所特有的。没有交叉反应的单克隆抗体即可用于人轮状病毒的临床论断和治疗。有必要时可进行再克隆实验，以建立能稳定分泌异性单克隆抗体的杂交瘤细胞株。

【注意事项】

1. 在细胞融合前取出脾脏时，如果脾脏比正常状态明显膨大，则说明有免疫效果，用此脾脏的脾细胞进行细胞融合成功的可能性较大；如果脾脏无明显膨大则说明免疫效果不佳，

可及时终止实验，以免浪费人力、物力而一无所获。

2. 细胞融合后，将培养板置倒置显微镜下观察，则可看到各种类型的细胞，有未融合的脾细胞和 SP2/0-Ag14 骨髓瘤细胞，也有融合细胞。在融合细胞中，有的已完成融合过程，变成了融合细胞，有的仍然呈哑铃形，在高倍镜下仔细观察即可分辨出细胞中有两个核，可以通过计算融合率来判定融合效果。

在融合后第 3~5 天，便可看到 SP2/0-Ag14 骨髓瘤细胞大量死亡。死亡细胞逐渐变得不透明，最终解体，丧失贴壁性，从孔底脱落，经换液可清除部分死亡细胞以免影响活细胞的生长。培养孔中较大的透亮细胞为杂交瘤细胞。脾细胞较小，在融合后第 14 天左右开始大量死亡，经换液可去除部分死亡细胞以减少对活细胞的毒害作用。在融合后第 5 天左右便有杂交瘤细胞开始分裂，从而出现一些较小的细胞克隆，一个培养孔往往会出现多个细胞克隆。

3. 在克隆化后第 5 天左右即可看到小的细胞克隆，检查培养板并标出含有单个细胞克隆的培养孔。单细胞克隆的外形应为圆形，形状非圆形的细胞团则可能不是单细胞克隆。

【实验后分析】

1. 骨髓瘤细胞和脾细胞分别于融合后什么时间开始大量死亡，为什么？
2. 细胞融合后，各种类型的细胞在倒置显微镜下形态如何？

【新实验设计】

单细胞克隆有何形态特征？设计实验判定一个细胞团是不是单克隆细胞。

# 实验十八　植物细胞的有丝分裂观察及染色体标本制备
## Plant cell mitosis observation and chromosome specimen preparation

【实验目的】

1. 了解植物染色体标本制备的方法和基本原理。
2. 观察和熟悉植物细胞有丝分裂中期染色体的形态特征及分布变化。

【实验原理】

有丝分裂是植物细胞常见的细胞增殖方式。常规压片法和去壁-低渗法是观察植物染色体常用的两种方法，同时也是对染色体进行核型分析和畸变分析的基础实验技术。分离植物体上的幼嫩组织，经过水解软化细胞壁后进行常规压片操作，在普通光学显微镜下就可以观察到植物细胞内的有丝分裂。也可以对植物材料进行药物或低温预处理，抑制细胞内纺锤体的形成，获得有丝分裂中期相的细胞，从而对染色体进行核型分析和染色体计数统计。

【实验仪器】

普通光学显微镜、恒温黑暗培养箱、恒温水浴锅等。

【试材准备】

小麦、蚕豆、黄豆或玉米等种子萌发后,采集在恒温培养箱中,光照条件下培养 3~7d 的幼苗根尖为实验材料。

【试剂配制】

(1)0.2%秋水仙素溶液(4℃条件下保存)。
(2)卡诺氏固定液。无水乙醇：乙酸=3：1(体积比)。
(3)70%乙醇。
(4)1mol/L HCl。
(5)卡宝品红染色液。原液 A：3g 碱性品红结晶溶于 100mL 70%乙醇中(4℃下长期保存)。原液 B：取原液 A 10mL 加入到 90mL 5%苯酚水溶液中,充分混匀(两周内使用)。原液 C：取原液 B 45mL,加入无水乙醇和甲醛溶液(37%甲醛)各 6mL,充分混匀(可长期保存)。

卡宝品红染色液：取原液 C 2~10mL 加入到 90~98mL 45%乙醇中,再加入 1~1.8g 山梨醇,混匀即可。两周后着色能力增强,效果较好(室温可保存两年)。

【操作步骤】

1)取材　将上述植物材料的种子接种到铺有湿纱布的培养皿内,在室温条件下进行萌发培养。待其幼根长至 1~2cm 时,切取 0.5cm 长的根尖部分进行处理。

2)预处理　将根尖浸泡到 0.2%秋水仙素溶液中,室温下预处理 4h 后,用蒸馏水清洗干净根尖组织上残留的秋水仙素溶液,切取根尖。

3)固定　将根尖放置到卡诺氏固定液中,固定 2~24h,然后保存至 70%乙醇溶液中,备用。

4)水解　将从 70%乙醇中取出的根尖材料,放入 1mol/L HCl 溶液中,水解 5~10min,水洗干净。

5)染色　取出根尖,放置到干净的载玻片上,滴加几滴卡宝品红染色液,室温染色 10min 后,吸水纸吸去多余的染液,并用蒸馏水冲洗干净,盖上盖玻片。用镊子或铅笔一端轻轻敲碎根尖组织,使植物细胞均匀散开,制备成染色体装片。

6)镜检　先在低倍镜下观察根尖细胞的分散情况,找到处于分裂中期相的细胞,再换到高倍镜下仔细观察染色体的形态、特征,拍照,并进行染色体计数。

【注意事项】

1. 根尖取材时不能太长,只有取尖端的分生区部分才能找到分裂相的细胞。
2. 盐酸水解时间不能太长,否则会使染色体降解而不能被染上颜色。

【实验后分析】

分析并回答用秋水仙素处理植物材料的原因。

【新实验设计】

请设计一个实验,观察分析某一种植物细胞的染色体和有丝分裂现象。

## 实验十九　扫描电子显微镜的原理及操作使用
## The principle and operation of a scanning electron microscope

本实验扫描二维码获取相关内容！

## 实验二十　透射电子显微镜的原理和操作使用
## The principle and operation of transmission electron microscopy (TEM)

【实验目的】

1. 了解透射电子显微镜的基本结构、基本原理和使用方法。
2. 了解透射电子显微镜的操作使用方法。

【实验原理】

透射电子显微镜主要由镜筒、真空系统和电源系统三部分组成。镜筒是电镜的电子光学系统（即成像系统），包括电子枪、电子透射、样品架、荧光屏和照相装置等部件；真空系统包括机械泵、扩散泵和真空阀门等部分。抽气管道将镜筒和真空系统相连。电源系统由高压发生器、高压稳定电流器和各种调节控制单元组成。其中，电子枪和电子透镜是镜筒中最重要的部件。

电子枪位于电镜镜筒的顶部，主要用于获得高速运动的电子束。电子透镜是一个用磁屏蔽铁壳包裹起来的线圈，通电后产生电场或磁场。普通透射电镜通常会有5个透镜，从上而下依次是第一聚光镜、第二聚光镜、物镜、中间镜和投影镜。样品室位于第二聚光镜和物镜之间。观察室在投影镜下方。透射电镜首先会在中间镜上形成样品的一级实像，通过中间镜形成人们所需的二级实像，二级实像再通过投影机放大会形成三级实像。安装在观察室内的照相装置、信息存储硬盘可以随时对所需要的图像进行拍照和保存。

【实验仪器】

透射电子扫描显微镜等。

【试材准备】

动植物组织材料。

【试剂配制】

（1）0.2mol/L PBS 缓冲液（pH 7.4）。A 液：磷酸氢二钠 71.64g，溶于蒸馏水，定容至 1000mL；

B液：磷酸二氢钠31.21g，溶于蒸馏水，定容至1000mL。40.5mL A液与9.5mL B液混合，即配制成了PBS缓冲液。

(2) 2.5%戊二醛固定液。

(3) 1%锇酸固定液（现用现配）。取2%四氧化锇贮存液10mL，加0.2mol/L PBS 10mL，充分混匀即可。

(4) 不同浓度的乙醇溶液。90%、80%、70%、60%、50%的乙醇溶液。

(5) 环氧丙烷（必须无水）。

(6) 环氧树脂Epon812包埋剂，按照说明书配制。

【操作步骤】

1）开机　　接通两个空气开关；闭合电镜总电压柜开关；冷却水系统开始工作，设置水温为20℃；打开电镜主机电源和控制电脑；真空系统自动运行，约半小时后真空度达到工作要求，仪器处于待用状态。

2）样品安装　　将样品杆插入样品室；进行样品隔离室合轴操作，2~3min后绿灯亮；顺时针旋转样品杆，最后缓慢送至样品观察位置。

3）图像获得　　打开电源，待束流数值稳定，常选择高压值；打开灯丝电流开关，灯丝电流自动达到饱和，荧屏上出现图像；选择放大倍数，聚焦图像，调节亮度。

4）镜筒合轴　　按照标准合轴程序进行合轴；高倍模式下调整电压中心，进行物镜消像散操作。

5）观察和照相　　移动样品，找到合适视野；放大到所需倍数；用小荧光屏聚焦，调整亮度，拍照。

6）取出样品　　关闭灯丝电流；抽出样品杆，逆时针旋转样品杆；关闭合轴操作气开关；放气后抽离镜筒。

7）关机　　依次关闭灯丝电流和高压；再关闭镜筒电源；最后关闭电镜主机电源；10min后关闭总电源柜及两个空气开关。

【注意事项】

1. 生物材料制备要准确，整个处理最好在低温下进行。
2. 材料处理时很多药品有毒性，如锇酸，应做好自身安全防护，必须在通风条件下操作。

【实验后分析】

1. 透射电镜样品制备有哪些注意事项，为什么？
2. 透射电镜的工作原理及操作程序。

【新实验设计】

利用透射电子显微镜观察和分析某一动物组织切片的显微结构。

# 第三部分 酶工程实验
# Part Ⅲ Enzyme Engineering Experiments

## Ⅰ. 基 础 实 验

### 实验一 酵母蔗糖酶的纯化
### Purification of yeast sucrase

【实验目的】

1. 掌握蔗糖酶的提取与纯化。
2. 熟悉离子交换层析原理及操作。

【实验原理】

蔗糖酶(EC.3.2.1.26)以两种形式存在于酵母细胞膜的外侧和内侧,在细胞膜外细胞壁中的称之为外蔗糖酶(external yeast invertase),其活力占蔗糖酶活力的大部分,是含有50%糖成分的糖蛋白。在细胞膜内侧细胞质中的称之为内蔗糖酶(internal yeast invertase),含有少量的糖;两种酶的蛋白质部分均为双亚基二聚体,外酶每个亚基比内酶多两个氨基酸(Ser 和 Met);外酶的相对分子质量约为27万(或22万,与酵母的来源有关),内酶的约为13.5万。尽管这两种酶在组成上有较大的差别,但其底物专一性和动力学性质仍十分相似。

本实验以酵母为原料,通过破碎细胞、热处理、乙醇沉淀、离子交换柱层析等步骤,对蔗糖酶进行分离纯化。

离子交换层析法(ion-exchange chromatography,IEC)中常用的阳离子交换剂有弱酸性的羧甲基纤维素(CM-纤维素),阴离子交换剂有弱碱性的二乙氨基乙基纤维素(DEAE-纤维素)。蛋白质的混合物与纤维素离子交换剂的酸性基团或碱性基团相结合,结合力的大小取决于彼此之间相反电荷基团的静电引力,这又与溶液的 pH 有关,因为 pH 决定离子交换剂和蛋白质的解离程度。盐类的存在可以降低离子交换剂的解离基团与蛋白质的相反电荷之间的静电引力,因此被洗脱的蛋白质可通过改变 pH 或离子强度(或两者同时改变)来实现。与离子交换剂结合力小的蛋白质首先从层析柱中被洗脱下来。梯度洗脱是在洗脱过程中,使洗脱液的 pH(或两者同时)发生连续的变化,从而使吸附在柱上的各组分在不同的梯度下被洗脱下来。

尿糖试纸是使将葡萄糖氧化酶和过氧化氢酶及无色的化合物固定在纸条上,制成的测试尿糖含量的酶试纸。溶液（或尿液）中的葡萄糖在葡萄糖氧化酶的催化作用下，形成葡萄糖酸和过氧化氢，过氧化氢在过氧化氢酶的催化作用下形成水和原子氧。原子氧可将某种无色的化合物氧化成有色的化合物。当这种酶试纸与溶液（或尿液）相遇时，很快就会因溶液（或尿液）中葡萄糖含量的少到多而依次呈现出浅蓝、浅绿、棕或深棕色。尿糖试纸是固定化酶实际应用的范例之一。

【实验仪器】

高速离心机、恒温水浴锅、梯度混合器、部分收集器、pH 计、冰箱、紫外分光光度计等。

【试材准备】

1）生物材料　　干酵母。
2）试剂　　95%乙醇、DEAE-Sepharose Fast Flow、冰醋酸、三羟甲基氨基甲烷（Tris）、浓盐酸（HCl）、氯化钠（NaCl）、蔗糖、尿糖试纸、石英砂等。
3）器材　　研钵、冰袋、锥形瓶（50mL）、层析柱（1.0cm×16cm）、小试管、玻璃棒。

【试剂配制】

(1) 1mol/L 乙酸溶液：取 57mL 冰醋酸溶液用蒸馏水定容至 1000mL。

(2) 0.05mol/L pH7.3 Tris-HCl 缓冲液：①0.1mol/L Tris 溶液，12.114g Tris 溶解于 1000mL 蒸馏水；②0.1mol/L HCl，8.5mL 浓盐酸用蒸馏水稀释至 1000mL。将 50mL 0.1mol/L Tris 溶液与 43.4mL 0.1mol/L HCl 混匀后，加水稀释到 100mL。

(3) 0.05mol/L pH7.3 Tris-HCl 缓冲液（内含 1mol/L NaCl 溶液）：称取 58.5g NaCl 溶于 1000mL 0.05mol/L pH7.3 Tris-HCl 缓冲液中。

(4) 0.08mol/L pH7.3 Tris-HCl 缓冲液（内含 0.1mol/L NaCl）：称取 9.69g Tris 及 5.85g NaCl 置于 1L 烧杯中，加入约 800mL 的蒸馏水，充分搅拌溶解后用浓盐酸调节 pH 至 8.8，然后用蒸馏水将溶液定容至 1000mL。

(5) pH4.6 乙酸缓冲液（含 5%蔗糖）：取乙酸钠 5.4g，加水 50mL 使溶解，用冰醋酸调节 pH 至 4.6，再加入 5g 蔗糖，用水稀释至 100mL。

【操作步骤】

1）破碎细胞　　取 15g 干酵母，加 5～10g 石英砂，置于预先冷却的研钵中，加 30mL 去离子水，研磨 30min，在冰箱中冰冻 20～30min（研磨液面上刚出现冰结为宜），重复 2 次，加 5mL 去离子水，置离心管中，12 000r/min 离心 15min，留 0.5mL 上清液为第一组分。

2）加热除杂蛋白　　将上清液倒入锥形瓶，将 1mol/L 乙酸溶液逐滴加入，调其 pH 至 5.0，然后迅速放入 50℃的水浴中，保温 30min。在温育过程中，注意经常缓慢摇动锥形瓶或搅拌抽提液。之后在冰浴中迅速冷却，以 12 000r/min 的转速离心 20min，取 0.5mL 上清液为第二组分。弃去沉淀。

3）乙醇沉淀　　量出上清液的体积，并加入等体积的 95%冷乙醇溶液（预先放在-20℃低温下的时间不少于 30min），于冰浴中温和搅拌 20min。然后以 12 000r/min 的转速离心 25min，小心弃去上清液，沉淀沥干。将沉淀溶解在 6mL 0.05mol/L Tris-HCl 缓冲液（pH7.3）中，搅拌

(5min 以上)使其完全溶解,以 12 000r/min 的转速离心 25min,取出 0.5mL 上清液作为第三组分,剩余部分(乙醇抽提液)进行第 4)步骤操作。

4) 上柱　　装 DEAE-Sepharose Fast Flow 离子交换柱层析,用 0.05mol/L Tris-HCl 缓冲液(pH7.3)平衡。将乙醇抽提液上柱,上样后用 0.05mol/L Tris-HCl 缓冲液(pH7.3)平衡,然后用 0.05mol/L Tris-HCl 缓冲液(内含 1mol/L NaCl 溶液)pH7.3 进行 NaCl 梯度(NaCl 溶液浓度为 0~1mol/L)洗脱,层析柱连上线性梯度混合器,混合器分别装 30mL 0.05mol/L Tris-HCl 缓冲液(pH7.3)和 30mL 含有 0.1mol/L NaCl 的 0.08mol/L Tris-HCl 缓冲液(pH7.3),每 1min 收集 1 管。洗脱至混合器中液体流完为止,测定各接收管在 280nm 下的光吸收值,并用尿糖试纸进行半定量测定各管的酶活力,将最高酶活力的 1 管酶液作为第四组分用于纯度测定。

5) 用尿糖试纸进行半定量测定　　在点滴板中滴 3 滴待测酶液,再加 3 滴含 5%蔗糖的 pH4.6 的乙酸缓冲液,搅匀,37℃放置 20min,浸入尿糖试纸,1s 后取出,60s 内比较颜色的深浅,与比色卡对照。

【注意事项】

1. 梯度洗脱装置中的贮液瓶和混合瓶两者容量应相等,且置于同一水平位置。
2. 混合瓶装起始洗脱液,贮液瓶装高浓度洗脱液。
3. 洗脱前先开动搅拌器,后开启连接两瓶的活塞,这样使混合瓶中的洗脱液呈直线式递增。
4. 因 DEAE 纤维素昂贵,用后务必回收。按"碱→酸"的顺序洗即可,因为酸洗后较容易用水洗至中性。碱洗时因过滤困难,可以先浮选除去细颗粒,抽干后用 0.5mol/L NaOH 溶液处理,然后水洗至中性备用。
5. 使用离心机时,要注意平衡,拧紧盖子。

【实验后分析】

以梯度洗脱出的管数为横坐标,以吸光度 $A_{280}$、酶活力为纵坐标,绘出层析曲线和酶活力曲线图。

【新实验设计】

请设计用凝胶过滤法进一步纯化本实验纯化所得酵母蔗糖酶的具体实验方案。

# 实验二　圆盘电泳法鉴定酵母蔗糖酶的纯度
## Detection of yeast sucrase purity by gel "disc" electrophoresis

本实验扫描二维码获取相关内容!

# 实验三　酵母蔗糖酶的结晶
# Crystallization of yeast sucrase

本实验扫描二维码获取相关内容！

# 实验四　酵母蔗糖酶的化学修饰
# Chemical modification of yeast sucrase

【实验目的】

理解并掌握酶化学修饰的原理与方法。

【实验原理】

蛋白质的化学修饰是研究蛋白质结构与功能的重要方法，对蛋白质侧链基团进行化学修饰，不仅可以探明酶活性部位的结构，也可为改进酶的原有性质（如稳定性等）提供理论基础。其中苯甲基磺酰氟可以特异性修饰丝氨酸残基、三硝基苯磺酸可以特异性修饰赖氨酸残基、对氯汞苯甲酸可以特异性修饰巯基、IAc 可以特异性修饰组氨酸残基、$N$-溴代琥珀酰亚胺可以特异性修饰色氨酸残基、二硫苏糖醇可以特异性修饰二硫键、EDTA 是金属离子的螯合剂，可与酶活性中心的金属离子发生作用。

【实验仪器】

恒温水浴锅、电磁炉、722 分光光度计等。

【试材准备】

1) 生物材料　蔗糖酶，本部分实验一中所得。

2) 试剂　蔗糖、苯甲基磺酰氟(PMSF)、三硝基苯磺酸(TNBS)、对氯汞苯甲酸(PCMB)、碘乙酸(IAc)、$N$-溴代琥珀酰亚胺(NBS)、二硫苏糖醇(DTT)、乙二胺四乙酸(EDTA，用基准试剂)、乙酸(HAc)、乙酸钠(NaAc·3$H_2O$)、钼酸铵、浓硫酸($H_2SO_4$)、砷酸钠、无水碳酸钠($Na_2CO_3$)、酒石酸钾钠、碳酸氢钠($NaHCO_3$)、无水硫酸钠($Na_2SO_4$)、硫酸铜($CuSO_4$·5$H_2O$)。

3) 器材　量筒(1000mL)、容量瓶(1000mL、100mL)、烧杯(1000mL、50mL)、棕色瓶(1000mL)、滴管、移液器(10~100μL)、移液管(10mL、1mL、0.5mL)、玻璃棒。

【试剂配制】

(1) 0.2mmol/L、0.4mmol/L、0.6mmol/L、0.8mmol/L 及 1.0mmol/L PMSF 溶液：称取 174mg

PMSF 溶于一定体积的蒸馏水中，用蒸馏水定容至 1000mL 即 1.0mmol/L。用时分别稀释至 0.2mmol/L、0.4mmol/L、0.6mmol/L、0.8mmol/L。

(2) 0.2mmol/L、0.4mmol/L、0.6mmol/L、0.8mmol/L 及 1.0mmol/L TNBS 溶液：称取 203mg TNBS 溶于一定体积的蒸馏水中，用蒸馏水定容至 1000mL 即 1.0mmol/L。用时分别稀释至 0.2mmol/L、0.4mmol/L、0.6mmol/L、0.8mmol/L。

(3) 0.2mmol/L、0.4mmol/L、0.6mmol/L、0.8mmol/L 及 1.0mmol/L PCMB 溶液：称取 357mg PCMB 溶于一定体积的蒸馏水中，用蒸馏水定容至 1000mL 即 1.0mmol/L。用时分别稀释至 0.2mmol/L、0.4mmol/L、0.6mmol/L、0.8mmol/L。

(4) 0.2mmol/L、0.4mmol/L、0.6mmol/L、0.8mmol/L 及 1.0mmol/L IAc 溶液：称取 186mg IAc 溶于一定体积的蒸馏水中，用蒸馏水定容至 1000mL 即 1.0mmol/L。用时分别稀释至 0.2mmol/L、0.4mmol/L、0.6mmol/L、0.8mmol/L。

(5) 0.2mmol/L、0.4mmol/L、0.6mmol/L、0.8mmol/L 及 1.0mmol/L NBS 溶液：称取 178mg NBS 溶于一定体积的蒸馏水中，用蒸馏水定容至 1000mL 即 1.0mmol/L。用时分别稀释至 0.2mmol/L、0.4mmol/L、0.6mmol/L、0.8mmol/L。

(6) 0.2mmol/L、0.4mmol/L、0.6mmol/L、0.8mmol/L 及 1.0mmol/L DTT 溶液：称取 154mg DTT 溶于一定体积的蒸馏水中，用蒸馏水定容至 1000mL 即 1.0mmol/L。用时分别稀释至 0.2mmol/L、0.4mmol/L、0.6mmol/L、0.8mmol/L。

(7) 0.2mmol/L、0.4mmol/L、0.6mmol/L、0.8mmol/L 及 1.0mmol/L EDTA 溶液：称取 373mg EDTA 溶于一定体积的蒸馏水中，用蒸馏水定容至 1000mL 即 1.0mmol/L。用时分别稀释至 0.2mmol/L、0.4mmol/L、0.6mmol/L、0.8mmol/L。

(8) 0.2mol/L 乙酸缓冲液(pH4.6)：A 液，0.2mol/L 乙酸钠溶液，将 27.22g 乙酸钠溶于一定体积的蒸馏水中，用蒸馏水定容至 1000mL。B 液，0.2mol/L 乙酸溶液，量取 72mL 乙酸，并用蒸馏水定容至 1000mL。将 490mL A 液与 510mL B 液混合。

(9) 0.5mol/L 蔗糖溶液：称取 171.15g 蔗糖溶于一定体积的蒸馏水中，用蒸馏水定容至 1000mL。

(10) 砷钼酸试剂：将 50g 钼酸铵溶于 900mL 水，边搅拌边加入 42mL 浓硫酸；另取 6g 砷酸钠溶于 50mL 水，加入到前一溶液中，彻底摇匀，定容至 1000mL，于 37℃下保温 24h，然后在室温下贮存于棕色瓶中。

(11) Nelson 试剂：A 液，取 25g 无水碳酸钠、25g 酒石酸钾钠，加水溶解后再加入 20g 碳酸氢钠、200g 无水硫酸钠，加水定容至 1000mL；B 液，将 15g $CuSO_4 \cdot 5H_2O$ 溶于 90mL 水，滴加 2 滴浓硫酸，定容至 100mL。将 A 液与 B 液按 50∶2 的比例（体积比）进行混合，即为 Nelson 试剂，用前需在 37℃以上溶解，防止溶质析出。

【操作步骤】

(1) 将浓度分别为 0.2mmol/L、0.4mmol/L、0.6mmol/L、0.8mmol/L、1.0mmol/L 的各种修饰剂 0.5mL 与酶液 0.5mL 在 37℃下作用 20min，测定其剩余活力，以 0.2mol/L pH4.6 的乙酸缓冲液代替修饰剂溶液，测得的活力为 100%。

(2) 以蔗糖为底物，采用 Nelson's 法测定蔗糖酶的活力：①取一支试管，分别加入 0.2mL 0.2mol/L pH4.6 的乙酸缓冲液、0.1mL 0.5mol/L 蔗糖溶液、0.6mL 水及 0.1mL 酶液，混合均匀，

35℃保温 20min。②然后加入 Nelson 试剂 1mL 置沸水浴 20min。③然后加入砷钼酸试剂 1mL 35℃保温 5min 后，加入 7mL 水混匀，$A_{510nm}$ 处比色。

【注意事项】

1. 修饰剂与酶液要充分混合均匀，在保温过程中要不断搅拌，以保证修饰效果。
2. 用分光光度计进行比色时，必须在 30min 内测定。

【实验后分析】

1. 以修饰剂的浓度为横坐标，以相对酶活力为纵坐标，绘出各种修饰剂的酶活曲线图。
2. 酶化学修饰的原理及目的是什么？
3. 常用的大分子修饰剂有哪些？

【新实验设计】

请你用本实验中的各种修饰剂对另外一种自己熟悉的酶进行化学修饰，并以修饰剂的浓度为横坐标，以相对酶活力为纵坐标，绘出各种修饰剂的酶活力曲线图。

## 实验五　SDS-PAGE 检测蔗糖酶分子质量
## Measurement of sucrase molecular weight by SDS-PAGE

本实验扫描二维码获取相关内容！

## 实验六　酵母蔗糖酶的酶促动力学研究
## Reaction kinetics of yeast sucrase

【实验目的】

1. 了解时间、底物浓度及抑制剂对酶反应速度的影响。
2. 掌握双倒数作图法求酶的 $K_m$ 及 $V_{max}$。

【实验原理】

酶促动力学研究酶促反应的速度及影响速度的各种因素，而米氏常数 $K_m$ 值等于酶促反应速度为最大速度一半时所对应的底物浓度，其值大小与酶的浓度无关，是酶促反应的特征常数。不同酶的 $K_m$ 值不同，同一种酶与不同的底物反应时，其 $K_m$ 值也不同，$K_m$ 值反映了酶和底物亲和力的强弱程度，$K_m$ 值越大，表明酶和底物的亲和力越弱；$K_m$ 值越小，表明酶与底物的亲和力越强。

酶的活力就是酶所催活的反应速度,通常用单位时间内底物的减少或产物的增加来表示。酶反应过程中产物的生成和时间的关系可以用进程曲线来说明,曲线的斜率就是酶反应过程中的反应速度。从进程曲线来看,在一定时间内反应速度维持恒定,但随着时间的延长,反应速度逐渐降低,这是由多种因素造成的。所以,为了准确表示酶的反应速度必须采用初速度,即保持恒定时的速度。同样,不同酶浓度下的反应进程曲线也可以说明这个问题。

酶活力可以被某些物质改变,凡能降低酶的活力甚至使酶失活的物质,均称为抑制剂,其中又有可逆抑制和不可逆抑制两种类型。而可逆抑制又包括竞争性抑制、非竞争性抑制等类型。在有抑制剂存在的条件下,酶的一些动力学性质会发生改变,如 $K_m$、$V_{max}$ 等,可通过作图法求得,作图法很多,最常用的就是 Lineweaver-Burk 作图法(即双倒数作图法)。

【实验仪器】

恒温水浴锅、电磁炉、722 分光光度计等。

【试材准备】

1)生物材料　　本部分实验一【操作步骤】"4)上柱"中所得第四组分。

2)试剂　　冰醋酸、乙酸钠、蔗糖、脲、碳酸钠($Na_2CO_3$)、碳酸氢钠($NaHCO_3$)、硫酸钠($NaSO_4$)、酒石酸钾钠、硫酸铜($CuSO_4 \cdot 5H_2O$)、浓硫酸($H_2SO_4$)、钼酸铵、砷酸钠。

【试剂配制】

(1) 0.2mol/L 乙酸缓冲液(pH4.5):A 液,0.2mol/L NaAC,称取 27.616g NaAc 溶解并定容至 1000mL;B 液,0.2mol/L HAc,100mL 乙酸(分析纯)定容至 500mL。将两者分别取 315mL、185mL 混合,用强碱调 pH 至 4.5。

(2) 0.5mol/L 蔗糖溶液:称取 171g 蔗糖溶于 1000mL 蒸馏水中,充分搅拌溶解。

(3) 8mol/L 脲:称取 480.48g 脲溶于 1000mL 蒸馏水中,充分搅拌溶解。

(4) Nelson 试剂:A 试剂,100mL 溶剂中含 $Na_2CO_3$ 2.5g,$NaHCO_3$ 2.0g,$NaSO_4$ 20g,酒石酸钾钠 20g;B 试剂,100mL 溶剂中含 $CuSO_4 \cdot 5H_2O$ 15g,浓 $H_2SO_4$ 两滴。以 A:B=50:2 的比例混合即可使用,使用前需在 37℃以上溶解,防止溶质析出。

(5) 砷酸钠试剂:100mL 中含钼酸铵 5g,浓 $H_2SO_4$ 4.2mL,砷酸钠 0.6g。

【操作步骤】

1)时间作用曲线　　取试管编号,按表 3-6-1 加入各种试剂,待测酶样用本部分实验一【操作步骤】"4)上柱"中所得第四组分,其稀释倍数以酶活力测定时的数据为准。

表 3-6-1　试剂加入顺序表 1

| 试剂/mL | 1 | 2 | 3 | 4 | 5 | 6 | 7 | 8 | 9 | 10 | 11 | 12 |
| --- | --- | --- | --- | --- | --- | --- | --- | --- | --- | --- | --- | --- |
| 0.2mol/L 乙酸缓冲液 | 0.2 | 0.2 | 0.2 | 0.2 | 0.2 | 0.2 | 0.2 | 0.2 | 0.2 | 0.2 | 0.2 | — |
| 0.5mol/L 蔗糖溶液 | 0.1 | 0.1 | 0.1 | 0.1 | 0.1 | 0.1 | 0.1 | 0.1 | 0.1 | 0.1 | 0.1 | — |
| 蒸馏水 | 0.6 | 0.6 | 0.6 | 0.6 | 0.6 | 0.6 | 0.6 | 0.6 | 0.6 | 0.6 | 0.7 | 1.0 |

续表

| 试剂/mL | 1 | 2 | 3 | 4 | 5 | 6 | 7 | 8 | 9 | 10 | 11 | 12 |
|---|---|---|---|---|---|---|---|---|---|---|---|---|
| 酶液 | 0.1 | 0.1 | 0.1 | 0.1 | 0.1 | 0.1 | 0.1 | 0.1 | 0.1 | 0.1 | — | — |
| 保温时间/min | 0 | 1 | 2 | 4 | 8 | 10 | 12 | 15 | 20 | 25 | | |
| Nelson 试剂 | 1.0 | 1.0 | 1.0 | 1.0 | 1.0 | 1.0 | 1.0 | 1.0 | 1.0 | 1.0 | 1.0 | 1.0 |
| 置沸水浴 20min 后冷却 ||||||||||||||
| 砷酸钠试剂 | 1.0 | 1.0 | 1.0 | 1.0 | 1.0 | 1.0 | 1.0 | 1.0 | 1.0 | 1.0 | 1.0 | 1.0 |
| 5min 后加入 7mL 水比色 ||||||||||||||
| $A_{510nm}$ | | | | | | | | | | | | |

以还原糖的量(μmol)为纵坐标、时间为横坐标作时间作用曲线。

2) 底物浓度的影响　　取试管编号，按表 3-6-2 加样。

表 3-6-2　试剂加入顺序表 2

| 试剂/mL | 1 | 2 | 3 | 4 | 5 | 6 | 7 | 8 | 9 | 10 | 11 |
|---|---|---|---|---|---|---|---|---|---|---|---|
| 0.2mol/L 乙酸缓冲液 | 0.2 | 0.2 | 0.2 | 0.2 | 0.2 | 0.2 | 0.2 | 0.2 | 0.2 | 0.2 | — |
| 0.5mol/L 蔗糖溶液 | — | 0.02 | 0.04 | 0.06 | 0.08 | 0.10 | 0.2 | 0.4 | 0.2 | 0.4 | |
| 蒸馏水 | 0.6 | 0.58 | 0.56 | 0.54 | 0.52 | 0.50 | 0.4 | 0.2 | 0.4 | 0.2 | |
| Nelson 试剂 | — | — | — | — | — | — | — | — | 1.0 | 1.0 | |
| 酶液 | 0.2 | 0.2 | 0.2 | 0.2 | 0.2 | 0.2 | 0.2 | 0.2 | 0.2 | 0.2 | |
| 室温下放置 10min |||||||||||||
| Nelson 试剂 | 1.0 | 1.0 | 1.0 | 1.0 | 1.0 | 1.0 | 1.0 | — | — | 1.0 | |
| 置沸水浴 20min 后冷却 |||||||||||||
| 砷酸钠试剂 | 1.0 | 1.0 | 1.0 | 1.0 | 1.0 | 1.0 | 1.0 | 1.0 | 1.0 | 1.0 | 1.0 |
| 5min 后加入 7mL 水比色 |||||||||||||
| $A_{510nm}$ | | | | | | | | | | | |

计算每个试管中的蔗糖浓度和反应速率 $V$，用反应速率对底物浓度作图，再用 $1/V$ 对 $1/S$ 作图，计算 $K_m$ 和 $V_{max}$。

3) 脲对蔗糖酶的抑制　　取试管编号，按表 3-6-3 加入各种试剂。

表 3-6-3　试剂加入顺序表 3

| 试剂/mL | 1 | 2 | 3 | 4 | 5 | 6 | 7 | 8 | 9 | 10 | 11 |
|---|---|---|---|---|---|---|---|---|---|---|---|
| 0.2mol/L 乙酸缓冲液 | 0.2 | 0.2 | 0.2 | 0.2 | 0.2 | 0.2 | 0.2 | 0.2 | 0.2 | 0.2 | — |
| 0.5mol/L 蔗糖溶液 | — | 0.02 | 0.04 | 0.06 | 0.08 | 0.10 | 0.2 | 0.4 | 0.2 | 0.4 | |
| 8mol/L 脲 | 0.15 | 0.15 | 0.15 | 0.15 | 0.15 | 0.15 | 0.15 | 0.15 | 0.15 | 0.15 | 0.15 |
| 蒸馏水 | 0.45 | 0.43 | 0.41 | 0.39 | 0.37 | 0.35 | 0.25 | 0.05 | 0.25 | 0.05 | 0.85 |
| Nelson 试剂 | — | — | — | — | — | — | — | — | 1.0 | 1.0 | |

续表

| 试剂/mL | 1 | 2 | 3 | 4 | 5 | 6 | 7 | 8 | 9 | 10 | 11 |
|---|---|---|---|---|---|---|---|---|---|---|---|
| 酶液 | 0.2 | 0.2 | 0.2 | 0.2 | 0.2 | 0.2 | 0.2 | 0.2 | 0.2 | 0.2 | — |
| | 室温下放置 10min ||||||||||||
| Nelson 试剂 | 1.0 | 1.0 | 1.0 | 1.0 | 1.0 | 1.0 | 1.3 | 1.0 | — | — | 1.0 |
| | 置沸水浴 20min 后冷却 ||||||||||||
| 砷酸钠试剂 | 1.0 | 1.0 | 1.0 | 1.0 | 1.0 | 1.0 | 1.0 | 1.0 | 1.0 | 1.0 | 1.0 |
| | 5min 后加入 7mL 水比色 ||||||||||||
| $A_{510nm}$ | | | | | | | | | | | |

以反应速率对底物浓度作图,再用 $1/V$ 对 $1/S$ 作图,计算出表观 $K_m$、$V_{max}$、$K_i$,说明其抑制类型。

【注意事项】

1. 研究酶的活力应以酶促反应的初速度为准。
2. 本实验采用的是一种定量测定方法,为获得准确的实验结果,应尽量减少实验操作带来的误差。因此,在配制各种底物浓度时,应用同一母液进行稀释,以保证底物浓度的准确性。各种试剂的加样量也应准确,并严格控制酶促反应时间。
3. 砷酸钠有毒,实验中应注意。

【实验后分析】

1. 影响酶反应速度的因素有哪些?
2. 酶的抑制剂有哪些类型?它们如何影响酶的反应速度?
3. 双倒数作图法求 $K_m$ 的关键是什么?

【新实验设计】

请对你熟悉的一种酶进行酶促动力学研究,并设计出具体方案。

# 实验七 固定化酵母细胞及蔗糖酶的检测
# Immobilization of yeast cell and determination of sucrase activities

【实验目的】

1. 学习酵母细胞的固定化方法。
2. 掌握蔗糖酶活力的检测方法。

【实验原理】

固相酶又称为固定化酶，是通过物理及化学的处理方法，使水溶性酶和固态的水不溶性支持物（或载体）相结合而制备的。通过酶的固定化可以将酶转变成不溶物同时仍保留酶的活力，在催化反应中具有诸多水溶性酶所不具备的优点。常用的酶的固定化方法有物理吸附法、载体偶联法（键结合法）、交联法、包埋法。就其应用技术而言，又分为固定化酶和固定化细胞两种。

相对于水溶性酶，固定化酶的机械强度增加，稳定性提高，可回收反复使用。

【实验仪器】

电子恒温水浴锅、电磁炉等。

【试材准备】

1) 生物材料　　1g 卡氏酵母（或 K 号酵母的培养液 10mL），将 1g 卡氏酵母放于 10mL 蒸馏水中，搅拌均匀，活化 1h。

2) 试剂　　海藻酸钠、蔗糖、氯化钙、硫酸铜（$CuSO_4 \cdot 5H_2O$）、次甲基蓝、酒石酸钾钠、氢氧化钠、亚铁氰化钾、无菌水。

3) 器材　　量筒（100mL）、烧杯（50mL、250mL、1000mL）、注射器（5mL）、试管、不锈钢锅、1mL 吸管（4 支）、固定化柱（底部有筛板）。

【试剂配制】

(1) 10%蔗糖溶液：称取 10g 蔗糖用水定容至 100mL。

(2) 费林甲、乙液（现用现配）：费林甲液，称取 35g 硫酸铜（$CuSO_4 \cdot 5H_2O$），取 1%次甲基蓝溶液 5mL，用水共溶后定容至 1000mL。费林乙液，称取 117g 酒石酸钾钠，126.4g 氢氧化钠，9.4g 亚铁氰化钾，用水共溶后定容至 1000mL。

(3) 氯化钙溶液：称取 2.58g 氯化钙加入到 450mL 蒸馏水中，搅拌均匀。

【操作步骤】

1) 酵母细胞的固定化　　称取海藻酸钠 2.1g 加入 30mL 蒸馏水中，微火加热溶解后冷却到室温，将预先准备好的 30mL 卡氏酵母（或 K 号酵母的培养液 30mL）的悬液加入混匀。然后转入注射器中，并将其慢慢滴入 450mL 氯化钙溶液中，浸泡 30min，制成直径 2~3nm 的球形固定化酵母凝胶珠。滤出凝胶珠用蒸馏水洗涤 2~3 次，除去凝胶珠表面的细胞，得到固定化细胞。

2) 酶解反应　　如图 3-7-1 所示，将此固定化酵母装入柱中，从柱上端加入 10%的蔗糖液，控制一定的流速（10~17 滴/min）。先流出的水解液要回流 10min。最后所得流出液即为经固定化 K 号酵母水解的糖液，其成分为葡萄糖和果糖的混合液。

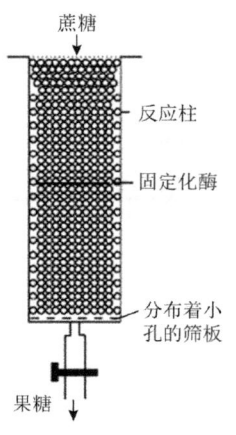

图 3-7-1　固定化酵母细胞的柱式反应

3) 蔗糖酶的检测　　吸取费林甲、乙液各 1mL 于干燥试管中，加入水解液 1mL，沸水中保温，观察颜色反应。有氧化亚铜沉淀的则说明蔗糖已被水解，管中有蔗糖酶的存在。空白以 10%蔗糖液做对照，其他同上。

注：反应柱能连续使用半年，大大降低了生产成本，提高了果糖的产量和质量。

【注意事项】

1. 在缺水的状态下，微生物会处于休眠状态。活化就是让处于休眠状态的微生物重新恢复正常的生活状态。酵母细胞所需要的活化时间较短，一般需要 0.5～1h，需要提前做好准备。此外，酵母细胞活化时体积会变大，因此活化前应该选择体积足够大的容器，以避免酵母细胞的活化液溢出容器外。

2. 磷酸盐会破坏凝胶结构，故固定化细胞培养液应限制磷酸盐含量。同时要有一定浓度的钙离子，因而刚形成的凝胶珠应在 $CaCl_2$ 溶液中浸泡一段时间，以便形成稳定的结构。

3. 配制海藻钠溶液时，其中加热使海藻酸钠溶化是操作中最重要的一环，涉及实验的成败。另外，海藻酸钠的浓度涉及固定化细胞的质量，如果海藻酸钠浓度过高，将很难形成凝胶珠，或形成的凝胶珠不是圆形或椭圆形；如果浓度过低，形成的凝胶珠所包埋的酵母细胞的数目少，且凝胶珠颜色过浅、呈白色，影响实验效果。

4. 检验凝胶珠的质量是否合格，可以采用以下方法：一是用镊子夹起一个凝胶珠放在实验桌上用手挤压，如果凝胶珠不破裂，没有液体流出，就表明凝胶珠的制作成功。二是在实验桌上用力摔打凝胶珠，如果凝胶珠很容易弹起，也表明制备的凝胶珠是成功的。

【实验后分析】

1. 制备固定化酶有几种方法？
2. 在实验室中海藻酸钠和氯化钙的作用是什么？
3. 实验中所用的费林试剂含有什么化学成分？它们的作用是什么？

【新实验设计】

请设计用固定化酵母细胞进行乙醇发酵的实验方案。

提示：将 150mL 质量分数为 10%的葡萄糖溶液转移到 200mL 的锥形瓶中，再加入固定好的酵母细胞，置于 2℃下发酵 24h。观察发酵的葡萄糖溶液，可以看到产生了很多气泡，同时会闻到酒味。

## 实验八　木瓜蛋白酶消除啤酒中蛋白质浑浊
### Protein thickness hydrolyzed by papain in beer

本实验扫描二维码获取相关内容！

## 实验九　尼龙固定化木瓜蛋白酶
## Immobilization of papain with nylon

本实验扫描二维码获取相关内容！

## 实验十　几丁载体上酶的吸附固定
## Immobilization of enzyme on chitin by absorbing method

【实验目的】

掌握吸附法固定酶的原理及操作。

【实验原理】

吸附法是通过弱引力将酶连接到一个不能再共价结合的惰性载体上。几丁质为一复杂的氨基多聚糖，是虾、蟹等外壳的主要成分，纯化的几丁质具有粗糙的多孔结构，能够通过简单的吸附结合大量的酶分子。

【实验仪器】

电子恒温水浴锅、冰箱、真空干燥箱。

【试材准备】

1）生物材料　　蟹、虾等外壳，待固定酶（自选）。
2）试剂　　盐酸（HCl）、氢氧化钠（NaOH）、氯化钠（NaCl）、乙酸、戊二醛。
3）器材　　陶瓷研磨器、烧杯、容量瓶、漏斗、玻璃棒、圆形滤纸。

【试剂配制】

(1) 待固定酶液。
(2) 6mol/L HCl：准确量取 510mL 盐酸，用蒸馏水定容至 1000mL。
(3) 5mol/L NaOH：称取 200g NaOH 溶于蒸馏水中，用蒸馏水定容至 1000mL。
(4) 1% NaCl：称取 1g NaCl 溶于蒸馏水中，用蒸馏水定容至 100mL。
(5) 1%乙酸：准确量取 1mL 乙酸，用蒸馏水定容至 100mL。
(6) 1%戊二醛：准确量取 1mL 戊二醛，用蒸馏水定容至 100mL。

【操作步骤】

**1. 吸附法**

(1) 将蟹、虾等外壳磨碎。

(2) 以 1：10(g/mL)的比例加入 6mol/L HCl 溶液，混匀，室温下去无机盐 2h。
(3) 去 HCl，加入 10 倍体积的去离子水洗涤两次。
(4) 加入 10 倍体积 95℃的 5mol/L NaOH 溶液，95℃下处理 2h 去除蛋白质。
(5) 加入 5 倍体积的 1% NaCl 洗涤 5min。
(6) 加入 5 倍体积的 1%乙酸于 50℃下洗涤 5min，去除色素。
(7) 加入去离子水充分洗涤。
(8) 干燥，磨成 20～50 目大小的几丁颗粒。
(9) 用蒸馏水或缓冲液制备 50%湿几丁。
(10) 将适量的酶用蒸馏水或缓冲液溶解。
(11) 将湿几丁与酶溶液以 1：2(g/mL)混合于室温下放置 2h，间以搅拌，然后于 4℃放置 12h。
(12) 用蒸馏水充分洗涤至洗脱液不表现酶活力。
(13) 悬于适当缓冲液中，于 4℃保存。

**2. 戊二醛交联吸附法**
(1) 按上述方法[步骤(1)～(9)]制备湿几丁。
(2) 在酶液中加入 0.1%～1%的戊二醛(预试确定使用浓度，推荐在加入 10g 湿几丁的 20mL 酶-蒸馏水溶液中使用 1%戊二醛)。
(3) 按上述加入湿几丁。
(4) 如果酶不能直接与戊二醛接触，则用戊二醛(1%～10%)溶液先活化载体。

【注意事项】
1. 实验过程中要严格按照每步的要求进行准确操作。
2. 几丁质的纯化是关键，否则会影响酶的吸附。

【实验后分析】
戊二醛交联吸附法的原理是什么？

【新实验设计】
请你设计实验对固定化前后酶的活力进行比较，并比较吸附法和戊二醛交联吸附法对酶的固定化效果。

# 实验十一　β-半乳糖苷酶菌体细胞的固定化
## Immobilization of β-galactose lactobacillus cell

【实验目的】
1. 学习细胞固定化的原理。

2. 通过用海藻酸钠包埋法固定含 β-半乳糖苷酶的芽孢杆菌，掌握菌体细胞包埋固定的基本方法。

3. 了解固定化细胞在实际中的应用。

【实验原理】

采用物理或化学的方法固定化微生物细胞，是利用酶或酶系的一条捷径。对于固定化细胞，以微生物细胞在固定化后的生长状态可分为：固定化死细胞、固定化活细胞和固定化增殖细胞三类。固定化死细胞是在固定化前或固定化后对微生物细胞进行加热、冷冻、干燥、表面活性剂、化学试剂等处理，使细胞处于死亡状态；固定化活细胞是在固定化后细胞仍存活但并不增殖；固定化增殖细胞是固定化后细胞不仅存活，而且在使用过程中还能增殖。这三类固定化细胞中最令人感兴趣的是固定化增殖细胞。因为多数微生物代谢的产物与其生长相关。

完整细胞的固定化对于细胞内酶的利用有明显的优点，它保持了酶在细胞内环境中的稳定性，成本低，可以利用细胞内的复合酶系进行反应。当反应需要辅助因子时，固定化细胞的优点更加突出，因为活细胞能再生辅助因子。

微生物细胞的固定化方法与固定化酶的方法类似，有吸附法、包埋法和不用载体法。固定化细胞的活力及其他性质与游离细胞有所不同。细胞经固定化后，一般细胞的稳定性增加。固定化细胞的最适反应温度、最适 pH、最大反应速度大多与游离细胞相同；饱和常数与游离细胞相比有的不变，有的变化很大，这可能是由于载体与底物间静电相互作用及存在扩散效应的缘故。

本实验中，把对数生长期的芽孢杆菌细胞悬浮在海藻酸钠溶液中，然后再把此溶液滴进氯化钙溶液中，从而形成海藻酸钙凝胶小球。而此时的芽孢杆菌细胞则被包埋在凝胶的小孔中，即制成固定化细胞。

【实验仪器】

台式离心机、微波炉、烘箱、可见分光光度计、电子恒温水浴锅等。

【试材准备】

1）生物材料　　将对数生长期的芽孢杆菌离心（3200r/min，20min），收集细胞。

2）试剂　　海藻酸钠、氯化钙（$CaCl_2$）、邻硝基苯-β-D-半乳糖苷（分子式 $C_{12}H_{15}NO_8$，别名 ONPG 2-硝基苯基-β-D-呋喃半乳糖苷）、碳酸钠（$Na_2CO_3$）、磷酸二氢钠（$NaH_2PO_4$）、磷酸氢二钠（$Na_2HPO_4$）。

3）器材　　试管（10mL）、容量瓶（1000mL）、烧杯（25mL）、灭菌注射器（将注射器外包 1~2 层报纸，高压灭菌 20min，60℃烘箱中烘干，取出冷却至室温后待用）、灭菌离心管（取 10mL 离心管若干，装入微波炉专用饭盒或直接用报纸包装，高压灭菌 20min，60℃烘箱中烘干，取出冷却至室温后待用）、灭菌移液管（取 5mL、2mL 及 1mL 移液管若干，用报纸包装，高压灭菌 20min，60℃烘箱中烘干，取出冷却至室温后待用。）

注意：①一般塑料器皿放到烘箱上层，玻璃器皿放到烘箱下层；②经高压蒸汽灭菌的材料在未打开报纸包装时，无菌状态的有效期以 1 周为宜，开包装之后不超过 1 周。

【试剂配制】

(1) 海藻酸钠溶液：称取 2g 海藻酸钠溶于蒸馏水，并用蒸馏水定容至 100mL，灭菌后备用。

(2) 2%氯化钙溶液：称取 2g 氯化钙溶于蒸馏水，并用蒸馏水定容至 100mL。

(3) 2mmol/L ONPG 溶液：称取 602.5mg ONPG 溶于蒸馏水，并用蒸馏水定容至 1000mL。

(4) 0.1mol/L pH7.0 磷酸缓冲液：A 液，0.2mol/L 磷酸二氢钠（$NaH_2PO_4 \cdot H_2O$ 27.8g 配制成 1000mL）；B 液，0.2mol/L 磷酸氢二钠（$Na_2HPO_4 \cdot 7H_2O$ 53.65g 或 $Na_2HPO_4 \cdot 12H_2O$ 71.7g 配制成 1000mL）。将 39.0mL A 液与 61.0mL B 液混合并稀释至 200mL。

(5) 1mol/L 碳酸钠溶液：称取 106g 碳酸钠溶于蒸馏水，并用蒸馏水定容至 1000mL。

(6) 无菌水：将 100mL 水加入 200mL 或 250mL 锥形瓶中，加棉塞，包扎，在 121℃进行高压灭菌至少 8min。

【操作步骤】

**1. 细胞悬浮液的制备**

称取产 β-半乳糖苷酶的芽孢杆菌湿菌体 3g 放于小烧杯中，加无菌水 6mL，搅拌均匀制成悬浮液。

**2. 细胞的固定化**

(1) 取芽孢杆菌菌体悬浮液 3mL，悬浮在 10mL 海藻酸钠溶液中混合均匀。

(2) 用灭过菌的注射器吸取上述悬浮液，逐滴滴入到 50mL 氯化钙溶液中，浸泡 30~120min。

(3) 滤出凝胶珠用无菌水洗涤，得到固定化细胞，称重(mg)。

**3. 酶活力测定**

(1) 细胞悬浮液酶活力测定：将菌体悬浮液 3mL 稀释 10~20 倍，取试管 2 支，每管加入 2mmol/L 底物邻硝基苯 β-半乳糖苷(ONPG)溶液 1mL，在 65℃恒温水浴中预热 5min 后，每管分别加入上述菌体悬浮稀释液 1.0mL，65℃精确反应 15min 后。每管加入 2mL 1mol/L $Na_2CO_3$ 溶液终止反应，3200r/min 离心 5min，取上清液在分光光度计上比色，读取 420nm 处的吸光度值。取 2 支测定管的平均值。空白管以 1.0mL 0.1mol/L pH7 磷酸缓冲液代替菌体悬浮稀释液，其余操作同上。

(2) 固定化菌体细胞的酶活力测定：精确称取固定化菌体细胞 60mg 于一试管内，加入 1mL 0.1mol/L pH7 磷酸缓冲液，加入预热的 2mmol/L 底物 ONPG 溶液 1.0mL，以下操作同菌体悬浮液酶活力的测定。空白管内不加固定化菌体，也不需离心。

所测数据填入下表：

| | 总量 | 测定平均值($A_{420}$) | 稀释倍数 | 总酶活力 |
|---|---|---|---|---|
| 菌体悬浮液 | 3mL | | | a |
| 固定化菌体细胞 | 60mg | | | b |

**4. 计算**

(1) 菌体悬浮液总酶活力 $a$（相对值）：

$$a = \frac{测定平均值(A_{420}) \times 3(总量) \times 稀释倍数}{1.0 \times 15}$$

(2) 固定化菌体细胞总酶活力 $b$（相对值）：

$$b = \frac{测定平均值(A_{420}) \times 固定化菌体总量(mg)}{60(mg) \times 15}$$

(3) 酶活力回收 $= \dfrac{b}{a} \times 100\%$

【注意事项】

1. 材料必须是对数生长期的芽孢杆菌。
2. 实验过程中使用的玻璃器皿必须保持干净，痕量的化学试剂对酶的活性都会有一定的影响。
3. 测定酶活力时，终止反应一定要彻底，否则会影响结果的准确性。

【实验后分析】

1. 固定化细胞内酶活力回收值的高低与哪些因素有关？
2. 固定化细胞的活力、底物专一性、反应温度、动力学常数与游离细胞相比有何不同？
3. 比较各种细胞固定化方法的优缺点。

【新实验设计】

试设计一套用海藻酸钠包埋法固定酵母蔗糖酶细胞的具体方案。

## 实验十二　淀粉酶的提取及活力测定
## Extraction and activity determination of amylase

本实验扫描二维码获取相关内容！

## 实验十三　大豆肽的制备
## Preparation of soybean peptide

本实验扫描二维码获取相关内容！

## 实验十四　苯丙氨酸解氨酶的纯化及活性测定
## Purification and activity assay of L-phenylalanine

本实验扫描二维码获取相关内容！

## 实验十五　结晶乳酸脱氢酶(LDH)的制备
## Preparation of crystalline lactate dehydrogenase

【实验目的】

1. 了解乳酸脱氢酶的生理作用。
2. 掌握乳酸脱氢酶分离纯化的方法与步骤。

【实验原理】

脱氢酶(DH)是一种普遍存在的与代谢有关的酶。哺乳动物的乳酸脱氢酶(LDH)由两个不同的亚基组成，以 5 种四聚体的同工酶形式存在。这些同工酶在催化、物理和免疫性能方面是不同的。亚基以"H"和"M"表示，形成 $H_4$、$M_4$、$H_3M$、$H_2M_2$ 和 $HM_3$，在心肌中"H"亚基占优势，心肌适合于丙酮酸的需氧的氧化。在骨骼肌和肝中"M"亚基占优势，它与厌氧代谢和丙酮酸还原有较大关系。

【实验仪器】

绞肉机、冷冻离心机、组织捣碎机、冰箱等。

【试材准备】

1) 生物材料　从已宰动物身上取出猪心或牛心，立即用冰保藏，运回后马上操作。
2) 试剂　磷酸氢二钠、氯化钙、磷酸二氢钠、浓氨水、硫酸铵、丙酮。
3) 器材　透析袋、白色纱布、15L 塑料桶、塑料盆、玻璃棒、量筒(2L、1L、500mL)、烧杯(2000mL、1000mL、500mL、200mL、100mL、50mL)、冰袋、滤纸、冰库。

【试剂配制】

(1) 0.44mol/L 磷酸氢二钠：称取 62.47g 磷酸氢二钠溶于蒸馏水中，并定容至 1000mL。
(2) 0.66mol/L 氯化钙：称取 33.22g 氯化钙溶于蒸馏水中，并定容至 1000mL。
(3) 0.2mol/L pH 7.0 磷酸缓冲液。

A 液：0.2mol/L 磷酸二氢钠（NaH$_2$PO$_4$·H$_2$O 27.8g 配制成 1000mL）。

B 液：0.2mol/L 磷酸氢二钠（Na$_2$HPO$_4$·7H$_2$O 53.65g 或 Na$_2$HPO$_4$·12H$_2$O 71.7g 配制成 1000mL）。

将 39.0mL A 液与 61.0mL B 液混合。

（4）0.1mol/L pH7.0 磷酸缓冲液：A 液及 B 液配制同上，将 39.0mL A 液与 61.0mL B 液混合并稀释至 200mL。

（5）0.2mol/L pH7.4 磷酸缓冲液：A 液及 B 液配制同上，将 19.0mL A 液与 81.0mL B 液混合。

（6）210g/L 硫酸铵溶液：称取 210g 硫酸铵溶于蒸馏水中，并定容至 1000mL。

（7）400g/L 硫酸铵溶液：称取 400g 硫酸铵溶于蒸馏水中，并定容至 1000mL。

【操作步骤】

**1. 酶的吸附与洗脱**

（1）将整理好的牛心肌肉在一细孔绞肉机中绞碎，再用少量水在组织捣碎机内捣 30s。每批 4kg 碎肉浆和 10L 水搅拌 15~30min。用两层纱布过滤，然后，重新用 5L 水抽提。再次挤干后，合并红色浑浊抽提液（容积约 14.5L）。

（2）4kg 滤碎心肌抽提液所需磷酸钙凝胶量制备如下（现配现用），1L 0.44mol/L 磷酸氢二钠在搅拌下，快速加入 1L 0.66mol/L 氯化钙。混合物加浓氨水（需 25~28mL）以调 pH 至 8.2~8.6，并用大量水洗涤至洗涤的水不含氯离子（通常用 20~25L 洗 5~6 次，前几次用自来水，后几次用去离子水）。凝胶悬浮于 3L 水中，冷却至 5℃以下操作，包括离心，均在 5℃下进行。

（3）将红色浑浊抽提液与磷酸钙凝胶混合，搅拌 10min 后，凝胶放置，使沉淀，倒去上清液，离心（600$g$，15min），收集凝胶。用 1.3L 0.2mol/L pH7.0 磷酸缓冲洗脱酶。凝胶离心（600$g$，15min）后取出，并用 600mL 磷酸缓冲液搅拌一次，再离心后弃去凝胶。

**2. 纯化**

（1）合并洗脱液（容积约 1.9L），用固体硫酸铵（420g/L 洗脱液）处理，所得沉淀离心（1400$g$，1.5h）。或用 400g/L 硫酸铵溶液加到 125mL，沉淀用折叠滤纸过滤，需 6~12h，在冰库过滤，过夜。

（2）沉淀溶于 200mL 0.1mol/L pH7.0 磷酸缓冲液中，产生棕色溶液约 325mL。不溶物离心（1400$g$，15min）除去，并保留上清液。

（3）将上清液冷却至 0℃，加入 0.6 倍容积的冷丙酮（-15℃），混合物 10℃下放置 10min。离心（1400$g$，30min），沉淀常在两层当中形成。

（4）小心弃去液体，沉淀和 140mL 210g/L 硫酸铵搅拌 10min。悬浮液离心（1400$g$，30min），取上清液（容积约 140mL）。

（5）将上清液用固体硫酸铵（130g/L）处理，离心（10 000$g$，15min），弃上清液。

（6）将沉淀溶于蒸馏水，得 35~45mL 黄色溶液。将其冷却至 0℃并与 0.6 倍容积丙酮（-15℃）混合。混合物在 20℃放置 10min，离心（1400$g$，1h 或 10 000$g$，10min），弃上清液。

（7）将沉淀充分的分散在 21%硫酸铵中，最终容积 15~20mL，所得悬浮液对 1L 210g/L 硫酸铵透析 12h。

### 3. 结晶

(1) 将透析袋内溶液离心 (10 000g, 15min), 得到几乎无色的清溶液。

(2) 用固体硫酸铵 (40mg/mL) 在离心杯内处理, 并立即离心 (20 000g, 0℃, 3min) 取上清液。

(3) 上清液可能稍浑, 倒入另一烧杯内, 10min 滴加室温饱和硫酸铵直至加入量相当于 0.1mg/mL 酶液, 置 5℃下 1h 或 2h, 离心 (10 000g, 20min) 收集结晶。

### 4. 重结晶

把结晶溶于最小量的 0℃水中, 在 5~10℃搅拌下用 20min 加固体硫酸铵 (350g/L)。产量 20~30mg (3 次重结晶)。结晶可溶于 7%~21%硫酸铵或 0.2mol/L pH7.4 磷酸缓冲液中, 并保存于 0℃。结晶形状为细针状。上述溶液放置 6~8 周不丧失活力。结晶酶较原肌肉抽提液活力提高 90~130 倍。

【注意事项】

1. 酶是具有催化活性的蛋白质, 蛋白质很容易变性, 所以在酶的提纯过程中应避免用强酸强碱, 保持在较低的温度下操作。

2. 有机溶剂一般都使蛋白质变性, 当温度较高时变性蛋白质分子就会变成永久失活。因此用有机溶剂处理时最好在 0℃以下进行。用有机溶剂沉淀得到的酶蛋白不要放置过久, 要尽快加水溶解。

3. 在提纯的过程中通过测定酶的催化活性可以比较容易跟踪酶在分离提纯过程中的去向。

4. 在添加硫酸铵时要注意搅拌, 并注意硫酸铵的加入速度, 一般是由少到多, 缓慢加入, 硫酸铵尽可能磨成细粉。加完硫酸铵后, 酶液要静置一段时间, 使酶蛋白完全沉淀下来, 酶静置后, 就不要再加以搅拌。

【实验后分析】

如何设计酶的分离纯化步骤?

【新实验设计】

请根据所学知识, 设计一套用聚丙烯酰胺凝胶电泳法分离 5 种乳酸脱氢酶的具体实验方法与步骤。

## 实验十六　辣根过氧化物酶的制备及酶比活力的测定
## Isolation、preparation and enzyme specific activity determination of horseradish peroxidase

本实验扫描二维码获取相关内容!

# 实验十七 凝胶层析柱装填及柱效测定
## Gel chromatographic column filling and column efficiency determination

【实验目的】

1. 掌握凝胶过滤层析的原理；掌握凝胶柱柱效测定方法。
2. 熟悉凝胶层析的一般过程。
3. 了解凝胶介质的选择原则和应用领域。

【实验原理】

凝胶过滤(gel filtration)，又称为凝胶层析(gel chromatography)、分子筛过滤(molecular sieve filtration)、凝胶渗透层析(gel osmotic chromatography)等。它是20世纪60年代发展起来的一种层析技术。其基本原理是利用被分离物质分子大小不同及固定相(凝胶)具有分子筛的特点，将被分离物质各成分按分子大小分开，达到分离的方法。

凝胶是由胶体粒子构成的立体网状结构。网眼里吸满水后凝胶膨胀呈柔软而富于弹性的半固体状态。人工合成的凝胶网眼较均匀地分布在凝胶颗粒上犹如筛眼，小于筛眼的物质分子均可通过，大于筛眼的物质分子则不能，故称为"分子筛"。凝胶之所以能将不同分子的物质分开是因为当被分离物质的各成分通过凝胶时，小于筛眼的分子将完全渗入凝胶网眼，并随着流动相的移动沿凝胶网眼孔道移动，从一个颗粒的网眼流出，又进入另一颗粒的网眼，如此连续下去，直到流过整个凝胶柱为止，因而流程长、阻力大、流速慢；大于筛眼的分子则完全被筛眼排阻而不能进入凝胶网眼，只能随流动相沿凝胶颗粒的间隙流动，其流程短、阻力小、流速快，比小分子先流出层析柱；小分子最后流出。分子大小介于完全排阻不能进入或完全渗入凝胶筛眼之间的物质分子，则居中流出。这样被分离物质即被按分子的大小分开。凝胶过滤的基本原理如图3-17-1所示。

用于凝胶层析的凝胶均为人工合成的产品，主要有交联葡聚糖(商品名为Sephadex)、琼脂糖(商品名为Sepharose)、聚丙烯酰胺凝胶(商品名为Bio-gel)及具有一定网眼的细玻璃珠等和这些凝胶的衍生物。

凝胶层析常用于分离纯化蛋白质(包括酶类)、核酸、多糖、激素、病毒、氨基酸和抗生素等生物大分子，也可用于样品的浓缩和脱盐及测定生物大分子的分子质量等方面。

【仪器调试】

**1. 核酸蛋白检测仪及记录仪操作方法**

(1)在仪器使用前，首先检查检测器、电源和记录仪三部分电路连接是否正确，插上电源插头。

(2)接通记录仪电源开关，使电源开关拨到"通"指示灯亮。可根据需要调换不同的走

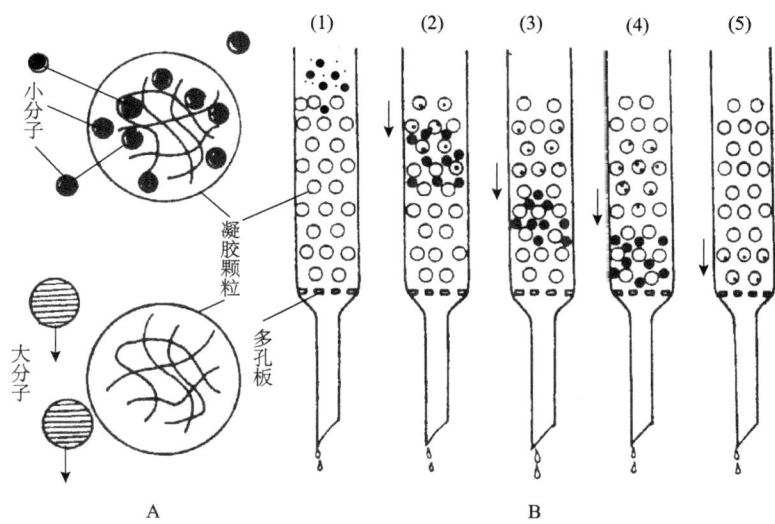

图 3-17-1 凝胶层析的原理

A. 相对分子质量较小的蛋白质由于扩散作用进入凝胶颗粒内部而被截留；相对分子质量较大的蛋白质被排阻在凝胶颗粒外面，在颗粒之间迅速通过。B.（1）蛋白质混合物上柱；（2）洗脱开始，小分子由于扩散作用进入凝胶颗粒内部而被截留，而大分子则被排阻于颗粒之外并向下移动，大小分子开始分开；（3）大小分子完全分开；（4）大分子到达凝胶柱底部；（5）大分子因行程较短，已被洗脱出层析柱，小分子仍在下行中

纸速度。记录仪量程调在 10mV 档上。

(3) 将检测仪波长旋钮旋到所需波长刻度上，把量程旋钮拨到 100%T 档。

(4) 按下检测仪电源箱面板上的电源开关，此时记录仪指针从零点开始向右移动某一刻度，调节"光量"旋钮使指针停留在记录仪大约中间位置 5mV 左右数字显示为 50 左右。仪器开机稳定时间大约在 1h，待基线平直后，可加样测试。

(5) 把检测器进样口塑料胶管接到部分收集器上，使层析柱中的洗脱液通过。透光率为"0"厂家已调好，光密度 A 要调零，量程开关拨到 100%T，调节光量旋钮，使记录仪指针在 10mV 数字显示为 100，即透光率为 100%。把量程开关拨到"A"挡，缓慢调节 A 调零旋钮，使检测仪数字显示为"0"，同时调节记录仪零位旋钮使记录仪指示在"0"位。

(6) 上述 5 个步骤结束后，就可以在层析柱上加样。当样品经层析柱分离，通过检测后，就能通过记录仪给出所需样品吸收的图谱。

(7) 测试完毕，必须切断电源，并用蒸馏水清洗样品池和尼龙管。

(8) 记录仪光吸收 A 读数

当采用 10mV 量程记录仪时，记录仪的满量程读数对应于 A 量程开关所对应的 A 读数范围。如 A 量程开关选定在 0~0.5A 时，则记录仪满量程光吸收 A 读数为 0.5，当记录笔指示在记录纸一半(50%刻度)位置时即为 0.25 A。

数字显示光吸收 A 读数(可变量程读数模式)。当 A 量程开关选定在 0~1.0 档时，此时数显板上显示读数即为光吸收 A 的实际读数，如显示为 080 即表示为 0.80A。

当 A 量程开关切换在其他量程位置时，则数显光吸收 A 读数为：

  A 量程选定在 0~2.0 档时，数显读数×2=实际光吸收读数 A

  A 量程选定在 0~1.0 档时，数显读数×1=实际光吸收读数 A

**2. 部分收集器**

将"手/自"框内的键置于自动状态，按"定"和"停"；使定时时间为零，放开"停"按"快"或"慢"（"定"仍按着）至所需的定时时间，放开"慢"和"定"，再按一下"停"设定定时时间工作就完毕。若要查看设置时间，则只需按一下"定"键，就能显示上一次所设时间，若要以秒显示走时时刻，则需按下"秒"键。

定位，将"顺/逆"键置于"顺"或"逆"状态，按"手动"键，使试管架转至终点，这时报警器工作，报警指示灯亮，然后将"顺/逆"键置于"逆"或"顺"状态，本仪器就会自动地对准第一个试管（在"顺"状态，第一臂试管为最外的那根。在"逆"状态，第一臂试管为最内的那根）。如滴管口没对准第一根试管只要松开换节臂调整螺钉，使滴臂口对准第一根试管即可。

**3. 其他**

砝码天平、真空干燥器、电磁炉、恒流泵等。

【试材准备】

层析柱（1cm×40cm）、玻璃棒、滴头吸管、卷尺（直尺）、量筒（500mL）、Sephadex G-50、磷酸氢二钠（$Na_2HPO_3$）、磷酸二氢钠（$NaH_2PO_3$）、氯化钠（NaCl）、丙酮等。

【试剂配制】

(1) 0.02mol/L pH8.0 的 PBS 缓冲液（磷酸缓冲盐溶液）。

a. 0.2mol/L $Na_2HPO_3$：35.61g/L $Na_2HPO_3 \cdot 2H_2O$ 或 71.64g/L $Na_2HPO_3 \cdot 12H_2O$。

b. 0.2mol/L $NaH_2PO_3$：27.6g/L $NaH_2PO_3 \cdot H_2O$ 或 31.21g/L $NaH_2PO_3 \cdot 2H_2O$。

取 0.2mol/L $Na_2HPO_3$ 94.7mL，0.2mol/L $NaH_2PO_3$ 5.3mL，NaCl 8.5g，用蒸馏水定容至 1000mL。

(2) 5%丙酮（PBS 缓冲液作为溶剂）：5mL 丙酮与 95mL 0.02mol/L pH8.0 的 PBS 缓冲液混合，用玻璃棒搅拌均匀。

【操作步骤】

(1) 清洗层析柱。

(2) 测定层析柱的内径、高度，计算所需凝胶的体积。

(3) 根据 Sephadex G-50 的膨胀体积，计算所需干凝胶的质量。

(4) 称取相应质量的干凝胶，加入其总吸液量 10 倍的 0.02mol/L PBS。

(5) 在 100℃水浴中加热溶胀 1h 以上，溶胀之后将极细的小颗粒倾泻出去。

(6) 用真空干燥器抽尽凝胶中空气，并将凝胶上面过多的溶液倾出。

(7) 关闭层析柱出水口，向柱管内加入约 1/4 柱容积的洗脱液（重复使用的填料，从此步开始）。

(8) 边搅拌，边将薄浆状的凝胶液连续倾入柱中，使其自然沉降。

(9) 等凝胶沉降 2～3cm 后，打开柱的出口，调节合适的流速，使凝胶继续沉积。

(10) 待沉积的胶面上升到离柱的顶端约 5cm 处时停止装柱，关闭出水口。

(11) 通过 2～3 倍柱床体积的洗脱液使柱床稳定（流速 0.5～1mL/min）。

(12) 始终保护凝胶上端有一段液体。
(13) 准备好恒流泵、分部收集器、核酸蛋白检测仪及记录仪。
(14) 打开柱上端的螺丝帽塞子,吸出层析柱中多余液体直至与胶面相切。
(15) 沿管壁将 5%丙酮溶液 0.6mL 小心加到凝胶床面上,应避免将床面凝胶冲起。
(16) 打开下口夹子,使样品溶液流入柱内,同时收集流出液,当样品溶液流至与胶面相切时,夹紧下口夹子。
(17) 按加样操作,用 1mL 洗脱液冲洗管壁 2 次。
(18) 加入 3～4mL 洗脱液于凝胶上,旋紧上口螺丝帽。
(19) 将层析柱进水口连通恒流泵,柱出水口与核酸蛋白质检测仪比色池进液口相连,比色池出液口再与自动部分收集器相连,用两根导线将检测仪与记录仪连接起来,设置好基线的位置。
(20) 洗脱时,打开上、下进出口夹子,用 0.02mol/L pH8.0 的 PBS,以 0.5～1mL/min 流速洗脱,记录 $t_r$(记录仪纸速设为 12cm/h,电压 200mV;核酸蛋白柱测仪检测波长 254nm,灵敏度为 0.1A),计算单位高度的柱效($N$)。

柱效计算公式: $N = 5.54 \times \left(\dfrac{t_r}{W_{1/2}}\right)^2$

式中,$t_r$ 为平均洗脱时间;$W_{1/2}$ 为半峰宽;5.54 为柱效常数。

注:$t_r$ 及 $W_{1/2}$ 均为无因次特性值,测量时精确到 1mm。Sephadex G-100 每米理论塔板数为 3000～6000。

【注意事项】

1. 各接头不能漏气,连接用的小乳胶管不能有破损,否则会造成漏气、漏液。
2. 装柱要均匀,既不过松也不过紧,最好在要求的操作压下装柱,流速不宜过快,避免因此压紧凝胶。
3. 始终保持柱内液面高于凝胶表面,否则水分蒸发,凝胶变干。也要防止液体流干,使凝胶混入大量气泡,影响液体在柱内的流动。
4. 所用凝胶比较昂贵,需小心操作,实验后回收,尽量避免浪费和损失。

【实验后分析】

1. 如实完整地记录实验流程、现象及结果,计算理论塔板数并对其进行深入分析和讨论。
2. 结合理论塔板模型,分析柱效的影响因素,以及如何提高柱效。

【新实验设计】

请设计实验用凝胶层析技术纯化实验"淀粉酶的提取及活力测定"中所得的淀粉酶,并比较纯化前后淀粉酶的比例。

【背景资料】

**1. 层析柱**

层析柱是凝胶层析技术中的主体,一般用玻璃管或有机玻璃管,柱的直径与长度根据经验，组别分离时，大多采用 20～30cm 长的层析柱，分级分离时，一般需要 100cm 左右长的层析柱，其直径在 1～5cm 范围内，小于 1cm 产生管壁效应，大于 5cm 则稀释现象严重。由于层析柱的直径大小不影响分离度，所以样品量大时可用大直径的层析柱（一般制备用凝胶柱直径大于 2cm，但在加样时应将样品均匀分布于凝胶柱床面上）。分离度取决于柱高，为分离不同组分，凝胶柱床必须有适宜的高度，分离度与柱高的平方根相关，但由于软凝胶柱过高挤压变形阻塞，一般不超过 1m。

(1) 分组分离时用短柱，一般凝胶柱长 20～30cm，柱高与直径的比为 5～10，样品溶液体积应小于凝胶床体积的 20%。

(2) 分级分离时柱高与直径之比为 20～100（层析柱滤板下的死体积应尽可能的小，如果支撑滤板下的死体积大，被分离组分之间重新混合的可能性就大，其结果是影响洗脱峰形，出现拖尾现象，降低分辨力。在精确分离时，死体积不能超过总床体积的 1/1000），样品溶液体积应小于凝胶床体积的 5%。

(3) 脱盐：高分子（如蛋白质、核酸、多糖等）溶液中的低分子质量杂质，可以用凝胶层析法除去，这一操作称为脱盐。适用的凝胶为 Sephadex G-10、15、25 或 Bio-Gel-p-2、4、6。柱长与直径之比为 5～15，样品体积可达柱床体积的 20%～25%，为了防止蛋白质脱盐后溶解度降低会形成沉淀吸附于柱上，一般用乙酸铵等挥发性盐类缓冲液使层析柱平衡，然后加入样品，再用同样缓冲液洗脱，收集的洗脱液用冷冻干燥法除去挥发性盐类。

**2. 凝胶的类型**

常用凝胶有葡聚糖凝胶、聚丙烯酰胺凝胶和琼脂糖凝胶。具体的种类型号及性能如表 3-17-1 所示。

表 3-17-1 凝胶的种类型号及性能表

| 种类 | 化学组成 | 部分型号 | 颗粒大小（目数） | 分离性能/Da | 溶胀时间/h | |
|---|---|---|---|---|---|---|
| | | | | | 20～25℃ | 90～100℃ |
| 葡聚糖凝胶 (Sephadex G-) | 由葡聚糖和甘油基通过醚桥交联而成 | G-10 | 100～200 | < 700 | 3 | 1 |
| | | G-15 | 120～200 | < 1 500 | 3 | 1 |
| | | G-25 | 50～400 | 100～5 000 | 3 | 1 |
| | | G-50 | 50～400 | 500～30 000 | 3 | 1 |
| | | G-75 | 120～400 | 1 000～8 000 | 24 | 3 |
| | | G-100 | 120～400 | 1 000～15 000 | 72 | 3 |
| | | G-150 | 120～400 | 1 000～30 000 | 72 | 5 |
| | | G-200 | 120～400 | 1 000～60 000 | 72 | 5 |
| 聚丙烯酰胺凝胶 (Bio-Gel p-) | 由丙烯酰胺和双丙烯酰胺共聚而成 | P-2 | 50～400 | 200～1 800 | 4 | 2 |
| | | P-4 | 50～400 | 800～4 000 | 4 | 2 |
| | | P-6 | 50～400 | 1 000～6 000 | 4 | 2 |
| | | P-10 | 50～400 | 1 500～20 000 | 4 | 2 |
| | | P-30 | 50～200 | 2 500～40 000 | 12 | 3 |
| | | P-60 | 50～200 | 3 000～60 000 | 12 | 3 |
| | | P-100 | 50～200 | 5 000～100 000 | 24 | 5 |

续表

| 种类 | 化学组成 | 部分型号 | 颗粒大小（目数） | 分离性能/Da | 溶胀时间/h 20~25℃ | 溶胀时间/h 90~100℃ |
| --- | --- | --- | --- | --- | --- | --- |
| 聚丙烯酰胺凝胶（Bio-Gel p-） | 由丙烯酰胺和双丙烯酰胺共聚而成 | P-150 | 50~200 | 15 000~150 000 | 24 | 5 |
|  |  | P-200 | 50~200 | 50 000~ized 000 | 48 | 5 |
|  |  | P-300 | 50~200 | 60 000~400 000 | 48 | 5 |
| 琼脂糖凝胶（Sepharose Gio-Gel） | 由 D-半乳糖和 3、6 脱水的 L-半乳糖连接而成，为中性琼脂糖 | A 0.5m | 50~400 | <10 000~500 000 |  |  |
|  |  | A 1.5m | 50~400 | <10 000~1500 000 |  |  |
|  |  | A 5m | 50~400 | 10 000~5 000 000 |  |  |
|  |  | A 15m | 50~400 | 10 000~15 000 000 |  |  |
|  |  | A 50m | 50~400 | 100 000~50 000 000 |  |  |
|  |  | A 150m | 50~200 | 1 000 000~150 000 000 |  |  |

**3. 凝胶的选择**

根据所需凝胶体积，估计所需干胶的量。一般葡聚糖凝胶吸水后的凝胶体积约为其吸水量的 2 倍。例如，1g Sephadex G-200 的吸水量为 20g，1g Sephadex G-200 吸水后形成的凝胶体积约 40mL。凝胶的粒度也可影响层析分离效果。粒度细分离效果好，但阻力大，流速慢。一般实验室分离蛋白质采用 100~200 号筛目的 Sephadex G-200 效果好；脱盐用 Sephadex G-25、Sephadex G-50，用粗粒，短柱，流速快。

**4. 凝胶的制备**

商品凝胶是干燥的颗粒使用前需直接在欲使用的洗脱液中膨胀。为了加速膨胀，可用加热法，即在沸水浴中将湿凝胶逐渐升温至近沸，这样可大大加速膨胀，通常在 1~2h 内即可完成。特别是在使用软胶时，自然膨胀需 24h 至数天，而用加热法在几小时内就可完成。这种方法不但节约时间，而且还可消毒，除去凝胶中污染的细菌和排出胶内的空气。

**5. 样品溶液的处理**

样品溶液如有沉淀应过滤或离心除去，如含脂类可高速离心或通过 Sephadex G-15 短柱除去。样品的黏度不能太大，否则影响分离效果。上柱样品液的体积根据凝胶床体积的分离要求确定。

**6. 防止微生物的污染**

交联葡聚糖和琼脂糖都是多糖类物质，防止微生物的生长，在凝胶层析中十分重要，常用的抑菌剂有以下几种。

(1) 叠氮钠($NaN_3$)。在凝胶层析中只要用 0.02%叠氮钠就足够防止微生物的生长，叠氮钠易溶于水，在 20℃时约为 40%。它不与蛋白质或碳水化合物相互作用，因此叠氮钠不影响抗体活力；不会改变蛋白质和碳水化合物的层析特性，但可干扰荧光标记蛋白质。

(2) 可乐酮[$Cl_3C-C(OH)(CH_3)_2$]在凝胶层析中使用浓度为 0.01%~0.02%。在微酸性溶液中它的杀菌效果最佳，在强碱性溶液中或温度高于 60℃时易引起分解而失效。

(3) 乙基汞代巯基水杨酸钠在凝胶层析中作为抑菌剂使用浓度为 0.05%~0.01%。在微酸性溶液中最为有效。重金属离子可使乙基代巯基的物质结合,因而包含巯基的蛋白质可在不同程度上降低它的抑菌效果。

(4) 苯基汞代盐在凝胶层析中使用浓度为 0.001%～0.01%。在微碱性溶液中抑菌效果最佳,长时间放置时可与卤素、硝酸根离子作用而产生沉淀;还原剂可引起此化合物分解;含巯基的物质亦可降低或抑制它的抑菌作用。

除了直接加入抑菌剂,在位消毒(sanitization-in-place,SIP)和在位清(cleaning-in-place,CIP)对层析介质和仪器的保养十分重要。SIP 的目的是将微生物感染减到最低,绝大多数的微生物可用 0.5～1mol/L NaOH 以该凝胶的建议流速洗 0.5～1h 消除。CIP 的目的是去除柱床内沉淀的及顽固残留的蛋白质。凝胶在使用 10 次以后,最少做一次 CIP。事实上,做 CIP 时,往往已经包含了 SIP,不必再重复。新一代 Bioprocess 凝胶由于拥有很高的化学稳定性,大都可用 1～2mol/L NaOH 在位清洗。BioProcess 离子交换、疏水层析介质以 40cm/h,用 0.5～2mol/L NaOH 相反方向洗 4 倍柱体积(cv),再以最少 3 倍柱体积平衡缓冲液再生。凝胶过滤介质 CIP 的方法相同。但流速需减至 20cm/h,接触至少 1～2h。SOURCE 介质用 2～5cv 1mol/L NaCl、1mol/L NaOH、1mol/L HCl、1mol/L NaCl 的顺序以 180cm/h 洗柱。每个溶液间需用 2cv 蒸馏水过柱。去除脂类及疏水性强的蛋白质,使用递增式梯度以 4～10cv 70%乙醇或 30%异丙醇洗柱,再用最少 3cv 蒸馏水加以过柱。或用 2cv 0.5%非离子性去污剂(溶在 1mol/L 乙酸中)洗柱,再用 5cv 70%乙醇过柱,最后用 3～4cv 蒸馏水加以清洗。

**7. 凝胶回收**

如果不再使用可将凝胶回收,一般方法是将凝胶用水冲洗干净滤干,依次用 70%、90%、95%乙醇脱水平衡至乙醇浓度达 90%以上,滤干,再用乙醚洗去乙醇、滤干,干燥保存。湿态保存方法是凝胶浆中加入抑菌剂或水冲洗到中性,密封后高压灭菌保存。

# 实验十八　模拟过氧化物酶的制备、固定化及应用
## Preparation, immobilization and application of analog peroxidase

本实验扫描二维码获取相关内容!

# 实验十九　植物组织中蔗糖酶活力的测定
## Determination of sucrase activities in plant tissue

本实验扫描二维码获取相关内容!

# 实验二十　正交法测定几种因素对酶活力的影响
## Effects of several factors on enzyme activity with orthogonal experiment

【实验目的】

1. 初步掌握正交法(正交试验设计法)的使用。
2. 运用正交法测定底物浓度、酶浓度、温度和pH这4种因素对酶活力的影响。

【实验原理】

酶的催化作用是在一定条件下进行的,其催化反应速度受多种因素的影响,如酶浓度、底物浓度、温度、抑制剂和激活剂等。通常在其他因素恒定的条件下,通过某一因素在一系列变化条件下的酶活力测定求得该因素的影响,这是单因素的试验方法。对于多因素的试验可以通过正交试验设计法(简称正交法)来完成。正交法是借助于正交表,简化表格计算,正确分析结果,找到实验的最佳条件、分清因素的主次,这样就可以通过比较少的实验次数达到好的实验效果。

本实验运用正交法测定底物浓度、酶浓度、温度、pH这4个因素对酶活性的影响,并求得在什么样的底物浓度、酶浓度、温度和pH时酶的活力最大。

【实验仪器】

恒温水浴箱、可见分光光度计、pH计、冰箱、电磁炉等。

【试材准备】

1)生物材料　牛胰蛋白酶、牛血清白蛋白。

2)试剂　尿素、氢氧化钠(NaOH)、磷酸二氢钠($NaH_2PO_4$)、三氯乙酸、巴比妥钠、浓盐酸(HCl)、碳酸钠($Na_2CO_3$)、硫酸铜($CuSO_4 \cdot 5H_2O$)、酒石酸钾钠、钨酸钠($Na_2WO_4 \cdot 2H_2O$)、钼酸钠($Na_2MoO_4 \cdot H_2O$)、磷酸($H_3PO_4$)、硫酸锂($Li_2SO_4$)、液溴、酚酞。

3)器材　试管、试管架、小漏斗、滤纸、吸量管、容量瓶(10mL、100mL、1000mL)、量筒(1000mL)、磨口回流瓶、回流冷凝管、小玻璃珠、棕色试剂瓶、铁架台、不锈钢锅。

【试剂配制】

(1)牛血清白蛋白:20mL 蒸馏水中加入牛血清白蛋白2.2g、尿素36g、1mol/L NaOH 溶液 8mL,室温放置 1h,使蛋白质变性。如有不溶物,可过滤除去。再加 0.2mol/L $NaH_2PO_4$ 溶液至110mL 及尿素4g,调节溶液pH 达7.6左右。

(2)牛胰蛋白酶液:3mg 牛胰蛋白酶冷冻干粉,溶于10mL 蒸馏水。

(3)15%三氯乙酸溶液:15g 三氯乙酸溶于蒸馏水,并稀释至100mL。

(4)0.04mol/L 巴比妥缓冲液(pH7、pH8、pH9)。

A 液——0.04mol/L 巴比妥钠盐溶液：称取 10.411g 巴比妥钠溶解于一定体积的蒸馏水中，并用蒸馏水定容至 1000mL。

B 液——0.2mol/L 盐酸：吸取 17mL 浓盐酸，用蒸馏水稀释至 1000mL。

取 100mL A 液，加入 17.8mL（9.39mL 或 1.65mL）B 液，pH 即为 7（8 或 9）。

(5) Folin-酚甲试剂。①4%碳酸钠溶液：4g 碳酸钠溶于 100mL 蒸馏水中，并搅拌溶解。②0.2%氢氧化钠溶液：0.2g 氢氧化钠溶于 100mL 蒸馏水中，并搅拌溶解。③1%硫酸铜溶液：1g 硫酸铜溶于 100mL 蒸馏水中，并搅拌溶解。④2%酒石酸钾钠溶液：2g 酒石酸钾钠溶于 100mL 蒸馏水中，并搅拌溶解。

临用前将①与②等体积配制碳酸钠-氢氧化钠溶液，②与④等体积配制成硫酸铜-酒石酸钾钠溶液，然后把这两种试剂按 50∶1 的比例混匀，即为 Folin-酚甲试剂。此试剂临用而配制，一天内有效。

(6) Folin-酚乙试剂：向 2L 容积的磨口回流瓶中加入 100g 钨酸钠（$Na_2WO_4 \cdot 2H_2O$），25g 钼酸钠（$Na_2MoO_4 \cdot H_2O$）及 700mL 蒸馏水，再加入 85%磷酸 50mL 及浓盐酸 100mL，充分混合后，接上回流冷凝管，以小火回流 10h（烧瓶内加小玻璃珠数颗，以防止溶液沸溢）。回流结束后再加入 150g 硫酸锂（$Li_2SO_4$），50mL 蒸馏水及液溴数滴，然后开口继续沸腾 15min，以驱除过量的溴，冷却后溶液呈鲜黄色（如仍呈绿色，须再重复滴加溴水的步骤），冷却后加蒸馏水定容至 1000mL，过滤，即成 Folin-酚乙试剂，滤液置于棕色试剂瓶中，可在冰箱内长期保存。若此贮存液使用过久，颜色由黄变绿，可加几滴液溴，煮沸数分钟，恢复原色仍能继续使用。

Folin-酚乙试剂贮存液在使用前使酸度最终为 1mol/L。可用标准 1mol/L NaOH 溶液，以酚酞作指示剂，当溶液颜色由红—紫色—紫灰—灰墨绿时即为滴定终点。该试剂贮存液的酸度应为 2mol/L 左右，将之稀释至相当于 1mol/L，酸度便可使用。

(7) 0.1mol/L $NaH_2PO_4$ 溶液：称取 15.6g $NaH_2PO_4$ 溶解于一定体积的蒸馏水中，并用蒸馏水定容至 1000mL。

(8) 1mol/L NaOH 溶液：称取 40g NaOH 溶解于一定体积的蒸馏水中，并用蒸馏水定容至 1000mL。

【操作步骤】

**1. 实验设计**

(1) 确定试验因素和水平：本实验取 4 个因素，即底物浓度[S]、酶浓度[E]、温度、pH。每个因素选 3 个水平（水平即在因素的允许变化范围内，要进行试验的"点"）。试验因素和选用水平如表 3-20-1 所示。

表 3-20-1　因素水平表

| 试验号 | 底物溶液/mL | 酶溶液/mL | 温度/℃ | pH |
| --- | --- | --- | --- | --- |
| 1 | 0.5 | 0.8 | 50 | 7 |
| 2 | 0.2 | 0.5 | 37 | 9 |
| 3 | 0.8 | 0.2 | 60 | 8 |

(2) 选择合适的正交表：合适的正交表，是指要考察的因素的自由度总和，应该不大于

所选正交表的总自由度。正交表 L$n(t^q)$，其中 L 为正交表的代号；$n$ 为处理数（试验次数）；$t$ 为水平数；$q$ 为因素数。

(3) 设计，见表 3-20-2。

表 3-20-2　表头设计

| 试验号 \ 因素 | 1 | 2 | 3 | 4 |
|---|---|---|---|---|
| 1 | 1 | 1 | 1 | 1 |
| 2 | 1 | 2 | 2 | 2 |
| 3 | 1 | 3 | 3 | 3 |
| 4 | 2 | 1 | 2 | 3 |
| 5 | 2 | 2 | 3 | 1 |
| 6 | 2 | 3 | 1 | 2 |
| 7 | 3 | 1 | 3 | 2 |
| 8 | 3 | 2 | 1 | 3 |
| 9 | 3 | 3 | 2 | 1 |

**2. 实验安排**

实验安排见表 3-20-3。

表 3-20-3　各管加样表

| 加入试剂 \ 试验号 | 2 | 4 | 9 | 1 | 6 | 8 | 3 | 5 | 7 |
|---|---|---|---|---|---|---|---|---|---|
| 2%血红蛋白/mL | 0.5 | 0.2 | 0.8 | 0.5 | 0.2 | 0.8 | 0.5 | 0.2 | 0.8 |
| pH | 9 | 8 | 7 | 7 | 9 | 8 | 8 | 7 | 9 |
| 缓冲液/mL | 2 | 2 | 2 | 1.7 | 2.6 | 1.7 | 2.3 | 2.3 | 1.4 |
|  | 37℃预热 5min | | | 50℃预热 5min | | | 60℃预热 5min | | |
| 酶液/mL | 0.5 | 0.8 | 0.2 | 0.8 | 0.2 | 0.5 | 0.2 | 0.5 | 0.8 |
|  | 37℃反应 10min | | | 50℃反应 10min | | | 60℃反应 10min | | |

各管均加入 15%三氯乙酸溶液 2mL 终止反应。另取试管一支作非酶对照，即加 2%血红蛋白液 0.5mL，缓冲液 2.0mL。先加 15%三氯乙酸溶液 2mL，摇匀放置 10min 后再加入酶液 0.5mL。

将上述酶促和非酶对照各管反应液室温放置 15min，过滤，滤液保留，用于测定酶活力。

酶活力测定：取滤液 0.5mL，加入 Folin-酚甲试剂 4mL，混匀室温放置 10min，再加 Folin-酚乙试剂 0.5mL，迅速混匀，于 30℃保温 30min 后，在 680nm 处测光吸收值。

**3. 实验结果及分析**

实验完成后，把 9 个数据填入表 3-20-4 实验结果栏内。

【注意事项】

1. 作因素水平表时，各因素的水平最好不要按大小顺序排列。
2. 按一般方法，如对 4 个因素 3 个水平的各种搭配都要考虑，共需做 $3^4=81$ 次试验，而用正交表只需做 9 次试验。

3. 做正交试验时，要严格控制每个试验号的作用条件，尤其是时间。
4. 正交试验中，被考察因素以外的实验条件必须保持稳定。
5. 如需要做方差分析，可用电脑编程。
6. 加入三氯乙酸要及时并迅速摇匀。
7. 酶活力测定要在 30min 内进行，超出 30min 后吸光值将不稳定。

表 3-20-4  正交试验结果及分析

| 试验号 \ 因素 | 1<br>[S]/mL | 2<br>[E]/mL | 3<br>温度/℃ | 4<br>pH | 试验结果<br>$A_{680}$ |
|---|---|---|---|---|---|
| 1 | 1(0.5) | 1(0.8) | 1(50) | 1(7) | |
| 2 | 1(0.5) | 2(0.5) | 2(37) | 2(8) | |
| 3 | 1(0.5) | 3(0.2) | 3(60) | 3(9) | |
| 4 | 2(0.2) | 1(0.8) | 2(37) | 3(9) | |
| 5 | 2(0.2) | 2(0.5) | 3(60) | 1(7) | |
| 6 | 2(0.2) | 3(0.2) | 1(50) | 2(8) | |
| 7 | 3(0.8) | 1(0.8) | 3(60) | 2(8) | |
| 8 | 3(0.8) | 2(0.5) | 1(50) | 3(9) | |
| 9 | 3(0.8) | 3(0.2) | 2(37) | 1(7) | |
| Ⅰ | | | | | |
| Ⅱ | | | | | |
| Ⅲ | | | | | |
| Ⅰ/3 | | | | | |
| Ⅱ/3 | | | | | |
| Ⅲ/3 | | | | | |
| 极差 R | | | | | |

【实验后分析】

1. 按表 3-20-4 中数据计算出各因素的一水平试验结果总和（Ⅰ）、二水平试验结果总和（Ⅱ）、三水平试验结果总和（Ⅲ），再取平均值（各自被 3 除）。
2. 计算极差。极差是指这一列中最好与最坏之差，从极差的大小就可以看出哪个因素对酶活力影响最大，哪个影响最小，找出在什么条件下酶活力最高。最后作一直观分析的结论。
3. 以 A 值（Ⅰ/3，Ⅱ/3，Ⅲ/3）为纵坐标，因素的水平数为横坐标作图。
4. 做好正交试验的关键有哪些？
5. 设计正交试验方案时，应遵循的原则是什么？
6. 正交试验设计法与简单比较法、全面试验法相比较，有何优缺点？

【新实验设计】

请用正交试验设计法探索蔗糖酶的最适反应条件，并写出具体可行方案。

# Ⅱ. 综合设计实验

## 实验二十一 酸性磷酸酶的分离纯化及活性测定
### Separation, purification and activity assay of acid phosphatase (ACP)

【实验内容】

1. 小麦胚芽中酸性磷酸酶的分离纯化。
2. 酸性磷酸酶蛋白含量测定及比活性分析。
3. 酸性磷酸酶时间进程曲线。
4. 酸性磷酸酶酶浓度-速度曲线。
5. pH-酸性磷酸酶活性曲线。
6. 酸性磷酸酶米氏常数的测定。
7. 磷酸盐对酸性磷酸酶活性的抑制作用。

### 内容一 分离纯化小麦胚芽中酸性磷酸酶
### Separation and purification of wheat germ acid phosphatase (ACP)

【实验目的】

1. 学习并掌握从植物材料中分离纯化蛋白酶的方法。
2. 了解激活剂和抑制剂对酶活性的影响。

【实验原理】

酸性磷酸酶(acid phosphatase，ACP)广泛存在于植物种子、霉菌，以及动物前列腺和肝脏中。植物种子中的 ACP 在发芽时含量会猛增，随胚芽的生长 ACP 含量会下降。选用新鲜小麦胚芽作为原料来分离和纯化 ACP，具有来源方便、酶含量高等优点。

ACP 能溶解于水、稀缓冲液及 35%饱和度的硫酸铵溶液中，在 57%饱和度的硫酸铵溶液中可沉淀析出；pH 小于 6.5 时稳定性增加，乙酸和柠檬酸可增加 ACP 溶液的稳定性；在中性及高温条件下不稳定，在 70℃时相对稳定；$Mn^{2+}$、$Mg^{2+}$ 为 ACP 激活剂，而 $Cu^{2+}$、Pi、$Hg^{2+}$、$Zn^{2+}$、$Ag^+$、$Pb^{2+}$、NaF、草酸盐、酒石酸盐和甲醛等是 ACP 的抑制剂。从小麦胚芽中提取 ACP 的流程见图 3-21-1。

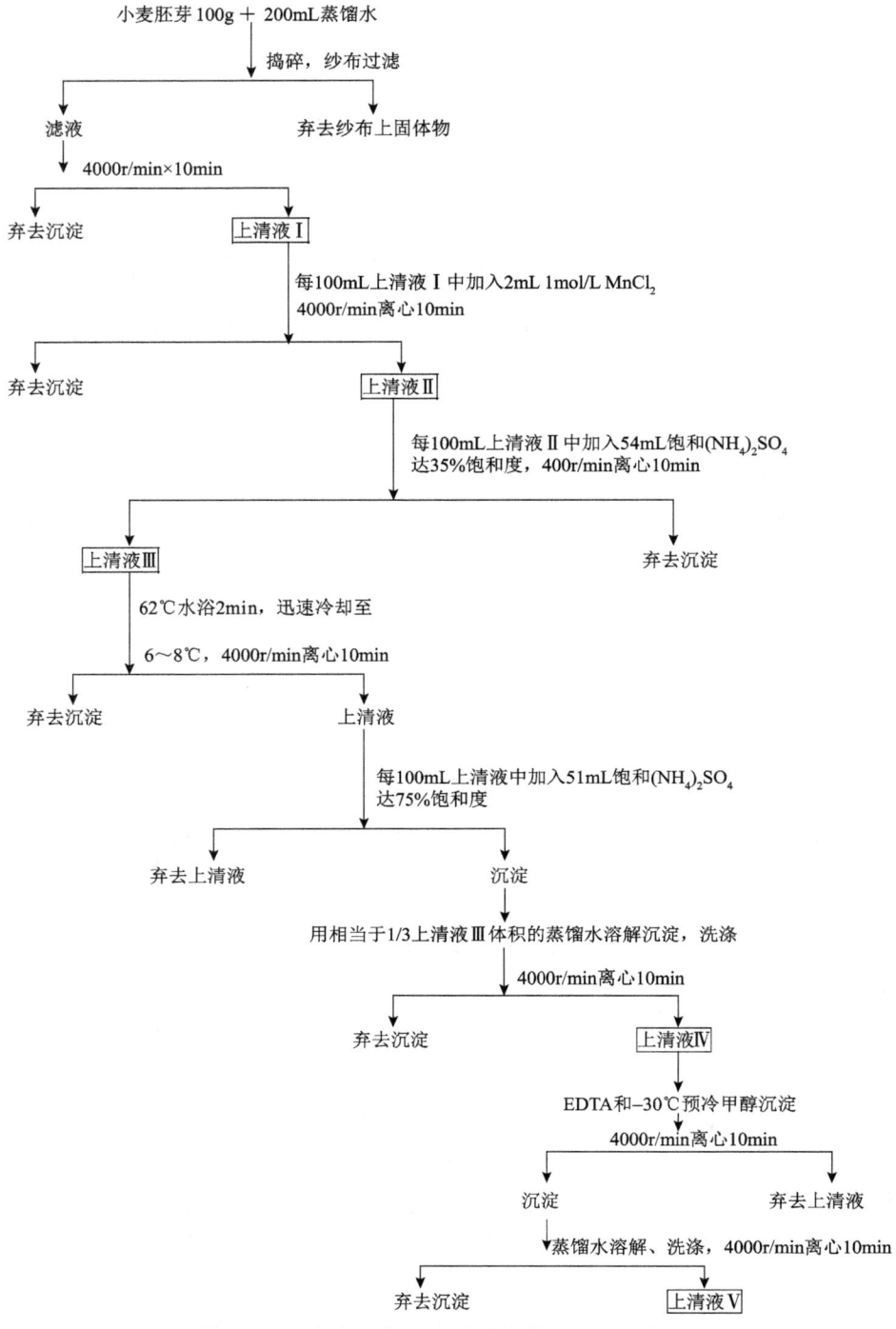

图 3-21-1　小麦胚芽 ACP 分离纯化主要步骤流程图

【实验仪器】

捣碎器、低速离心机、冰箱、磁力搅拌器、恒温水浴锅等。

【试材准备】

1）生物材料　　新鲜小麦胚芽。选取饱满、新鲜的小麦粒，冷水洗涤，除去干瘪的麦粒及泥沙，再用冷水浸泡 2~4d（天热时每天要换水）使麦粒发胀。将发胀的麦粒置于沥水的塑料筐中，上面覆盖双层湿的纱布，置于通风处，每天浇水 2~3 次，保持麦粒的湿度。一般情况下，发胀的麦粒在 20℃情况下，经 3~7d 就可以发出胚芽。在此过程中应注意通风透气，否则麦粒会发霉。

2）试剂　　氯化锰（$MnCl_2$）、硫酸铵[$(NH_4)_2SO_4$]、乙二胺四乙酸（EDTA，372.2g/mol）、甲醇（-30℃预冷）。

3）器材　　冰袋、研钵、纱布、量筒（200mL、100mL）、烧杯（200mL、100mL）、温度计、移液管（2mL、5mL、10mL）、洗耳球、试管（15mL）等。

【试剂配制】

(1) 1mol/L $MnCl_2$ 溶液：称取 126g $MnCl_2$ 溶于蒸馏水中，并定容至 1000mL。

(2) 饱和 $(NH_4)_2SO_4$ 溶液（pH5.5，4℃）：称取 76.7g $(NH_4)_2SO_4$，加蒸馏水溶解定容至 100mL。于 4℃下保存。

(3) 0.25mol/L EDTA 钠盐溶液（pH5.7）：称取 EDTA 93.05g，溶解于 300~400mL 温水中，并稀释至 1000mL。EDTA 二钠盐溶液的 pH 正常值为 4.8，市售的试剂如果不纯，pH 常低于 2，有时 pH < 4。当室温较低时易析出难溶于水的乙二胺四乙酸，使溶液变混浊，并且溶液的浓度也发生变化。因此配制溶液时，可用 pH 试纸检查，若溶液 pH 较低，可加几滴 0.1mol/L NaOH 溶液，使溶液的 pH 为 5.7，此时溶液变清。配制好的 EDTA 溶液应贮存在聚乙烯塑料瓶或硬质玻璃瓶中。若贮存在软质玻璃瓶中，EDTA 会不断地溶解玻璃中的 $Ca^{2+}$、$Mg^{2+}$ 等离子，形成配合物，使其浓度不断降低。

【操作步骤】

(1) 称取新鲜小麦胚芽 100g，加冷蒸馏水 200mL，用捣碎器在高速、间断条件下冰浴捣碎 3~5min，得到麦芽匀浆，将麦芽匀浆用 2~4 层纱布过滤，尽量将液体挤出，弃去纱布上固体物。

(2) 滤液倒入离心管，以 4000r/min 离心 10min。

(3) 取上清液小心倒入量筒内记录总体积，此液为上清液Ⅰ，留 10mL 置于 4℃冰箱保存，待作蛋白质和酶活性测定，剩余液体倒入烧杯中。离心管中的沉淀弃去。

(4) 向上清液Ⅰ中按每 100mL 加入 1mol/L $MnCl_2$ 溶液 2mL，加入过程中要在磁力搅拌器上缓慢搅拌。搅拌切勿过快，以免酶蛋白变性和产生大量泡沫。

(5) 将上述液体倒入离心管，以 4000r/min 离心 10min。

(6) 将离心管中上清液小心倒入量筒内记录上清液总体积，此液为上清液Ⅱ，留 10mL 置于 4℃冰箱保存，待作蛋白质和酶活性测定，剩余液体倒入烧杯中。离心管中的沉淀弃去。

(7) 按上清液Ⅱ 100mL 加入 54mL 饱和 $(NH_4)_2SO_4$ 的比例，缓慢加入饱和 $(NH_4)_2SO_4$ 溶液，在 5~10min 内加完，在磁力搅拌器上轻轻搅拌混匀，使 $(NH_4)_2SO_4$ 浓度达到 35%。加完后再搅拌 10min。

(8) 将上述液体倒入离心管，以 4000r/min 离心 10min。

(9) 取上清液小心倒入量筒内记录总体积，此液为上清液Ⅲ，留 10mL 置于 4℃冰箱保存，待作蛋白质和酶活性测定，剩余液体倒入烧杯中。离心管中的沉淀弃去。

(10) 将上述液体放在 70℃恒温水浴锅中，轻轻搅拌，使液体温度达 62℃再持续 2min，迅速用冰水浴冷却至 6~8℃。利用 ACP 相对耐热的特性，进行加热沉淀，除去不耐热的杂蛋白。

(11) 将上述液倒入离心管，以 4000r/min 离心 10min，弃去沉淀。

(12) 按上清液 100mL 加入 51mL 饱和$(NH_4)_2SO_4$ 的比例缓慢加入饱和$(NH_4)_2SO_4$ 溶液，轻轻搅拌混匀，使$(NH_4)_2SO_4$ 最终浓度达到 57%。继续搅拌 10min。

(13) 将上述液倒入离心管，以 4000r/min 离心 10min，弃去上清液。

(14) 沉淀用相当于 1/3 上清液Ⅲ体积的蒸馏水溶解、洗涤，以 4000r/min 离心 10min 后，弃去沉淀，成为上清液Ⅳ，记录总体积，留 10mL 待作蛋白质和酶活性测定，剩余液体倒入烧杯中。

(15) 剩余的上清液Ⅳ每毫升加入 0.09mL 0.25mol/L EDTA 和饱和硫酸铵溶液 0.1mL，在缓慢搅拌的条件下，按每毫升上清液加 2.0mL 的比例加入冰冷甲醇(-30℃预冷)，使蛋白质析出。以 4000r/min 离心 10min 后，弃去上清液。

(16) 将沉淀用冰冷蒸馏水溶解、洗涤，使沉淀尽量溶解。以 4000r/min 离心 10min，弃去沉淀，得到上清液Ⅴ。

【注意事项】

1. 制备小麦胚芽时不宜让麦苗长出，尽量取小麦胚芽部分，因麦粒和麦苗部分 ACP 活性较低。同时要弃去发霉变质的麦胚。

2. 1mol/L $MnCl_2$ 起稳定酶蛋白和除去杂蛋白的作用。

3. $(NH_4)_2SO_4$ 的最终饱和度要严格控制，ACP 溶于 35%饱和度的$(NH_4)_2SO_4$ 溶液中，一些杂蛋白沉淀析出。当$(NH_4)_2SO_4$ 饱和度增加至 57%时，ACP 则不溶解，从溶液中析出，某些杂蛋白仍溶于上清液中。

4. 操作中要控制好要求的温度，ACP 在 70℃时稳定，因而加热至 62℃可除去一些不耐热的杂蛋白。

5. 甲醇的作用是降低溶液的介电常数，使酶蛋白脱水而从溶液中析出，从而除去杂蛋白。由于有机溶剂沉淀蛋白质常引起蛋白质的变性，因此，低温条件非常重要，甲醇要保持低温。

【实验后分析】

1. 蛋白质为什么能够发生盐溶和盐析？
2. 实验中为什么常用硫酸铵来作为盐析试剂？
3. 在本实验中，为什么要用预冷至-30℃的甲醇？
4. 你认为做好本实验的关键是什么？

【新实验设计】

请设计一套有关利用上清液Ⅴ制备结晶酸性磷酸酶的具体方案。

## 内容二  酶蛋白含量测定及比活性分析
### Concentration of protein determined and specific activity analysis

【实验目的】

1. 学习并掌握酶蛋白含量的测定方法。
2. 学习并掌握酸性磷酸酶活性的测定方法。
3. 理解并掌握如何计算酶的比活性。
4. 熟悉如何分析和评价分离纯化的效率。

【实验原理】

酶蛋白的含量严格来说是指酶分子的质量浓度，常用酶蛋白浓度来表示。测定各上清液中蛋白质含量和酶活性及计算各分离步骤的比活性等指标，可以分析和评价分离纯化的效率，熟悉酶分离纯化的基本知识。

（1）考马斯亮蓝 G250 法测定各上清液中蛋白质含量：CBBG250 是双色型蛋白质染料，其游离型呈红棕色，在酸性环境下可与蛋白质结合，最大吸收峰为 465nm。结合型 CBBG250 呈蓝色，在一定条件下，染料与蛋白质能迅速结合，在波长 595nm 处的吸光度增加与蛋白质含量成正比。2min 内达到平衡，1h 内保持稳定状态。

（2）各上清液中 ACP 活性测定：ACP 的作用是能水解磷酸单酯键，释放无机磷酸。ACP 的水解作用特异性不高，ATP、ADP 和 G-6-P 等为其天然底物，人工合成的底物有磷酸苯二钠、对硝基磷酸酚等。本实验利用提取液为酶制剂，以磷酸苯二钠作为底物，在 ACP 的作用下，可水解生成酚和磷酸。在酸性溶液中酚能与 4-氨基安替比林作用，经高铁氰化钾氧化生成红色醌类化合物，在波长 510nm 处测定其吸光度值，其颜色深浅与酚的含量成正比，通过比色测定可推算出酶的活性。

（3）各上清液中 ACP 比活性计算：比活性是指每毫克蛋白质所具有的酶活性，一般用酶单位/毫克蛋白质表示。比活性是酶学研究经常使用的数据，比活性越高，每单位重量酶蛋白的催化能力越强，表示酶制剂越纯。

通过计算各纯化步骤中蛋白质、酶的回收率（得率），可了解各步骤蛋白质与酶的提取和丢失情况，从而获得整个分离提纯过程的总回收率。理想的分离纯化效果应是在分离纯化的各步中，随着分离纯化的进行，酶的比活性越来越高，酶的纯化倍数越来越高，杂蛋白越来越少，酶的回收率较高。

【实验仪器】

可见分光光度计、电磁炉等。

【试材准备】

1）生物材料　本实验内容一所得上清液Ⅰ、Ⅱ、Ⅲ、Ⅳ、Ⅴ。
2）试剂　牛血清白蛋白、考马斯亮蓝 G250、95%乙醇、磷酸、盐酸（HCl）、酚、碳酸氢钠、无水碳酸钠、4-氨基安替比林、硼酸、高铁氰化钾、磷酸苯二钠、氯仿、柠檬酸、柠檬酸三钠。

3) 器材　烧杯(500mL、100mL、50mL)、容量瓶(1000mL)、棕色瓶(1000mL)、不锈钢锅、比色管(25mL)、量筒(500mL)等。

【试剂配制】

(1) CBBG250溶液：称取考马斯亮蓝G250 100mg，溶于50mL 95%乙醇中，加入100mL 85%磷酸，用蒸馏水定容至1000mL。

(2) 1mg/mL牛血清白蛋白标准溶液：称取100mg标准牛血清白蛋白溶于80mL蒸馏水中，定容至100mL。

(3) 酚标准贮存液(1mol/L)：用0.1mol/L的HCl溶液配制，冰箱保存。

(4) 酚标准应用液(0.4mmol/L)：用酚标准贮存液加蒸馏水稀释而成。

(5) 0.1mol/L碳酸盐缓冲液(pH10)：称取碳酸氢钠3.36g，无水碳酸钠6.36g，用蒸馏水溶解至1000mL。

(6) 4-氨基安替比林(4-AAP)溶液：称取4-氨基安替比林6g，用蒸馏水溶解并定容至1000mL，置棕色瓶中，冰箱保存。

(7) 高铁氰化钾溶液：称取硼酸28g，高铁氰化钾48g，各自溶解于400mL蒸馏水中，两液合并后再加蒸馏水至1000mL，置棕色瓶中保存。

(8) 5mmol/L磷酸苯二钠溶液：称取磷酸苯二钠0.635g，加入500mL煮沸的蒸馏水中溶解，冷却后加氯仿2mL防腐，冰箱保存。

(9) 0.1mol/L柠檬酸溶液：称取柠檬酸21.014g，加蒸馏水溶解并定容至1000mL。

(10) 0.1mol/L柠檬酸三钠溶液：称取柠檬酸三钠29.410g，加蒸馏水溶解并定容至1000mL。

(11) 0.1mol/L柠檬酸-柠檬酸三钠缓冲液(pH5.0)：每100mL缓冲液按0.1mol/L柠檬酸三钠溶液59mL加0.1mol/L柠檬酸溶液41mL配制而成。

【操作步骤】

**1. 考马斯亮蓝G250法测定各上清液中蛋白质含量**

1) 蛋白质校正曲线的制备　除空白管外各管均作平行管，按表3-21-1操作。

表3-21-1　蛋白质校正曲线的制备

| 加入物/mL | 空白管 | 1×2 | 2×2 | 3×2 | 4×2 | 5×2 |
|---|---|---|---|---|---|---|
| 蛋白质标准液 | — | 0.02 | 0.04 | 0.06 | 0.08 | 0.10 |
| 蒸馏水 | 0.10 | 0.08 | 0.06 | 0.04 | 0.02 | — |
| 考马斯亮蓝G250溶液 | 5.0 | 5.0 | 5.0 | 5.0 | 5.0 | 5.0 |
| 蛋白质浓度/(mg/mL) | 0 | 0.2 | 0.4 | 0.6 | 0.8 | 1.0 |

混匀后，室温放置2min，以空白管调零，1h内在波长595nm下测定各管吸光度。然后以各管蛋白质浓度为横坐标，对应的吸光度值的平均值为纵坐标，绘制蛋白质校正曲线。

2) 各上清液中蛋白质含量的测定　除空白管外各管均作平行管，按表3-21-2操作。

表 3-21-2　各上清液中蛋白质含量的测定

| 加入物/mL | 空白管 | 上清液 Ⅰ×2 | 上清液 Ⅱ×2 | 上清液 Ⅲ×2 | 上清液 Ⅳ×2 | 上清液 Ⅴ×2 |
|---|---|---|---|---|---|---|
| 蒸馏水 | 0.1 | — | — | — | — | — |
| 上清液 Ⅰ | — | 0.1 | — | — | — | — |
| 上清液 Ⅱ | — | — | 0.1 | — | — | — |
| 上清液 Ⅲ | — | — | — | 0.1 | — | — |
| 上清液 Ⅳ | — | — | — | — | 0.1 | — |
| 上清液 Ⅴ | — | — | — | — | — | 0.1 |
| 考马斯亮蓝 G250 | 5.0 | 5.0 | 5.0 | 5.0 | 5.0 | 5.0 |

混匀后，室温放置 2min，以空白管调零，1h 内在波长 595nm 下测定各管吸光度，根据各管吸光度值的平均值在校正曲线上查取各管的蛋白质浓度。

**2. 各上清液中 ACP 活性测定**

1) 校正曲线的制备　除第 1 管以外，其余各管均作平行管，按表 3-21-3 操作。

表 3-21-3　校正曲线的制备

| 加入物/mL | 1 | 2×2 | 3×2 | 4×2 | 5×2 | 6×2 |
|---|---|---|---|---|---|---|
| 0.4mmol/L 酚标准应用液 | 0 | 0.2 | 0.4 | 0.6 | 0.8 | 1.0 |
| 蒸馏水 | 1.0 | 0.8 | 0.6 | 0.4 | 0.2 | 0 |
| 碳酸盐缓冲液 | 3.0 | 3.0 | 3.0 | 3.0 | 3.0 | 3.0 |
| 4-AAP 溶液 | 0.5 | 0.5 | 0.5 | 0.5 | 0.5 | 0.5 |
| 高铁氰化钾溶液 | 0.5 | 0.5 | 0.5 | 0.5 | 0.5 | 0.5 |
| 相当于酚含量/nmol | 0 | 80 | 160 | 240 | 320 | 400 |

混匀后，室温放置 10min，以"1"管调零，在波长 510nm 处比色读取各管吸光度值，以各管吸光度值的平均值为纵坐标，相应的酚含量为横坐标，绘制校正曲线。

2) 各上清液中 ACP 活性的测定　除空白管外均作平行管，按表 3-21-4 操作。

表 3-21-4　各上清液中 ACP 活性的测定

| 加入物/mL | 空白管 | 上清液 | | | | |
| | | Ⅰ×2 | Ⅱ×2 | Ⅲ×2 | Ⅳ×2 | Ⅴ×2 |
|---|---|---|---|---|---|---|
| 上清液 | — | 0.1 | 0.1 | 0.1 | 0.1 | 0.1 |
| 蒸馏水 | 0.1 | — | — | — | — | — |
| 柠檬酸缓冲液 | 0.2 | 0.2 | 0.2 | 0.2 | 0.2 | 0.2 |
| 磷酸苯二钠溶液 | 0.1 | 0.1 | 0.1 | 0.1 | 0.1 | 0.1 |
| 37℃，水浴 15min | | | | | | |
| 蒸馏水 | 0.6 | 0.6 | 0.6 | 0.6 | 0.6 | 0.6 |

续表

| 加入物/mL | 空白管 | 上清液 | | | | |
|---|---|---|---|---|---|---|
| | | Ⅰ×2 | Ⅱ×2 | Ⅲ×2 | Ⅳ×2 | Ⅴ×2 |
| 碳酸盐缓冲液 | 3.0 | 3.0 | 3.0 | 3.0 | 3.0 | 3.0 |
| 4-AAP 溶液 | 0.5 | 0.5 | 0.5 | 0.5 | 0.5 | 0.5 |
| 高铁氰化钾溶液 | 0.5 | 0.5 | 0.5 | 0.5 | 0.5 | 0.5 |

混匀，室温放置10min，以空白管调零，在波长510nm处比色读取各管吸光度值。

根据测得的各上清液吸光度值的平均值，从校正曲线上查出相应的酚含量，乘上稀释倍数，再换算出"nmol/(mL·min)"的活性单位。

其中，酶促反应的时间为15min，酶促反应中所用的上清液体积为0.1mL。

ACP活性单位的定义：每分钟每毫升酶液产生1nmol酚[nmol/(mL·min)]为一个活性单位。

【注意事项】

1. 根据各上清液的蛋白质含量不同，需要将上清液稀释后再测定，结果计算乘上稀释倍数。

2. 本实验中所测得的蛋白质含量为总蛋白含量，是包括ACP在内的上清液中所有的蛋白质。

3. 准确掌握酶促反应的时间，实验时要控制在同一条件下进行。

4. 若上清液的酶活性过高，超过了校正曲线的线性范围，需要稀释后再测，结果乘上稀释倍数。

5. CBBG250染料结合法测定蛋白质含量，具有干扰因素小、灵敏度高的特点。但线性范围<1.5g/L，与不同蛋白质的结合能力不同，并且色素易沉着污染比色杯。

【实验后分析】

1. 各上清液比活性分析。

根据下列公式计算各上清液的比活性和纯化倍数。

$$纯化倍数 = \frac{各上清液的比活性}{原酶液（上清液Ⅰ）的比活性}$$

$$比活性 = \frac{酶活性(U)/酶液(mL)}{蛋白质含量(mg)}$$

$$酶回收率（\%） = \frac{各上清液总酶活力[nmol/(min·总体积)]}{原酶液（上清液Ⅰ）总酶活力[nmol/(min·总体积)]} \times 100$$

$$蛋白质回收率（\%） = \frac{各上清液蛋白质总含量（mg/总体积）}{原酶液（上清液Ⅰ）蛋白质总含量（mg/总体积）} \times 100$$

2. 将各项数据填入表3-21-5，并予以讨论。

表 3-21-5　ACP 分离纯化结果

| 分布 | 上清液Ⅰ | 上清液Ⅱ | 上清液Ⅲ | 上清液Ⅳ | 上清液Ⅴ |
|---|---|---|---|---|---|
| 总体积/mL | | | | | |
| 蛋白质/(mg/mL) | | | | | |
| 总蛋白/mg | | | | | |
| 总蛋白回收/% | | | | | |
| 酶活性/[nmol/(mL·min)] | | | | | |
| 总酶活性/[nmol/(min·总体积)] | | | | | |
| 总酶回收/% | | | | | |
| 比活性/[nmol/(mg·min)] | | | | | |
| 纯化倍数 | | | | | |

## 内容三　酸性磷酸酶酶促反应时间进程曲线
### Curved line on enzymatic reaction timer process of acid phosphatase(ACP)

【实验目的】

1. 了解酶促反应过程中产物生成量(或底物减少量)与时间之间的关系。
2. 学会绘制酶促反应时间进程曲线。

【实验原理】

时间进程曲线是指酶促反应过程中产物生成量(或底物减少量)与时间之间的关系曲线。以酶促反应时间为横坐标，产物生成量(或底物减少量)为纵坐标绘制而成。在底物与酶蛋白浓度一定的条件下，在反应的最初阶段，底物常处于过量，产物的生成量或底物的减少量一般是随反应时间而线性递增或递减的，反应速度恒定。随着反应时间的延长，底物不断被消耗，不足以满足酶的要求，反应速度减慢。本实验是在 ACP 最适反应条件下，以磷酸苯二钠为底物，采用每间隔一定时间测定产物酚的生成量，从而绘制 ACP 的时间进程曲线，从曲线上找出代表酶活性的酶促反应时间范围，从而选择适宜的保温时间。

【操作步骤】

除 1 管外其余各管均作平行管，按表 3-21-6 操作(取上清液Ⅴ作为实验用酶液)。

表 3-21-6　ACP 时间进程曲线的制备

| 加入物/mL | 1 | 2×2 | 3×2 | 4×2 | 5×2 | 6×2 | 7×2 |
|---|---|---|---|---|---|---|---|
| 磷酸苯二钠溶液 | 0.1 | 0.1 | 0.1 | 0.1 | 0.1 | 0.1 | 0.1 |
| 柠檬酸缓冲液 | 0.2 | 0.2 | 0.2 | 0.2 | 0.2 | 0.2 | 0.2 |
| 酶液 | 0.1 | 0.1 | 0.1 | 0.1 | 0.1 | 0.1 | 0.1 |
| 37℃保温时间/min | 0 | 5 | 10 | 15 | 20 | 30 | 40 |

续表

| 加入物/mL | 1 | 2×2 | 3×2 | 4×2 | 5×2 | 6×2 | 7×2 |
|---|---|---|---|---|---|---|---|
| 继续对应加入下列试剂(每加一种试剂均需混匀) | | | | | | | |
| 蒸馏水 | 0.6 | 0.6 | 0.6 | 0.6 | 0.6 | 0.6 | 0.6 |
| 碳酸盐缓冲液 | 3.0 | 3.0 | 3.0 | 3.0 | 3.0 | 3.0 | 3.0 |
| 4-AAP 溶液 | 0.5 | 0.5 | 0.5 | 0.5 | 0.5 | 0.5 | 0.5 |
| 高铁氰化钾溶液 | 0.5 | 0.5 | 0.5 | 0.5 | 0.5 | 0.5 | 0.5 |

混匀，室温放置 10min，以"1"管调零，在波长 510nm 处测得各管吸光度值。

【注意事项】

1. 准确掌握反应时间，每一时间应准确无误。
2. 上清液 V 的稀释倍数可根据本实验内容二的酶活性的测定结果稀释后再用，最好吸光度在 0.7 左右。其他上清液经适当稀释后也可作为本实验的酶液。

【实验后分析】

以时间($t$)为横坐标，各管吸光度值的平均值($A$)为纵坐标，绘制时间进程曲线，从曲线上找出酶促反应初速度的时间范围。

## 内容四　酸性磷酸酶酶浓度-速度曲线
### Curved line on enzyme concentration-reaction speed relation of acid phosphatase(ACP)

【实验目的】

1. 了解酶促反应过程中酶浓度与速度之间的关系。
2. 学会绘制酶促反应酶浓度-速度曲线。

【实验原理】

在其他条件不变的情况下，测定不同酶浓度时酶促反应速度，以酶浓度为横坐标，酶促反应速度为纵坐标绘制的曲线即为酶浓度-反应速度曲线。在酶促反应中，如果底物浓度足以使酶完全饱和，则反应速度与酶浓度成正比。但在实际工作中，底物浓度是一定的，在反应的最初阶段，随酶浓度的升高，反应速度不断加快，酶浓度-反应速度曲线呈直线。随着反应的进行、酶浓度的不断增大，底物逐渐相对减少，不足以满足酶的需求，表现为反应速度下降。因此，在酶活性的测定中，酶蛋白的浓度应选择在酶促反应呈直线的范围内。

【操作步骤】

除第 1 管外其余各管均作平行管，按表 3-21-7 操作(取上清液 V 作为实验用酶液)。

表 3-21-7  ACP 酶浓度-速度曲线的制备

| 加入物/mL | 1 | 2×2 | 3×2 | 4×2 | 5×2 | 6×2 |
|---|---|---|---|---|---|---|
| 磷酸苯二钠溶液 | 0.4 | 0.4 | 0.4 | 0.4 | 0.4 | 0.4 |
| 柠檬酸缓冲液 | 1.6 | 1.5 | 1.4 | 1.3 | 1.2 | 1.1 |
| 酶液 | 0 | 0.1 | 0.2 | 0.3 | 0.4 | 0.5 |
| 37℃水浴 15min | | | | | | |
| 上述反应液 | 0.5 | 0.5 | 0.5 | 0.5 | 0.5 | 0.5 |
| 蒸馏水 | 0.5 | 0.5 | 0.5 | 0.5 | 0.5 | 0.5 |
| 碳酸盐缓冲液 | 3.0 | 3.0 | 3.0 | 3.0 | 3.0 | 3.0 |
| 4-AAP 溶液 | 0.5 | 0.5 | 0.5 | 0.5 | 0.5 | 0.5 |
| 高铁氰化钾溶液 | 0.5 | 0.5 | 0.5 | 0.5 | 0.5 | 0.5 |

混匀后，室温放置 10min，以"1"管调零，在波长 510nm 处读取各管吸光度值。

【注意事项】

1. 上清液 V 的稀释倍数可根据本实验内容二活性的测定结果稀释后再用。

2. 本实验的目的是找出酶促反应呈直线的酶浓度线性范围，来指导下面实验酶液的用量，所以，实验的关键是酶的用量要准确。

【实验后分析】

以蛋白质含量(μg)为横坐标，各管吸光度值的平均值($A$)为纵坐标绘制[E]-$A$ 曲线，求出呈直线的酶浓度范围。

## 内容五  pH-酸性磷酸酶活性曲线
### Curved line on pH-enzyme activity relation of acid phosphatase(ACP)

【实验目的】

1. 了解酶促反应过程中 pH 对酶活性的影响。
2. 学会寻找酶促反应最适 pH。

【实验原理】

酶反应介质的 pH 对酶活性有显著的影响，一般情况下一种酶只有在一定的 pH 范围内才表现出活性，而同一种酶在不同的 pH 条件下表现出的活性也有差异。在特定的 pH 条件下，底物、酶和辅酶的解离情况最适宜于它们相互结合，使酶促反应速度达最大值，此时的 pH 称为酶的最适 pH。在最适 pH 条件下，酶分子上活性基团的解离状态最适合于酶与底物的作用，表现为酶活性最大。测定不同 pH 时 ACP 的活性，再以 pH 为横坐标，酶活性(或吸光度值代替)为纵坐标作图，绘制 pH-酶活性曲线。曲线中酶活性最大时的 pH，即为该酶在此实验条件下的最适 pH。

【试剂配制】

本内容所用试剂同前述内容,但不同的 pH 柠檬酸缓冲液需用不同量的 0.1mol/L 柠檬酸与 0.1mol/L 柠檬酸三钠配制。

【操作步骤】

(1)配制不同 pH 的柠檬酸缓冲液,按表 3-21-8 操作。

表 3-21-8　不同 pH 柠檬酸缓冲液的配制

| 加入物/mL | 1 | 2 | 3 | 4 | 5 | 6 |
|---|---|---|---|---|---|---|
| 0.1mol/L 柠檬酸溶液 | 4.10 | 2.95 | 1.75 | 1.15 | 0.58 | 0 |
| 0.1mol/L 柠檬酸三钠 | 0.90 | 2.05 | 3.25 | 3.85 | 4.42 | 5.00 |
| 各管混匀后 pH | 3 | 4 | 5 | 5.5 | 6 | 7 |

(2)pH-ACP 活性曲线的制备。除第 1 管外其余各管均作平行管,按表 3-21-9 操作(取上清液 V 作为实验用酶液)。

表 3-21-9　pH-ACP 活性曲线的制备

| 加入物/mL | 1 | 2×2 | 3×2 | 4×2 | 5×2 | 6×2 | 7×2 |
|---|---|---|---|---|---|---|---|
| pH | — | 3 | 4 | 5 | 5.5 | 6 | 7 |
| 相应柠檬酸缓冲液 | — | 1.2 | 1.2 | 1.2 | 1.2 | 1.2 | 1.2 |
| 磷酸苯二钠溶液 | 0.4 | 0.4 | 0.4 | 0.4 | 0.4 | 0.4 | 0.4 |
| 蒸馏水 | 1.6 | — | — | — | — | — | — |
| 酶液 | — | 0.4 | 0.4 | 0.4 | 0.4 | 0.4 | 0.4 |
| 37℃水浴 15min | | | | | | | |
| 上述反应液 | 0.5 | 0.5 | 0.5 | 0.5 | 0.5 | 0.5 | 0.5 |
| 蒸馏水 | 0.5 | 0.5 | 0.5 | 0.5 | 0.5 | 0.5 | 0.5 |
| 碳酸盐缓冲液 | 3.0 | 3.0 | 3.0 | 3.0 | 3.0 | 3.0 | 3.0 |
| 4-AAP 溶液 | 0.5 | 0.5 | 0.5 | 0.5 | 0.5 | 0.5 | 0.5 |
| 高铁氰化钾溶液 | 0.5 | 0.5 | 0.5 | 0.5 | 0.5 | 0.5 | 0.5 |

混匀后,室温放置 10min,以"1"管调零,在波长 510nm 处读取各管吸光度值。

【注意事项】

1. 上清液 V 的稀释倍数可根据本实验内容二的酶活性的测定结果稀释后再用。
2. 各管 pH 的配制要准确。

【实验后分析】

以 pH 为横坐标,各管吸光度值的平均值 $A$ 为纵坐标,绘制 pH-酶活性曲线,从曲线上找出 ACP 在此实验条件下的最适 pH。

# 内容六 酸性磷酸酶米氏常数的测定
# Michaelis constant of acid phosphatase (ACP) determination

【实验目的】

1. 理解并掌握米氏常数的意义。
2. 学会利用双倒数作图法求米氏常数。

【实验原理】

测定不同磷酸苯二钠浓度时的 ACP 活性,利用米氏方程双倒数方程作图,以 $1/[S]$ 为横坐标,$1/V$ 为纵坐标。在 $1/[S]$ 与 $1/V$ 图中查出直线在横轴上的截距 $-1/K_m$,在纵轴上的截距 $1/V_{max}$,经计算求得 $K_m$ 和 $V_{max}$ 值。

【操作步骤】

除第 1 管外其余各管均作平行管,按表 3-21-10 操作(取上清液 V 作为实验用酶液)。

表 3-21-10  ACP 米氏常数的测定

| 加入物/mL | 1 | 2×2 | 3×2 | 4×2 | 5×2 | 6×2 |
|---|---|---|---|---|---|---|
| 磷酸苯二钠溶液 | 0 | 0.1 | 0.2 | 0.3 | 0.4 | 0.5 |
| 柠檬酸缓冲液 | 1.6 | 1.5 | 1.4 | 1.3 | 1.2 | 1.1 |
| 酶液 | 0.4 | 0.4 | 0.4 | 0.4 | 0.4 | 0.4 |
| 37℃水浴 15min | | | | | | |
| 上述反应液 | 0.5 | 0.5 | 0.5 | 0.5 | 0.5 | 0.5 |
| 蒸馏水 | 0.5 | 0.5 | 0.5 | 0.5 | 0.5 | 0.5 |
| 碳酸盐缓冲液 | 3.0 | 3.0 | 3.0 | 3.0 | 3.0 | 3.0 |
| 4-AAP 溶液 | 0.5 | 0.5 | 0.5 | 0.5 | 0.5 | 0.5 |
| 高铁氰化钾溶液 | 0.5 | 0.5 | 0.5 | 0.5 | 0.5 | 0.5 |

混匀后,室温放置 10min,以"1"管调零,在波长 510nm 处读取各管吸光度值。

【注意事项】

1. 上清液 V 的稀释倍数可根据本实验内容二的酶活性的测定结果稀释后再用。
2. 本实验的要点是配制不同浓度的底物(磷酸苯二钠)溶液,所以磷酸苯二钠溶液的加入量一定要准确。
3. 要严格控制各管的酶促反应的时间。

【实验后分析】

用各管吸光度值的平均值在酚校正曲线上查出相应的酚生成量,再换算为 $nmol/(mL \cdot min)$,用此活性单位代表反应速度,绘制 $[S]$-$V$ 曲线和 $1/[S]$-$1/V$ 曲线,求出 $K_m$

和 $V_{max}$ 值。

## 内容七　磷酸盐对酸性磷酸酶活性的抑制作用
### Inhibitory effect of phosphate on the acid phosphatase (ACP) activity

【实验目的】

1. 理解并掌握米氏常数的意义。
2. 学会利用双倒数作图法求米氏常数。

【实验原理】

抑制剂是引起酶促反应速度降低的一类物质的总称。抑制剂所引起的抑制作用分为可逆性与不可逆性抑制两类。

磷酸盐对 ACP 的抑制作用属于可逆性抑制，本实验观察磷酸盐($KH_2PO_4$)对 ACP 的抑制作用，通过测定不同抑制剂浓度时 ACP 的活性，然后利用 1/[S]-1/$V$ 曲线判断它是属于可逆性抑制的哪一种。

【试材准备】

磷酸二氢钾($KH_2PO_4$)，其余试材同本实验内容二的 ACP 活性测定。

【试剂配制】

(1) 5mmol/L $KH_2PO_4$ 溶液：称取磷酸二氢钾 0.68g，溶解于 1000mL 蒸馏水中。
(2) 其余试剂配制同本实验内容二中的 ACP 活性测定。

【操作步骤】

除 "0" 管外其余各管均作平行管，按表 3-21-11 操作。

表 3-21-11　磷酸盐对酸性磷酸酶活性的抑制作用

| 加入物/mL | 0 | 1×2 | 2×2 | 3×2 | 4×2 | 5×2 | 6×2 | 7×2 | 8×2 | 9×2 | 10×2 |
|---|---|---|---|---|---|---|---|---|---|---|---|
| 磷酸苯二钠 | 0.50 | 0.01 | 0.20 | 0.30 | 0.40 | 0.50 | 0.10 | 0.20 | 0.30 | 0.40 | 0.50 |
| 柠檬酸缓冲液 | 1.1 | 1.5 | 1.4 | 1.3 | 1.2 | 1.1 | 1.3 | 1.2 | 1.1 | 1.0 | 0.9 |
| 5mmol/L $KH_2PO_4$ | — | — | — | — | — | — | 0.2 | 0.2 | 0.2 | 0.2 | 0.2 |
| 酶液 | — | 0.4 | 0.4 | 0.4 | 0.4 | 0.4 | 0.4 | 0.4 | 0.4 | 0.4 | 0.4 |
| 抑制剂终浓度/(mmol/L) | — | — | — | — | — | — | 0.5 | 0.5 | 0.5 | 0.5 | 0.5 |
| 37℃水浴 15min 后，"0" 管加入酶液 0.40mL，立即进行下述操作 ||||||||||||
| 上述反应液 | 0.5 | 0.5 | 0.5 | 0.5 | 0.5 | 0.5 | 0.5 | 0.5 | 0.5 | 0.5 | 0.5 |
| 蒸馏水 | 0.5 | 0.5 | 0.5 | 0.5 | 0.5 | 0.5 | 0.5 | 0.5 | 0.5 | 0.5 | 0.5 |
| 碳酸盐缓冲液 | 3.0 | 3.0 | 3.0 | 3.0 | 3.0 | 3.0 | 3.0 | 3.0 | 3.0 | 3.0 | 3.0 |
| 4-AAP | 0.5 | 0.5 | 0.5 | 0.5 | 0.5 | 0.5 | 0.5 | 0.5 | 0.5 | 0.5 | 0.5 |
| 高铁氰化钾 | 0.5 | 0.5 | 0.5 | 0.5 | 0.5 | 0.5 | 0.5 | 0.5 | 0.5 | 0.5 | 0.5 |

混匀后，室温放置 10min，以"0"管调零，在波长 510nm 处读取各管吸光度值。以各管吸光度值的平均值在酚校正曲线上查出对应的酚生成量，再换算为 nmol/(mL·min)，用此活性单位代表反应速度，绘制[S]-$V$ 曲线和 1/[S]-1/$V$ 曲线，根据曲线图形特征来判断 $KH_2PO_4$ 对 ACP 的抑制属于哪类抑制。

【注意事项】

实验前应仔细阅读操作步骤，弄清各管实际意义再做。

【实验后分析】

以各管吸光度值的平均值在酚校正曲线上查出对应的酚生成量，再换算为 nmol/(mL·min)，用此活性单位代表反应速度，绘制[S]-$V$ 曲线和 1/[S]-1/$V$ 曲线，根据曲线图形特征来判断 $KH_2PO_4$ 对 ACP 的抑制属于哪类抑制。

## 实验二十二　　碱性磷酸酶的分离、纯化及活性测定
## Separation, purification and activity determined of alkaline phosphatase

本实验扫描二维码获取相关内容！

## 实验二十三　胰蛋白酶的制备、活力测定及动力学研究
## Preparation, activity determination and lumping kinetic model of trypsin

【实验内容】

1. 胰蛋白酶的制备及活力测定。
2. 影响酶促反应的因素。
3. 底物浓度对酶促反应速度的影响。

### 内容一　胰蛋白酶的制备及活力的测定
### Preparation and activity determination of trypsin

【实验目的】

1. 学习胰蛋白酶的纯化及其结晶的基本方法。
2. 了解酶的活性与比活性的概念。

【实验原理】

胰蛋白酶是以无活性的酶原形式存在于动物胰脏中，在 $Ca^{2+}$ 的存在下，被肠激酶或有活性的胰蛋白酶自身激活，从肽链 N 端赖氨酸和异亮氨酸残基之间的肽键断开，失去一段六肽，分子构象发生一定改变后转变为有活性的胰蛋白酶。

胰蛋白酶原的相对分子质量约为 24 000，其等电点约为 pI 8.9，胰蛋白酶的相对分子质量与其酶原接近(23 300)，其等电点约为 pI 10.8，最适 pH7.6～8.0，在 pH3 时最稳定，低于此 pH 时，胰蛋白酶易变性，在 pH>5 时易自溶。$Ca^{2+}$ 对胰蛋白酶有稳定作用。

重金属离子、有机磷化合物和反应物都能抑制胰蛋白酶的活性，胰脏、卵清和豆类植物种子中都存在着蛋白酶抑制剂。最近发现，在一些植物的块茎(如土豆、白薯、芋头等)中也存在胰蛋白酶抑制剂。

胰蛋白酶能催化蛋白质的水解，对于由碱性氨基酸(精氨酸、赖氨酸)的羧基与其他氨基酸的氨基所形成的键具有高度的专一性。此外还能催化由碱性氨基酸和羧基形成的酰胺键或酯键，其高度专一性仍表现为对碱性氨基酸一端的选择。胰蛋白酶对这些键的敏感性次序为：酯键>酰胺键>肽键。因此可利用含有这些键的酰胺或酯类化合物作为底物来测定胰蛋白酶的活力。目前常用苯甲酰-L-精氨酸-对硝基苯胺(简称 BAPA)和苯甲酰-L-精氨酸-β-萘酰胺(简称 BANA)测定酰胺酶活力；用苯甲酰-L-精氨酸乙酯(简称 BAEE)和对甲苯磺酰-L-精氨酸甲酯(简称 TAME)测定酯酶活力。本实验以 BAEE 为底物，用紫外吸收法测定胰蛋白酶活力。酶活力单位的规定常因底物及测定方法而异。

从动物胰脏中提取胰蛋白酶时，一般是用稀酸溶液将胰腺细胞中含有的酶原提取出来，然后再根据等电点沉淀的原理，调节 pH 以沉淀除去大量的酸性杂蛋白及非蛋白杂质，再以硫酸铵分级盐析将胰蛋白酶原等(包括大量的酸性杂蛋白及非蛋白杂质)，再以硫酸铵分级盐析将胰蛋白酶原等(包括大量糜蛋白酶原和弹性蛋白酶原)沉淀析出。经溶解后，以极少量活性胰蛋白酶激活，使其酶原转变为有活性的胰蛋白酶(糜蛋白酶和弹性蛋白酶同时也被激活)，被激活的酶溶液再以盐析分级的方法除去糜蛋白酶及弹性蛋白酶等组分。收集含胰蛋白酶的级分，并用结晶法进一步分离纯化。一般经过 2～3 次结晶后，可获得相当纯的胰蛋白酶，其比活力可达到 8000～10 000 BAEE 单位/mg 蛋白，或更高。

如需制备更纯的制剂，可用上述酶溶液通过亲和层析方法纯化。

【实验仪器】

组织捣碎机、pH 计、真空泵、冰箱、冰冻干燥仪、紫外分光光度计、恒温水浴锅、秒表、食品加工机、高速分散器等。

【试材准备】

1) 生物材料　　新鲜或冰冻猪胰脏。
2) 试剂　　乙酸、浓硫酸($H_2SO_4$)、氢氧化钠(NaOH)、浓盐酸(HCl)、硫酸铵、氯化钙、硼酸、四硼酸钠、三羟甲基氨基甲烷(Tris)、苯甲酰-L-精氨酸乙酯(BAEE)。
3) 器材　　研钵、大玻璃漏斗、布氏漏斗、抽滤瓶、纱布、pH 试纸等。

【试剂配制】

(1) pH2.5 乙酸酸化水：取 8mL 冰醋酸定容到 200mL，用 pH 计调 pH 至 2.5。

(2) 2.5mol/L $H_2SO_4$：取 139mL 优级纯浓硫酸，缓慢地加到 500mL 纯水中，并稀释至 1000mL。

(3) 5mol/L NaOH：取 200g NaOH 溶解于 1000mL 蒸馏水中，搅拌，使其充分溶解。

(4) 2mol/L NaOH：取 80g NaOH 溶解于 1000mL 蒸馏水中，搅拌，使其充分溶解。

(5) 2mol/L HCl：取 180mL 浓盐酸加水稀释定容至 1000mL。

(6) 0.001mol/L HCl：取 0.09mL 浓盐酸加水稀释定容至 1000mL。

(7) 0.8mol/L pH9.0 硼酸缓冲液：取 20mL 0.8mol/L 硼酸溶液，加 80mL 0.2mol/L 四硼酸钠溶液，混合后，用 pH 计检查校正。

(8) 0.4mol/L pH9.0 硼酸缓冲液：用 0.8mol/L pH9.0 硼酸缓冲液稀释 1 倍。

(9) 0.2mol/L pH8.0 硼酸缓冲液：取 70mL 0.2mol/L 硼酸溶液，加 30mL 0.5mol/L 四硼酸钠溶液，混合后，用 pH 计校正。

(10) 0.05mol/L pH8.0 Tris-HCl 缓冲液：取 50mL 0.1mol/L Tris 加 29.2mL 0.1mol/L HCl 加水定容至 100mL。

(11) 底物溶液的配制：每毫升 0.05mol/L pH8.0 Tris-HCl 缓冲液中加 0.34mg BAEE 和 2.22mg 的氯化钙。

【操作步骤】

**1. 猪胰蛋白酶制备**

1) 猪胰蛋白酶原的提取　　猪胰脏 1.0kg（新鲜的或杀后立即冷藏的），除去脂肪和结缔组织后，绞碎。

加入 2 倍体积预冷的乙酸酸化水（pH2.5）于 10～15℃搅拌提取 24h，4 层纱布过滤得乳白色滤液，用 2.5mol/L $H_2SO_4$ 调 pH 至 2.5～3.0，放置 3～4h 后用折叠滤纸过滤得黄色透明滤液（约 1.5L）。

加入固体硫酸铵（预先研细），使溶液达 0.75 饱和度（每升滤液加 492g）放置过夜后抽滤（挤压干），得猪胰蛋白酶原粗制品。

2) 胰蛋白酶原激活　　①向胰蛋白酶原粗制品滤饼分次加入 10 倍体积（按饼重计）冷的蒸馏水，使滤饼溶解，得胰蛋白酶原溶液。将研细的固体无水氯化钙慢慢加入酶原溶液中（滤饼中硫酸铵的含量按饼重的 1/4 计），使 $Ca^{2+}$ 与 $SO_4^{2-}$ 结合后，边加边搅拌均匀，使溶液中最终仍含有 0.1mol/L $CaCl_2$；②用 5mol/L NaOH 调 pH 至 8.0，加入极少量猪胰蛋白酶（2～5mg）轻轻搅拌，于室温下活化 8～10h，(2～3h 取样一次，并用 0.001mol/L HCl 稀释)，测定酶活性增加的情况；③活化完成（比活力为 3500～4000 BAEE 单位）后，用 2.5mol/L $H_2SO_4$ 调 pH 至 2.5～3.0，抽滤除去 $CaSO_4$ 沉淀。

3) 胰蛋白酶的分离　　①将已激活的胰蛋白酶溶液按 242g/L 加入细粉状固体硫酸铵，使溶液达到 0.4 饱和度，放置数小时后，抽滤，弃去滤饼；②滤液按 250g/L 加入研细的硫酸铵，使溶液饱和度达到 0.75，放置数小时，抽滤，弃去滤液。

4) 胰蛋白酶的结晶　　①将上述胰蛋白酶滤饼（粗胰蛋白酶）溶解后进行结晶：按每克滤饼溶于 1.0mL pH9.0 的 0.4mol/L 硼酸缓冲液的量计加入缓冲液，小心搅拌溶解；②用 2mol/L

NaOH 调 pH 至 8.0，注意要小心调节，偏酸不易结晶，偏碱易失活，存放于冰箱；③放置数小时后，应出现大量絮状物，溶液逐渐变稠呈胶态，再加入总体积的 1/5～1/4 的 pH8.0 的 0.2mol/L 硼酸缓冲液，使胶态分散，必要时加入少许胰蛋白酶晶体；④放置 2～5d 可得到大量胰蛋白酶结晶，待结晶析出完全时，抽滤，母液回收。

5）胰蛋白酶的重结晶　　将第一次结晶的胰蛋白酶产物进行重结晶：用约 1 倍的 0.025mol/L HCl，使上述结晶分散，加入 1.0～1.5 倍体积的 pH 9.0 的 0.8mol/L 硼酸缓冲液，至结晶酶全部溶解，取样后，用 2mol/L NaOH 调溶液 pH 至 8.0(准确)(体积过大，很难结晶)，冰箱放置 1～2d，可将大量结晶抽滤得第二次结晶产物(母液回收)，冰冻干燥后得重结晶的猪胰蛋白酶。

**2. 胰蛋白酶活性的测定**

以苯甲酰-L-精氨酸乙酯为底物，用紫外吸收法进行测定。苯甲酰-L-精氨酸乙酯在波长 253nm 下的紫外吸收远远弱于苯甲酰-L-精氨酸(简称 BA)。在胰蛋白酶的催化下，随着酯键的水解，苯甲酰-L-精氨酸逐渐增多，反应体系的紫外吸收也随之相应增加。

取 2 个光程为 1cm 的带盖石英比色杯，分别加入 25℃预热过的 2.8mL 底物溶液。向一只比色杯中加入 0.2mL 0.001mol/L HCl，作为空白，校正仪器的 253nm 处光吸收零点。再在另一比色杯中加入 0.2mL 待测酶液(用量一般为 10μg 结晶的胰蛋白酶)，立即混匀并计时，每半分钟读数一次，共读 3～4min。控制 $A_{253}$/min 在 0.05～0.100 为宜。

绘制酶促反应动力学曲线，从曲线上求出反应起始点吸光度随时间的变化率(即初速度)$A_{253}$/min。

胰蛋白酶活力单位的定义规定为：以 BAEE 为底物反应液，pH 8.0，25℃，反应体积 3.0mL，光径 1cm 的条件下，测定 $A_{253}$，每分钟使 $A_{253}$ 增加 0.001，反应液中所加入的酶量为一 BAEE 单位。

$$胰蛋白酶溶液的活力单位(BAEE 单位/mL) = \frac{A_{253}/\min}{0.001 \times 酶液加入体积} \times 稀释倍数$$

$$胰蛋白酶比活力(BAEE 单位/mg) = \frac{酶液活力}{胰酶浓度(mg/mL) \times 酶液加入体积}$$

【注意事项】

1. 胰脏必须是刚屠宰的新鲜组织或立即低温存放的，否则可能因组织自溶而导致实验失败。

2. 在室温 14～20℃条件下 8～12h 可激活完全，激活时间过长，因酶本身自溶会使比活力降低，比活力达到"3000～4000 BAEE 单位/mg 蛋白"时即可停止激活。

3. 要想获得胰蛋白酶结晶，在进行结晶时应十分细心地按规定条件操作，切勿粗心大意，前几步的分离纯化效果越好，则培养结晶也越容易，因此每一步操作都要严格。酶蛋白溶液过稀难形成结晶，过浓则易形成无定形沉淀析出，因此，必须恰到好处，一般来说待结晶的溶液开始时应略呈微浑浊状态。

4. 过酸或过碱都会影响结晶的形成及酶活力变化，必须严格控制 pH。

5. 第一次结晶时，3～5d 后仍然无结晶，应检查 pH，必要时调整 pH 或接种，促使结晶形成。重结晶时间要短些。

【实验后分析】

1. 提取制备猪胰蛋白酶的过程中，应特别注意哪些主要环节和影响因素？
2. pH 在制备中起到什么作用？
3. 哪些因素是直接影响形成晶体的主要原因？应该注意哪些条件？
4. 在实验中，可以采取什么方法来提高产率和比活率？

# 内容二　影响酶促反应的因素
## The factors influencing on enzymatic reaction

【实验目的】

通过本实验了解 pH、温度、抑制剂对酶活力的影响。

【实验原理】

酶作为生物催化剂与一般催化剂一样呈现温度效应，酶促反应开始时，反应速度随温度升高增快。达到最大反应速度时的温度称为某种酶的最适温度。由于绝大多数酶是有活性的蛋白质，当达到最适温度后，继续升高温度，引起蛋白质变性，酶促反应速度反而逐步下降，以致完全停止。酶的最适温度不是一个常数，它与作用时间长短有关。测定酶活性均在酶促反应最适温度下进行。大多数动物来源的酶最适温度为 37~40℃，植物来源的酶最适温度为 50~60℃。酶的催化活性与环境 pH 有密切关系，通常各种酶只在一定 pH 范围内才具有活性，酶活性最高时的 pH，称为酶的最适 pH。高于或低于此 pH 时酶的活性逐渐降低。酶的最适 pH 不是一个特征物理常数，对于同一个酶，其最适 pH 因缓冲液和底物的性质不同而有差异。在酶促反应过程中，抑制剂对酶的抑制作用可分为可逆抑制和不可逆抑制。可逆抑制又根据抑制剂和底物的关系分为三种类型：竞争性抑制、非竞争性抑制和反竞争性抑制。在本实验中，胰蛋白酶的最适温度为 37℃，最适 pH 为 8.1。胰蛋白酶的抑制剂为苯甲脒，其抑制方式为竞争性抑制。

【实验仪器】

紫外分光光度计、离心机、恒温水浴锅等。

【试材准备】

1）生物材料　胰蛋白酶溶液 50~200μg/mL。用 0.1mol/L pH8.0 硼酸缓冲液配制。可用粗提的猪胰蛋白酶，用量根据实际测的比活值而定。

2）试剂　三氯乙酸、苯甲脒、酪蛋白、氢氧化钠、硼酸($H_3BO_3$)、硼砂($Na_2B_4O_7 \cdot 10H_2O$)。

3）器材　试管[1.5cm×15cm(×19)]、移液管[1mL(×7)，2mL(×3)，5mL(×5)]、量筒(100mL)、冰浴(0℃)、白瓷板胶头滴管。

【试剂配制】

(1) 5%三氯乙酸溶液：称取 5g 三氯乙酸定容至 100mL 蒸馏水。

(2) 1mmol/L 苯甲脒溶液：称取 19.25g 苯甲脒，用少量蒸馏水溶解，定容至 100mL。

(3) 1%酪蛋白溶液：取 1g 酪蛋白，加 0.1mol/L 氢氧化钠溶液 10mL、水 40mL，置 60℃ 水浴加热至溶解，放置室温后，加水稀释成 100mL，并调 pH 至 8.0。

(4) 0.1mol/L 硼酸缓冲液：A 液（0.1mol/L 硼酸，称取 6.18g $H_3BO_3$ 溶于 1000mL 水中）；B 液[0.025mol/L 硼砂，称取 9.54g 硼砂（$Na_2B_4O_7 \cdot 10H_2O$）溶于 1000mL 水中]。

pH7.4 硼酸缓冲液：90mL A 液+10mL B 液；pH8.0 硼酸缓冲液：70mL A 液+30mL B 液；pH9.0 硼酸缓冲液：20mL A 液+80mL B 液。

【操作步骤】

1) 温度对酶活力的影响　取 3 支试管，按表 3-23-1 操作。

表 3-23-1　温度对酶活力的影响加样表

| 操作项目 | 管号 | | |
| --- | --- | --- | --- |
| | 1 | 2 | 3 |
| 胰蛋白酶溶液/mL | 0.2 | 0.2 | 0.2 |
| 蒸馏水/mL | 0.8 | 0.8 | 0.8 |
| 温度预处理 5min/℃ | 0 | 37 | 70 |
| 1%酪蛋白溶液/mL | 1.0 | 1.0 | 1.0 |
| 混匀后，置各相应温度保温 10min，加入 3.0mL 5%三氯乙酸溶液终止反应 | | | |
| $A_{253}$ | | | |

空白管：先在试管中加入 1.0mL 1%酪蛋白溶液和 3.0mL 5%三氯乙酸溶液，摇匀后，再加入 0.2mL 酶液、0.8mL 蒸馏水，在 37℃保温 10min。

将样品管和空白管分别离心或过滤，取上清液于 280nm 处测定各管的吸光值，并比较之。

2) pH 对酶活力的影响　取 3 支试管，按表 3-23-2 操作。

表 3-23-2　pH 对酶活力的影响加样表

| 操作项目 | 管号 | | |
| --- | --- | --- | --- |
| | 1 | 2 | 3 |
| 胰蛋白酶溶液/mL | 0.2 | 0.2 | 0.2 |
| pH7.4 硼酸缓冲液/mL | 0.8 | 0 | 0 |
| pH8.0 硼酸缓冲液/mL | 0 | 0.8 | 0 |
| pH9.0 硼酸缓冲液/mL | 0 | 0 | 0.8 |
| 混匀，37℃水浴中保温 2min | | | |
| 1%酪蛋白溶液/mL | 1.0 | 1.0 | 1.0 |
| 迅速混匀，37℃水浴中继续保温 10min，加入 3.0mL 5%三氯乙酸溶液终止反应 | | | |
| $A_{253}$ | | | |

空白管：先在试管中加入 1.0mL 1%酪蛋白溶液和 3.0mL 5%三氯乙酸溶液，摇匀后，再加入 0.2mL 酶液、0.8mL 蒸馏水，在 37℃保温 10min。

将样品管和空白管分别离心或过滤，取上清液于 280nm 处测定各管的吸光值，并比较。

3) 抑制剂对酶活力的影响　取 3 支试管，按表 3-23-3 操作。

表 3-23-3　抑制剂对酶活力的影响加样表

| 操作项目 | 管号 | |
| --- | --- | --- |
| | 1 | 2 |
| 1%酪蛋白溶液/mL | 1.0 | 1.0 |
| 1mmol/L 苯甲脒溶液/mL | 0 | 0.1 |
| 蒸馏水/mL | 0.8 | 0.7 |
| 混匀，37℃水浴中保温 2min | | |
| 胰蛋白酶溶液/mL | 0.2 | 0.2 |
| 迅速混匀，37℃水浴中继续保温 2min，加入 3.0mL 5%三氯乙酸溶液终止反应 | | |
| $A_{253}$ | | |

空白管：先在试管中加入 1.0mL 1%酪蛋白溶液和 3.0mL 5%三氯乙酸溶液，摇匀后，再加入 0.2mL 酶液、0.8mL 蒸馏水，在 37℃保温 10min。

将样品管和空白管分别离心或过滤，取上清液于 280nm 处测定各管的吸光值，并比较之。

【注意事项】

1. 由于胰蛋白酶活力不同，因此【操作步骤】中 1)、2) 及 3) 应随时检查反应进行情况。如反应进行太快，应适当稀释酶液，反之则应减少酶溶液的稀释倍数。

2. 注意不要在检查反应程度时使各管溶液混杂。

【实验后分析】

1. 何谓酶的最适温度和最适 pH？
2. 说明温度、pH 和抑制剂对酶反应速度的影响。

## 内容三　底物浓度对酶促反应速度的影响

**The effect on enzyme-catalyzed reation speed of substrate concentration**

【实验目的】

1. 了解底物浓度对酶促反应的影响。
2. 掌握测定米氏常数 $K_m$ 的原理和方法。

【实验原理】

酶促反应速度与底物浓度的关系可用米氏方程来表示：

$$V = \frac{V_{max}[S]}{K_m + [S]}$$

式中，$V$ 表示反应初速度(微摩尔浓度变化/min)；$V_{max}$ 表示最大反应速度(微摩尔浓度变化/min)；[S] 表示底物浓度(mol/L)；$K_m$ 表示米氏常数(mol/L)。

这个方程表明当已知 $K_m$ 及 $V_{max}$ 时，酶反应速度与底物浓度之间的定量关系。$K_m$ 值等于酶促反应速度达到最大反应速度一半时所对应的底物浓度，是酶的特征常数之一。不同的酶 $K_m$ 值不同，同一种酶与不同底物反应 $K_m$ 值也不同，$K_m$ 值可近似地反映酶与底物的亲和力大小：$K_m$ 值大，表明亲和力小；$K_m$ 值小，表明亲和力大。测 $K_m$ 值是酶学研究的一个重要方法。大多数纯酶的 $K_m$ 值在 0.01~100mmol/L。Linewaeaver-Burk 作图法（双倒数作图法）是用实验方法测 $K_m$ 值的最常用的简便方法：$\frac{1}{V} = \frac{K_m}{V_{max}} \cdot \frac{1}{[S]} + \frac{1}{V_{max}}$，实验时可选择不同的［S］，测对应的 $V$。以 $\frac{1}{V}$ 对 $\frac{1}{[S]}$ 作图，得到一个斜率为 $\frac{K_m}{V}$ 的直线，其截距 $\frac{1}{[S]}$ 则为 $-\frac{1}{K_m}$，由此可求出 $K_m$ 的值（截距的负倒数）。

本实验以胰蛋白酶消化酪蛋白为例，采用 Linewaeaver-Burk 双倒数作图法测定 $K_m$ 值。胰蛋白酶催化蛋白质中碱性氨基酸(L-精氨酸和 L-赖氨酸)的羧基所形成的肽键水解。水解时有自由氨基生成，可用甲醛滴定法判断自由氨基增加的数量而跟踪反应，求得初速度。

【实验仪器】

冰箱、电子恒温水浴锅等。

【试材准备】

1）生物材料　　胰蛋白酶溶液，称取 2g 胰蛋白酶溶于 50mL 蒸馏水中，放入冰箱保存。
2）试剂　　酪蛋白、NaOH、HCl、甲醛、酚酞、乙醇。
3）器材　　锥形瓶(50mL×16)、锥形瓶(150mL×4)、吸管(5mL×1、10mL×5)、量筒(100mL×4)、碱式滴定管(25mL)、滴定台、蝴蝶夹、滴管、直尺、铅笔等。

【试剂配制】

(1) 10~40g/L pH8.5 酪蛋白溶液：分别取 10g、20g、30g、40g 酪蛋白溶于约 900mL 水中，加 20mL 1mol/L NaOH 连续振荡，微热直至溶解，以 1mol/L HCl 或 1mol/L NaOH 调 pH 至 8.5，定容至 1L，即生成 4 种不同[S]的酪蛋白标准溶液。

(2) 中性甲醛溶液：75mL 分析纯甲醛加 15mL 0.25%酚酞乙醇溶液，以 0.1mol/L NaOH 滴至微红，密闭于玻璃瓶中。

(3) 0.25%酚酞加 50%乙醇溶液：2.5g 酚酞以 50%乙醇溶解，定容至 1L。

(4) 标准 0.1mol/L NaOH 溶液：按照标准方法配制。

【操作步骤】

(1) 取 50mL 锥形瓶 4 个，加入 5mL 甲醛与 1 滴酚酞，以 0.1mol/L 标准 NaOH 滴定至微红色，4 个瓶颜色应当一致，编号。

(2) 量取 40g/L 酪蛋白 50mL，加入到 150mL 锥形瓶中，37℃保温 10min，同时胰蛋白酶液也在 37℃保温 10min，然后吸取 5mL 酶液加到酪蛋白液中(同时计时)。充分混合后立即取出 10mL 反应液(定为 0 时样品)，加入一含甲醛的小锥形瓶中(1 号)，加 10 滴酚酞，以 0.1mol/L NaOH 滴定至微弱而持续的微红色。在接近终点时，按耗去的 NaOH 毫升数，每毫升加一滴酚酞，再继续滴至终点，记下耗去的 0.1mol/L 标准 NaOH 毫升数。

(3) 在 2min、4min、6min 时，分别取出 10mL 反应液，加入 2 号、3 号、4 号小锥形瓶，同上操作，记下耗去的 NaOH 毫升数。

以滴定度（即耗去的 NaOH 毫升数）对时间作图，得一直线，其斜率即初速度为 $V40$（相对于 40g/L 的酪蛋白浓度）。

然后分别量取 30g/L、20g/L、10g/L 的酪蛋白溶液，重复上述操作，分别测出 $V30$、$V20$、$V10$。

利用上述结果，以 $1/V$ 对 $1/[S]$ 作图，即求出 $V_{max}$ 与 $K_m$ 值。

【注意事项】

1. 实验表明，反应速度只在最初一段时间内保持恒定，随着反应时间的延长，酶促反应速度逐渐下降。原因有多种，如底物浓度降低，产物浓度增加而对酶产生抑制作用并加速逆反应的进行，酶在一定 pH 及温度下部分失活等。因此，研究酶的活力以酶促反应的初速度为准。

2. 本实验是一个定量测定方法，为获得准确的实验结果，应尽量减少实验操作中带来的误差。因此配制各种底物溶液时应用同一母液进行稀释，保证底物浓度的准确性。各种试剂的加量也应准确，并严格控制准确的酶促反应时间。

【实验后分析】

1. 试述底物浓度对酶促反应速度的影响。
2. 在什么条件下，测定酶的 $K_m$ 值可以作为鉴定酶的一种手段，为什么？
3. 米氏方程中的 $K_m$ 值有何实际应用？

# 实验二十四　重组氯霉素酰基转移酶蛋白的表达、分离、纯化和鉴定
## Expression, separation, purification and identification of recombinant chloramphenicol acetyl transferase (CAT) protein

【实验内容】

1. 重组氯霉素酰基转移酶蛋白的表达、分离及纯化。
2. 重组氯霉素酰基转移酶蛋白的鉴定。

## 内容一　重组氯霉素酰基转移酶蛋白的表达、分离及纯化
### Expression, separation and purification of recombinant chloramphenicol acetyl transferase（CAT）protein

【实验目的】

1. 了解克隆基因表达酶蛋白的方法和意义。
2. 了解重组酶蛋白亲和层析分离纯化的方法。

【实验原理】

克隆基因在细胞中表达对理论研究和实验应用都具有重要的意义。通过表达能探索和研究基因的功能,以及基因表达调控的机制,同时,克隆基因表达出所编码的蛋白质可供作结构与功能的研究。大肠杆菌是目前应用最广泛的蛋白质表达系统,其表达外源基因产物的水平远高于其他基因表达系统,表达的目的蛋白量甚至能超过细菌总蛋白量的80%。本实验中,携带有目标蛋白基因的质粒在大肠杆菌BL 21中,在37℃,IPTG诱导下,超量表达携带有6个连续组氨酸残基的重组氯霉素酰基转移酶蛋白,该酶可用一种通过共价偶联的次氨基三乙酸(NTA)使镍离子($Ni^{2+}$)固相化的层析介质加以提纯,实为金属螯合亲和层析(MCAC)。酶蛋白的纯化程度可通过聚丙烯酰胺凝胶电泳进行分析。

【实验仪器】

摇床、离心机、高压灭菌锅、振荡器、超低温冰箱、超声细胞粉碎仪、移液器(10～100μL、100～1000μL)、紫外分光光度计。

【试材准备】

1)生物材料　含有重组氯霉素酰基转移酶蛋白的大肠杆菌BL21菌株。

2)试剂　胰蛋白胨、酵母提取物、氯化钠(NaCl)、重蒸水、氨苄青霉素、磷酸二氢钠($NaH_2PO_4$)、三羟甲基氨基甲烷(Tris)、尿素、β-巯基乙醇(2-ME)、咪唑、异丙基-β-D-硫代半乳糖苷(IPTG,相对分子质量238.30)。

3)器材　层析柱(1cm×10cm)、培养皿、刻度试管(2mL)、冰袋等。

【试剂配制】

(1)LB液体培养基:胰蛋白胨10g,酵母提取物5g,NaCl 10g,加重蒸水至1000mL,完全溶解,分装小瓶,高压灭菌20min。

(2)100mg/mL氨苄青霉素溶液:称取100g氨苄青霉素溶于一定体积的蒸馏水中,并用蒸馏水定容至1000mL。

(3)上样缓冲液(Loading Buffer):100mmol/L $NaH_2PO_4$,10mmol/L Tris,8mol/L Urea,10mmol/L 2-ME,pH8.0。

(4)起始缓冲液(Washing Buffer):100mmol/L $NaH_2PO_4$,10mmol/L Tris,8mol/L Urea,pH6.3。

(5)洗脱缓冲液(Elution Buffer):100mmol/L $NaH_2PO_4$,10mmol/L Tris,8mol/L Urea,500mmol/L Imidazole,pH8.0。

(6)100mmol/L IPTG:2.38g IPTG溶于100mL重蒸水中,0.22μm滤膜抽滤,-20℃保存。

【操作步骤】

**1. 氯霉素酰基转移酶重组蛋白的诱导**

(1)接种含有重组氯霉素酰基转移酶蛋白的大肠杆菌BL 21菌株于5mL LB液体培养基中(含100μg/mL氨苄青霉素),37℃振荡培养过夜。

(2)转接1mL过夜培养物于100mL(含100μg/mL氨苄青霉素)LB液体培养基中,37℃振

荡培养至 $OD_{600} = 0.6 \sim 0.8$。取 10μL 样品用于 SDS-PAGE 分析。

(3) 加入 IPTG 至终浓度 0.5 mmol/L，37℃继续培养 1～3h。

(4) 12 000r/min 离心 10min，弃上清，菌体沉淀保存于-20℃或-70℃冰箱中。

**2. 氯霉素酰基转移酶重组蛋白的分离纯化**

(1) NTA 层析柱的准备：在层析柱中加入 1mL NTA 介质，并分别用 8mL 去离子水，8mL 上样缓冲液洗涤。

(2) 重组蛋白的变性裂解：在冰浴中冻融菌体沉淀，加入 5mL 上样缓冲液，用吸管抽吸重悬，超声波破裂菌体，用振荡器等轻柔的混匀样品 60min，4℃下 12 000r/min 离心 30min，将上清吸至一个干净的容器中，并弃沉淀。取 10μL 上清样品用于 SDS-PAGE 分析。

(3) 上清样品以 10～15mL/h 流速上 $Ni^{2+}$-NTA 柱，收集流出液，取 10μL 样品用于 SDS-PAGE 分析。

(4) 洗脱杂蛋白：用 Washing Buffer 以 10～15mL/h 流速洗柱，直至 $OD_{280} = 0.01$，分步收集洗脱液，用时 3～4h，取 10μL 洗脱开始时的样品用于 SDS-PAGE 分析。

(5) 洗脱目标蛋白：用 Elution Buffer 洗柱，收集每 1mL 级分，分别取 10μL 样品用于 SDS-PAGE 分析。

【注意事项】

1. $Ni^{2+}$-NTA 柱 (high-affinity Ni-NTA resin)：高亲和力 Ni-NTA 纯化介质 (R00250，50%填料) 是一种共价偶联至三齿螯合剂 (氮三乙酸或 NTA) 上的琼脂糖纯化介质 (交联度为 4%)，该螯合剂可通过 4 个结合区与 $Ni^{2+}$ 结合，从而纯化 His 标签的融合蛋白，不会发生 $Ni^{2+}$ 渗漏。Ni-NTA 纯化介质可用于纯化任何表达系统中的 His 标签融合蛋白，且在天然条件或变性条件下均可进行纯化。结合在纯化介质上的蛋白在低 pH 缓冲液或咪唑溶液甚至组氨酸溶液中都可洗脱下来。

2. IPTG：β-半乳糖苷酶的活性诱导物质，不被细菌代谢而十分稳定，因此被实验室广泛应用。基于这个特性，当 pUC 系列的载体 DNA (或其他带有 *lacZ* 基因载体 DNA) 以 *lacZ* 缺失细胞为宿主进行转化时或用 M13 噬菌体的载体 DNA 进行转染时，如果在平板培养基中加入 X-Gal 和 IPTG，由于 β-半乳糖苷酶的 α-互补性，可以根据是否呈现白色菌落 (或噬菌斑) 而方便地挑选出基因重组体。此外，它还可以作为具有 *lac* 或 *tac* 等启动子的表达载体的表达诱导物使用。

3. Imidazole，咪唑：可保持溶液一定的离子和电荷强度及保护酶活性基团的活性。

4. 菌液 OD 值要小于 1，否则细胞太浓太老，不易破碎，且质粒易丢失。

5. 超声条件可视实际情况改变，只要使菌体裂解充分即可，即菌液清亮不黏稠。

## 内容二　重组氯霉素酰基转移酶蛋白的鉴定

### Identification of recombinant chloramphenicol acetyl transferase (CAT) protein

【实验目的】

1. 了解 SDS-聚丙烯酰胺凝胶电泳的实验原理。
2. 掌握凝胶电泳实验操作规程。

【实验原理】

电泳可用于分离复杂的蛋白质混合物，研究蛋白质的亚基组成等。在聚丙烯酰胺凝胶电泳中，凝胶的孔径及蛋白质的电荷、大小、性质等因素共同决定了蛋白质的电泳迁移率。

蛋白质在聚丙烯酰胺凝胶中电泳时，它的迁移率取决于它所带净电荷，以及分子的大小和形状等因素。但如果加入某种试剂使电荷因素消除，则电泳迁移率就取决于分子的大小，就可以用电泳技术测定蛋白质的分子质量。十二烷基硫酸钠（SDS）就具有这种作用。在蛋白质溶液中加入足够量 SDS 和 β-巯基乙醇，SDS 可使蛋白质分子中的二硫键还原，蛋白质-SDS 复合物带上相同密度的负电荷，并可引起蛋白质构象改变，使蛋白质在凝胶中的迁移率，不再受蛋白质原的电荷和形状的影响，而取决于分子质量的大小，因此聚丙烯酰胺凝胶电泳可以用于测定蛋白质的分子质量。

SDS 聚丙烯酰胺凝胶电泳大多在不连续系统中进行，其电泳槽缓冲液的 pH 与离子强度不同于配胶缓冲液。该凝胶包括积层胶和分离胶两部分。当两电极间接通电流后，凝胶中形成移动界面，并带动加入凝胶的样品中的 SDS 多肽复合物向前推进。样品通过高度多孔性的积层胶后，复合物在分离胶表面聚集成一条很薄的区带（或称积层）。由于不连续缓冲系统具有把样品中的复合物全部浓缩于极小体积的能力，从而大大提高了 SDS 聚丙烯酰胺凝胶的分辨率，使蛋白质依各自的大小得到分离。

【实验仪器】

DYCZ-24D 型垂直板电泳槽、水平摇床等。

【试材准备】

1）生物材料　本实验内容一中所得重组氯霉素酰基转移酶蛋白。

2）试剂　丙烯酰胺、甲叉双丙烯酰胺、三羟甲基氨基甲烷（Tris）、十二烷基硫酸钠（SDS）、过硫酸铵（AP）、TEMED、甘氨酸、考马斯亮蓝 R250、甲醇、冰醋酸。

3）器材　保鲜膜、移液管（1mL、5mL、10mL）、烧杯（25mL、50mL、100mL）、细长头的吸管、微量注射器（10μL 或 50μL）、培养皿。

【试剂配制】

(1) 30% Acr-Bis 贮存液：称取 30g Acr、0.8g Bis，用无离子水溶解后定容至 100mL，不溶物过滤去除后置棕色瓶贮于冰箱。

(2) 1.5mol/L Tris-HCl（pH8.8）：①0.1mol/L Tris，称取 12.114g Tris 溶解于 1000mL 水中；②0.1mol/L HCl，取分析纯纯盐酸（约 12mol/L）8.5mL 加水至 1000mL。50mL 0.1mol/L Tris 与 8.5mL 0.1mol/L HCl 混合，调节 pH 至 8.8，加水稀释到 100mL。

(3) 10%（$m/V$）SDS：称取 10g SDS 溶于 100mL 重蒸水中加热溶解。

(4) 10%过硫酸铵：4℃保存。

(5) 3×SDS 凝胶加样缓冲液：50mmol/L Tris-HCl（pH6.8），300mmol/L DTT，6% SDS，0.6% 溴酚蓝，30%甘油。在 33mL 1.5mol/L Tris-HCl（pH8.8）溶液中加入 0.6g 溴酚蓝、6g SDS 及 4.628g DTT，加热搅拌溶解后定容至 70mL，然后与 30mL 甘油混合均匀。

(6) 5×Tris-甘氨酸电泳缓冲液：7.1g Tris 碱，94g 甘氨酸（电泳级），50mL 10% SDS，配至 1000mL。

(7) 0.25%考马斯亮蓝染液：0.25g 考马斯亮蓝 R250 溶于 90mL 甲醇：水（1：1）和 10mL 冰醋酸的混合液中。

(8) 脱色液：水：乙酸：乙醇 = 6.7：0.8：2.5。

【操作步骤】

**1. SDS聚丙烯酰胺凝胶的配制**

(1) 安装玻璃板，检查漏液情况。

(2) 制备分离胶：按表 3-24-1 分离胶所示，依次在试管中混合各成分，一旦加入 TEMED 后，凝胶马上开始聚合，故应立即快速悬动混合物，迅速在两玻板的间隙中灌注丙烯酰胺溶液，注意流出积层胶所需空间。并在其上覆盖一层水或异丁醇溶液。将凝胶垂直放置于室温下。分离胶聚合后（约30min），倒出覆盖层液体，用枪将残留液体吸净。

(3) 制备浓缩胶：按表 3-24-1 积层胶所示，依次在试管中混合各成分，一旦加入 TEMED 后，应立即快速悬动混合物，迅速在分离胶上灌注浓缩胶溶液，并立即在浓缩胶溶液中插入干净的电泳梳，小心避免混入气泡。将凝胶垂直放置于室温下。

表 3-24-1　SDS 聚丙烯酰胺凝胶配方

| 水 | 30%丙烯酰胺 | 1.5mol/L Tris（pH8.8） | 10% SDS | 10%过硫酸铵 | TEMED |
|---|---|---|---|---|---|
| 分离胶（5mL） | | | | | |
| 1.1mL | 2.5mL | 1.3mL | 50μL | 50μL | 2μL |
| 浓缩胶（4mL） | | | | | |
| 2.7mL | 0.67mL | 0.5mL | 40μL | 40μL | 4μL |

**2. 上样样品的处理**

将样品置于 1×SDS 凝胶加样缓冲液中，在 100℃加热 5min 使蛋白质变性。加热后 3000r/min 离心 1min。

**3. 电泳**

(1) 浓缩胶聚合完全后（约30min），将凝胶固定于电泳装置上，并加入 Tris-甘氨酸电泳缓冲液，然后小心移出电泳梳。

(2) 按预定顺序加样，小心缓慢加入样品，每样品加 12μL。

(3) 将电泳与电源相接，凝胶上所加电压为 8V/cm，当染料前沿进入分离胶后，把电压提高到 15V/cm，继续电泳直至溴酚蓝到达分离胶底部（约 4h），然后关闭电源。

(4) 将玻璃板从电泳装置上卸下，并将凝胶取出，在第一点样孔侧的凝胶上切去一角以标注凝胶的方位。

**4. 考马斯亮蓝染色**

(1) 用染液浸泡凝胶，用保鲜膜封好，略微加热，放在水平摇床上染色 15min，重复加热染色 1 次。

(2) 移出并回收染液,将凝胶浸泡于脱色液中,用保鲜膜封好,略微加热,放在水平摇床上脱色 30min,更换脱色液,直至检出蛋白质条带。

(3) 拍照。

【注意事项】

1. 丙烯酰胺与 $N$,$N$,$N'$,$N'$-四甲基乙二胺是神经性毒剂,并对皮肤有刺激作用,故操作时须戴医用手套,避免与皮肤直接接触。

2. 过硫酸铵溶液最好是当天配制。冰箱中贮存也不能超过一周,TEMED 液存放也不能超过一周。

3. 通常凝胶聚合应在 0.5～1h 内完成,过快的聚合表示过硫酸铵或 TEMED 用量过多,此时凝胶太硬易龟裂,且在电泳时易烧胶。聚合太慢甚至不聚合,则表示此两种试剂用量不当,当凝胶系统中的试剂不纯或已失效,特别要注意过硫酸铵试剂的生产日期。

4. 吸取溶胶的滴管、吸管等,要立即排空和清洗,以防凝固堵塞。

5. 丙烯酰胺凝胶的聚合方式有光聚合和化学聚合两种。光聚合常用核黄素-四甲基乙二胺催化系统,化学聚合常用过硫酸铵-四甲基乙二胺催化系统,后者比较常用。

6. 样品要脱盐,否则区带扭曲;要彻底溶解,未彻底溶解的颗粒易引起拖尾;样品溶液中可加变性剂如尿素(6～8mol/L)、去污剂等。加样量取决于样品中蛋白质种类及检测方法的灵敏度。一般认为以 0.5～1mg 蛋白质/mL 为宜,最适加样体积为 10～30μL,对不稳定样品可进行预电泳。

7. 固定玻璃板时,两边用力一定要均匀,防止夹坏玻璃板。

8. 凝胶配制过程要迅速,催化剂 TEMED 要在注胶前加入,否则凝结无法注胶。

9. 使锯齿孔内的气泡全部排出,否则会影响加样效果。

10. 注射器不可过低,以防刺破胶体,也不可过高,否则在样下沉时会发生扩散。

11. 为避免边缘效应,最好选用中部的孔注样。

12. 剥胶时要小心,保持胶完好无损,染色要充分。

13. SDS 与蛋白质的结合按质量成比例(1.4g SDS/g 蛋白质),蛋白质含量不可以超标,否则 SDS 结合量不足。

14. 用 SDS-聚丙烯酰胺凝胶电泳法测定蛋白质分子质量时,必须同时作标准曲线。不能利用这次的标准曲线作为下次用。并且 SDS-PAGE 测定分子质量有 10%误差,不可完全信任。

15. 有些蛋白质由亚基(如血红蛋白)或两条以上肽链(α-胰凝乳蛋白酶)组成,它们在 β-巯基乙醇和 SDS 的作用下解离成亚基或多条单肽链。因此,对于这一类蛋白质,SDS-聚丙烯酰胺凝胶电泳法测定的只是它们的亚基或是单条肽链的分子质量。

16. 有的蛋白质如电荷异常或结构异常的蛋白质、带有较大辅基的蛋白质不能采用该法测分子质量。

17. 如果该电泳中出现拖尾、染色带的背景不清晰等现象,可能是 SDS 不纯引起的。

【实验后分析】

根据电泳图谱分析重组氯霉素酰基转移酶蛋白的诱导、表达及分离纯化情况。

# 第四部分 基因工程实验
# Part Ⅳ Gene Engineering Experiments

## Ⅰ. 基 础 实 验

### 实验一 植物基因组 DNA 的提取
### Plant genomic DNA extraction

本实验扫描二维码获取相关内容!

### 实验二 细菌基因组 DNA 的制备
### Bacterial genomic DNA preparation

本实验扫描二维码获取相关内容!

### 实验三 质粒 DNA 的提取及酶切
### Plasmid DNA extraction and digestion

【实验目的】
1. 掌握碱裂解法提取质粒的过程和方法。
2. 了解质粒作为载体在基因工程中的作用。
3. 熟记提取质粒的基本原理。
4. 为后续实验提供高纯度的(载体)DNA 样品。
5. 能独立设计并完成新的同类实验。
6. 能从实验的成功和失败中查找原因和存在的问题。

【实验原理】

质粒(plasmid)是独立于染色体以外的共价、闭合、环状、双链 DNA 分子,可自我复制。质粒作为基因工程中的常用载体(vector),分子质量相对较小,多拷贝,非结合性,能自主复制,具有多个限制性内切酶的单一酶切位点即多克隆位点(multiple cloning site,MCS),便于外源基因的插入,同时具有 1 个或 1 个以上的筛选标记(抗性基因)及转化效率高的特点。碱裂解法提取质粒是根据共价闭合环状质粒 DNA 与线性染色体 DNA 在拓扑学上的差异来分离它们。在碱性环境下,如 pH 在 12.0～12.5 这个狭窄的范围内,线性 DNA 和共价闭环质粒 DNA 的氢键都可以被打开,但是二者氢键断裂之后的存在形式不同:线性的 DNA 双螺旋结构解开而被变性,而共价闭环质粒 DNA 的氢键会被断裂,但两条互补链仍会彼此相互盘绕,紧密地结合在一起。利用这种特点,当加入 pH 4.8 的乙酸/乙酸钾高盐缓冲液恢复 pH 至中性时,共价闭合环状的质粒 DNA 的两条互补链迅速而准确地复性,而线性的染色体 DNA 的两条互补链彼此由于几乎完全分开,复性缓慢且不准确,结果它们缠绕形成网状结构。因此,通过离心,染色体 DNA 与不稳定的大分子 RNA、蛋白质-SDS 复合物等一起沉淀下来而被除去。

图 4-3-1 中显示了质粒的大小(2686bp)、序列起始碱基(1bp)、携带的 lacZ 基因及其编码方向(因在互补链上,其方向与质粒序列的方向相反,显示了该基因的碱基范围 146～469bp)、基因 bla 及其包含的氨苄青霉素抗性(AP$^R$)、多克隆位点等信息。注意 MCS 是插入到 lacZ 基因当中的,lacZ 基因的编码方向是在 pUC18 序列的互补链上。阅读和了解这些信息有助于将来把外源基因以正确的方向克隆到 MCS,或者依据载体的特性设计包含一些限制位点的 PCR 引物,为扩增相关基因打下基础。

PUC 系列质粒改造于 pBR322,但是其拷贝数更高,每个细菌细胞中存在着几千个相同拷贝的质粒,提高了质粒 DNA 的产量。另外有利于转化子的选择,因为这种质粒携带有氨苄青霉素抗性基因,并在 β-半乳糖核苷酶的基因含有一个多克隆位点。β-半乳糖核苷酶基因的插入失活可以被包含有一种合适的酶诱导物(如异丙醇基硫代半乳糖苷)和生色底物 5-溴-4-氯-3-吲哚-β-D-半乳糖苷(X-gal)的琼脂培养基检测到。来源于有质粒的细胞的菌落呈蓝色,而含有重组分子的菌落呈白色(图 4-3-1)。

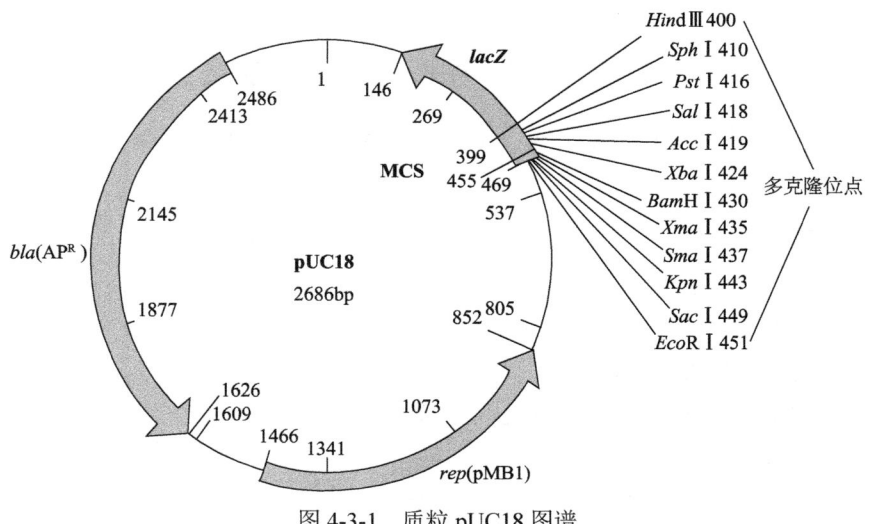

图 4-3-1　质粒 pUC18 图谱

【仪器调试】

(1)恒温培养箱、恒温摇床、台式离心机、高压灭菌锅、移液器。

(2)酸度计。酸度计简称 pH 计，目前各实验室的 pH 计，因设计不同而类型很多，其操作步骤各有不同，因而 pH 计的操作应严格按照其使用说明书正确进行。

在具体操作中，校准是 pH 计使用操作中最值得注意的一个重要步骤。绝大多数 pH 计采用两点校准法，即选择两种标准缓冲液：一种是 pH7 标准缓冲液，第二种是 pH9 标准缓冲液或 pH4 标准缓冲液。先用 pH7 标准缓冲液对电极进行定位，再根据待测溶液的酸碱性选择第二种标准缓冲液。如果待测溶液呈酸性，则选用 pH4 标准缓冲液；如果待测溶液呈碱性，则选用 pH9 标准缓冲液。若是手动调节的 pH 计，应在两种标准缓冲液之间反复操作几次，直至不需再调节其零点和定位(斜率)旋钮，pH 计即可准确显示两种标准缓冲液 pH。则校准过程结束。此后，在测量过程中零点和定位旋钮就不应再动。另外有智能式 pH 计，则不需反复调节，因为其内部已贮存几种标准缓冲液的 pH 可供选择，而且可以自动识别并自动校准。但要注意标准缓冲液选择及其配制的准确性。

除此之外还应该注意以下几点。

(1)待测溶液的温度。不同的温度下，标准缓冲溶液的 pH 是不同的。应该正确选择标准缓冲液，并调节 pH 计面板上的温度补偿旋钮，使其与待测溶液的温度一致。

(2)短期内不使用 pH 计时，可将电极充分浸泡在蒸馏水或 $1\times10^{-4}$ 盐酸溶液中。

(3)使用前，检查玻璃电极前端的球泡内是否充满溶液，不能有气泡存在。

(4)测量浓度较大的溶液时，尽量缩短测量时间，用后仔细清洗，防止被测液黏附在电极上而污染电极。

(5)清洗电极后应用滤纸吸干，不要用滤纸摩擦玻璃膜，以避免损坏玻璃薄膜；防止交叉污染，否则影响测量精度。

(6)避免直接用于强酸、强碱或其他腐蚀性溶液的测量。

(7)严禁在脱水性介质如无水乙醇、重铬酸钾等中使用。

【试材准备】

1. 菌种活化：含 pUCl9 质粒的大肠杆菌。一般购买或者从其他实验室得来的菌种多数是低温冻存的甘油菌，少数为干粉菌，需要活化和分离单菌落。于上课前 2d，自液氮或-80℃低温冰箱中取出大肠杆菌的冻存菌种，培养在 LB 培养液中并置于 37℃恒温箱中振荡培养过夜，在 LB 平板上划线，37℃过夜至长出单菌落。挑形态饱满的单菌落 2 个，分别接种于 5mL LB 培养基中，37℃下 250r/min 摇菌过夜。菌种的保存：取对数期的菌液 500μL 置于 2mL 菌种保存管中，加入 500μL 50%灭菌的甘油混合均匀，标示菌种名称及日期，置于-80°C 冰柜中保存。

2. 试剂与器材：各型号枪头(20μL、100μL、1000μL)，1.5mL 样品管(螺旋盖)，1.8mL 刻度冻存管，冻存管盒，0.2μm 微孔滤膜，0.2μm 针头过滤器，一次性注射器，100mL、250mL、500mL、1000mL 蓝盖试剂瓶，100mL、250mL、500mL、1000mL 量筒，葡萄糖，三羟甲基氨基甲烷(Tris)，乙二胺四乙酸(EDTA)，氢氧化钠，十二烷基硫酸钠(SDS)，乙酸钾，冰醋酸，氯仿，乙醇，胰 RNA 酶，氨苄青霉素，蔗糖，溴酚蓝，酚，8-羟基喹啉，β-巯基乙醇，盐酸（HCl），EcoRⅠ酶，胰蛋白胨，酵母提取物，RNase A，胰RNA酶，无水氯化锂，螺盖刻度可立细菌保存管（1.5mL）。

【试剂配制】

（1）LB液体培养基：参照第四部分实验二"细菌基因组DNA的制备"实验。

（2）溶液（solution）Ⅰ：50mmol/L 葡萄糖，25mmol/L Tris-HCl（pH8.0），10mmol/L EDTA（pH8.0）。混匀，分装，高温高压灭菌后，4℃保存。

注：使用前每50mL的溶液Ⅰ中加入2mL的RNase A（20mg/mL）。

（3）溶液Ⅱ：用灭菌水配制0.4mol/L NaOH，2% SDS，用前等体积混合。室温保存，此溶液保存时间最好不要超过一个月。注意：SDS易产生气泡，不要剧烈搅拌。

（4）溶液Ⅲ：称量KAc 147g，冰醋酸57.5mL置于500mL烧杯中，加入300mL去离子水后搅拌溶解。加去离子水将溶液定容至500mL。高温高压灭菌后，4℃保存。

（5）TE缓冲液（见前述配制方法）：10mmol/L Tris-HCl，1mmol/L EDTA（pH8.0）。

（6）70%乙醇（在-20℃冰箱中预冷，用毕放回）。

（7）胰RNA酶：将胰RNA酶溶于10mmol/L的Tris-HCl（pH7.5）、15mmol/L的NaCl中，配成10mg/mL的浓度，于100℃加热15min，缓慢冷却至室温，保存于-20℃。

（8）凝胶加样缓冲液（6×）：40%蔗糖、0.25%溴酚蓝。

（9）5mol/L LiCl：在80mL无菌去离子蒸馏水中溶解21.2g LiCl，定容至100mL，用0.22μm滤器过滤除菌，贮存于4℃。

（10）酚：大多数市售液化苯酚是清亮无色的，无需重蒸馏便可用于分子生物学实验。但有些液化苯酚呈粉红色或黄色，应避免使用。同时也应避免使用结晶苯酚，结晶苯酚必须在160℃对其进行重蒸馏除去诸如醌等氧化产物，这些氧化产物可引起磷酸二酯键的断裂或导致RNA和DNA的交联等。因此，苯酚的质量对DNA、RNA的提取极为重要，我们推荐使用高质量的苯酚如Tris饱和酚等进行分子生物学实验。

【操作步骤】

**1. 提取质粒**

（1）于超净工作台上，取一洁净的灭菌长试管，加入2mL含相应抗生素（Amp：50μg/mL）的LB液体培养基，接种含pUC19质粒的大肠杆菌0.2mL，37℃振荡培养过夜。取1.5mL培养物倒入微量离心管中，4000r/min离心2min。吸去培养液，使细胞沉淀尽可能干燥。

（2）将细菌沉淀悬浮于100μL溶液Ⅰ中，充分混匀。加200μL溶液Ⅱ（新鲜配制），盖紧管盖，轻柔颠倒混匀内容物5次，将离心管放冰上5min。

（3）加入150μL溶液Ⅲ（冰上预冷），盖紧管盖，轻柔颠倒5次使混匀。冰上放置3~5min。12 000r/min离心10min，将上清转至另一离心管中。

（4）向上清中加入等体积酚：氯仿（1:1）（去蛋白），反复混匀，12 000r/min离心5min，将上清转移到另一离心管中。

（5）向上清中加入2倍体积的无水乙醇，混匀后，室温放置5~10min。12 000r/min离心5min。倒去上清液，把离心管倒扣在吸水纸上，吸干液体。

（6）用1mL 70%乙醇洗涤质粒DNA沉淀，振荡并离心，倒去上清液，真空抽干或空气中干燥。加 20μL TE 缓冲液,其中含有 20μg/mL 的胰 RNA 酶,使 DNA 完全溶解,-20℃保存。

**2. 酶切**

取 5μL 的 DNA 溶液,加 1μL 酶切缓冲液,EcoR I 酶 1μL(2U),无菌水补至总体积 10μL。37℃保温 20min,加 2μL 的 6×凝胶上样缓冲液,进行电泳,分析质粒 DNA 的限制性酶切图谱。

【注意事项】

1. 溶液Ⅱ在温度较低时,可能会产生沉淀,需先用水浴加热溶解,混匀后再使用。溶液Ⅱ易被空气中的 $CO_2$ 酸化,用完后应立即盖紧瓶盖。

2. 收获细菌应在其对数生长期,此时细菌生长活跃,死菌较少,质粒产量高。

3. 质粒提取过程中,溶液Ⅱ应现用现配,不宜贮存。

4. 质粒 DNA 进行琼脂糖凝胶电泳时,要特别注意 EB 的使用,因为 EB 是一种诱变剂,有致癌作用,操作时戴塑料或乳胶手套。

5. 有时会发现质粒 DNA 出现切不动的现象,即不能被限制酶所切割,尤其是少量制备时经常出现这种情况。大多是由于从细菌沉淀或从核酸沉淀中去除杂质不彻底。一般用酚/氯仿进行抽提可以去除少量提取物中的杂质。如果依然存在,可用离心柱层析纯化 DNA。

【实验后分析】

1. 溶液Ⅰ、溶液Ⅱ、溶液Ⅲ中的主要试剂是什么?在质粒提取过程中分别起到了什么作用?加入溶液Ⅱ后,为什么不能剧烈振荡?溶液Ⅰ、溶液Ⅱ、溶液Ⅲ的作用是什么?碱法提取质粒过程中,EDTA、溶菌酶、NaOH、SDS、乙酸钾、酚/氯仿的作用是什么?

2. 质粒提取过程中,应注意哪些操作,为什么?用碱裂解法提取的质粒 DNA 通常都污染有细菌 RNA 分子,采用什么策略能够去除 RNA 污染?

3. 如果提取的质粒 DNA 污染有少量的染色体 DNA,那么在操作过程中哪几步最可能出现了问题?

4. 提取的质粒 DNA 分子在琼脂糖凝胶电泳中表现出几条带?质粒 DNA 的电泳图谱为何有时只有 1 条带谱,有时又有 2～3 条带谱?为什么?

5. 质粒抽提用具、试剂为何要高压灭菌?质粒提取过程为何要防止 DNA 酶污染?

6. 细菌收获的最佳时期是什么时期?

【新实验设计】

设计实验提取大肠杆菌质粒,要求用煮沸法。

# 实验四　琼脂糖凝胶电泳检测 DNA
## Agarose gel electrophoresis assay for the detection of DNA

本实验扫描二维码获取相关内容!

# 实验五　从低熔点胶琼脂糖凝胶中分离回收 DNA 片段
## DNA recovery from low melting point agarose gels

【实验目的】

1. 掌握从低熔点胶琼脂糖凝胶中分离回收特定目的基因 DNA 片段的过程和方法。
2. 了解试剂盒在相关操作中的应用。
3. 为下一步实验提供高纯度的 DNA 样品。

【实验原理】

从低熔点琼脂糖凝胶中回收目的 DNA 是传统手工操作回收目的 DNA 片段的方法。直接将 DNA 在低熔点琼脂糖凝胶中电泳分离,然后结合 EB 染色切割目的条带,在 TE 溶液中 65℃保温熔化,用传统的酚氯仿抽提,乙醇沉淀。或者在普通凝胶中挖槽灌入低熔点琼脂糖,待目的基因电泳进入这个区域后切割,然后直接低熔点琼脂糖凝胶纯化。也可以用琼脂糖酶来消化琼脂糖凝胶分离目的 DNA。

商品化试剂盒(reagent kit)有超薄柱型琼脂糖凝胶回收试剂盒、玻璃奶琼脂糖凝胶回收试剂盒、聚丙烯酰胺凝胶回收纯化试剂盒、琼脂糖凝胶回收试剂盒等。大多数试剂盒采用了可以高效、专一结合 DNA 的硅基质材料或者独特的缓冲液系统,从 TAE 或 TBE 琼脂糖凝胶上回收 DNA 片段,同时除去蛋白质、其他有机化合物、无机盐离子及寡核苷酸引物等杂质。不同试剂盒可回收的 DNA 片段长度不同(100bp 至 40kb),回收率也各有差异(30%~80%)。大部分试剂盒回收的 DNA 可适用于各种常规分子操作。

【实验仪器】

(1)微波炉或电磁炉、恒温培养箱、琼脂糖凝胶电泳系统(水平板型电泳槽装置)、台式离心机、高压灭菌锅、紫外分光光度计、水浴锅、紫外线透射仪或凝胶成像系统、紫外防护眼镜、液氮罐、涡旋混匀器。

(2)薄膜滤菌器(微孔过滤器):滤过除菌法是用物理阻留的方法除去液体或空气中的细菌,达到除菌的目的。滤菌器种类很多,常用的是玻璃滤菌器和石棉滤菌器(亦称 Seitz 滤菌器),本实验主要使用薄膜滤菌器:由硝基纤维素膜制成,依孔径大小分为多种规格,用于除菌的滤膜孔径为 0.2~0.22μm。滤菌器含有微孔,允许液体或气体,以及某些小型病毒、支原体和某些细菌 L 型通过,而大于孔径的细菌等颗粒不能通过。此法主要用于一些不耐高温灭菌的液体试剂如含抗生素的培养基等或易受热分解的试剂和易挥发剂等的除菌。使用前将微孔滤膜(0.2μm)安装在滤菌器内,拧紧,用注射器实验是否漏水。随后用锡箔纸或滤纸等包装,高温灭菌后备用。滤膜一般没有正反面,因为微孔滤膜多是对称膜,两面使用效果一样,之所以有光洁面,是因为国产滤膜生产是将膜液涂在玻璃板上制成的,贴玻璃的一面光滑。打开小包装应及时使用,以免污染。

【试材准备】

1）生物材料　前面实验中制备的pUC19质粒DNA、植物和细菌基因DNA。
2）试剂与器材　三羟甲基氨基甲烷，硼酸，乙二胺四乙酸，溴酚蓝，蔗糖，低熔点琼脂糖，水饱和酚，8-羟基喹啉，溴化乙锭，DNA marker，离心柱型超薄琼脂糖凝胶DNA回收试剂盒，一次性塑料手套，滴管，分液漏斗，液氮，紫外防护眼镜，微波炉专用饭盒（12cm），卫生纸（或吸水纸），无粉乳胶手套（中号），枪头（20μL、100μL、1000μL），枪头盒（带锁扣，10μL、100μL、200μL、1000μL），医用胶布，容量瓶（100mL、500mL、1000mL），锥形瓶（250mL、500mL），烧杯（100mL、200mL、1000mL），锡箔纸，洗耳球60mL。

【试剂配制】

(1) 3mol/L乙酸钠：溶解40.8g三水乙酸钠于约90mL水中，用冰醋酸调溶液的pH至5.2，再加水定容到100mL。

(2) 水饱和酚：水饱和酚又叫水平衡酚。水饱和酚的pH小于7，通常与异硫氰酸胍一起使用，用于细胞RNA的提取，DNA位于酚相（在酸性pH条件下DNA分配于有机相），RNA在水相，两者容易分开。Tris饱和酚一般pH大于7.8，用于DNA的提取。注意：苯酚腐蚀性极强，并可引起严重灼伤，操作时应戴手套及防护镜等。所有操作均应在通风橱中进行，与苯酚接触过的皮肤部位应用大量水清洗，并用肥皂和水洗涤，忌用乙醇。

(3) Tris-HCl饱和酚：取结晶状态苯酚在68℃水浴中使苯酚充分溶解。加入8-羟基喹啉至终浓度0.1%。该化合物是一种还原剂、RNA酶的不完全抑制剂及金属离子的弱螯合剂，同时因其呈黄色，有助于方便识别有机相。加入等体积的1mol/L Tris-HCl（pH8.0），使用磁力搅拌器搅拌10~30min，静置使其充分分层后，除去上层水相。重复操作一次。加入等体积的0.1mol/L Tris-HCl（pH8.0），使用磁力搅拌器搅拌30min，静置使其充分分层后，除去上层水相。重复操作一次，稍微残留部分上层水相。使用pH试纸确认有机相的pH大于7.8。将苯酚置于棕色玻璃瓶中，外包一层锡箔纸，4℃，避光保存。

(4) 5×TBE（5倍体积的TBE贮存液）：Tris 54g，硼酸27.5g，0.5mol/L EDTA（pH8.0）20mL，加蒸馏水至1000mL，使用时稀释10倍。

(5) 1%溴酚蓝：加1g水溶性钠型溴酚蓝于100mL水中，搅拌或涡旋混合直到完全溶解。4℃保存，以后用于配制各种电泳上样缓冲液。

(6) 6×电泳载样缓冲液：溴酚蓝0.25%，蔗糖40%（$m/V$），贮存于4℃。

(7) 溴化乙锭溶液（EB）0.5μg/mL：250mL锥形瓶中加入100mL水，加入1g溴化乙锭，锡箔纸包口，磁力搅拌过夜以确保其完全溶解，然后用铝箔包裹容器或转移至棕色瓶中，保存于室温。

【操作步骤】

**1. 融胶法**

(1) 根据要分离的DNA大小，配制普通琼脂糖凝胶进行预电泳，以确定目的DNA条带的泳动位置。当溴酚蓝迁移至足够距离时（至少2cm），小心地连上槽（托盘）一起取出凝胶，将凝胶至于一洁净而平整的一次性手套上在长波紫外灯下观察，用洁净的刀片在目的DNA

条带泳动方向前方约 1cm 处挖孔，即切去与目的片段同长、宽度适当（一般 2cm 左右）的胶块。不要将胶切裂，注意与目的条带紧邻的切面要尽量平整。

（2）将切过的胶块重新放回电泳槽的上槽（托盘）内，在挖孔处加入低熔点琼脂糖胶，补平，待其凝固后将其小心放回电泳槽继续进行电泳。注意挖孔处的低熔点琼脂糖凝胶块与原凝胶块的交界面易断裂。

（3）等目的条带完全进入低熔点琼脂糖胶后，在长波紫外灯下用清洗过的刀片切下含有所需 DNA 带的凝胶条，置于新的灭菌的 1.5mL 离心管中，加 300μL TE。

（4）65℃水浴 10min 或更长使胶块完全熔化。立即加入等体积（300～350μL）Tris-HCl 饱和酚（pH8.0），摇晃混匀。12 000r/min 离心 5min。

（5）小心将水相移到另一个 1.5mL 离心管中，加入 2.5～3 倍体积（780μL 即可）预冷无水乙醇。注意不要吸入下层杂质及酚相。12 000r/min 离心 5min。

（6）小心将水相移到另一 1.5mL 离心管中，加入 2.5～3 倍体积（780μL 即可）预冷无水乙醇。注意宁可放弃一些上层水相也不要吸入下层杂质及酚相，所谓宁缺毋滥。

（7）置液氮 3min，取出后可置于 −20℃ 放几分钟。小心防止管子爆裂。12 000r/min 离心 10min。迅速弃上清，一般在管底会有针尖大小的沉淀物，小心用无水乙醇清洗。

（8）置于恒温干燥箱器上 55℃ 干燥 5～10min 使乙醇完全挥发，再加入 20μL 重蒸水溶解。取 20μL 电泳定量后，−20℃ 贮存备用。

**2. 试剂盒法**

离心柱型超薄琼脂糖凝胶 DNA 回收试剂盒。

（1）柱平衡步骤：向吸附柱 CA1 中（吸附柱放入收集管中）加入 500μL 平衡液 BL，12 000 r/min（13 400g）离心 1min，倒掉收集管中的废液，将吸附柱重新放回收集管中。

（2）将单一的目的 DNA 条带从琼脂糖凝胶中切下（尽量切除多余部分）放入干净的离心管中，称重。

（3）向胶块中加入 3 倍体积溶胶液 PN；当回收的目的片段小于 150bp 或琼脂糖凝胶浓度大于 2%时，建议使用 6 倍体积溶胶液 PN（如凝胶重为 0.1g，其体积可视为 100μL，依此类推）。50℃水浴放置 10min，其间温和地上下翻转几次，以确保胶块充分溶解。

（4）如果还有未溶的胶块，可再补加一些溶胶液或继续放置几分钟，直至胶块完全溶解（若胶块的体积过大，可事先将胶块切成碎块）。注意：胶块完全溶解后最好将胶溶液温度降至室温再上柱，因为吸附柱在较高温度时结合 DNA 的能力较弱。

（5）将上一步所得溶液加入一个吸附柱 CA1 中（吸附柱放入收集管中），室温放置 2min，12 000r/min（13 400g）离心 30～60s，倒掉收集管中的废液，将吸附柱重新放入收集管中。注意：吸附柱容积为 800μL，样品体积若大于 800μL 可分批加入。

（6）向吸附柱 CA1 中加入 700μL 漂洗液 PW（使用前请先检查是否已加入无水乙醇），12 000r/min（13 400g）离心 30～60s，倒掉收集管中的废液，将吸附柱重新放入收集管中。注意：如果回收的 DNA 是用于盐敏感的实验如平末端连接实验或直接测序，建议 PW 加入后静置 2～5min 再离心。

（7）向吸附柱中加入 500μL 漂洗液 PW，12 000r/min（13 400g）离心 30～60s，倒掉废液。将离心吸附柱 CA1 放回收集管中，12 000r/min（13 400g）离心 2min，尽量除去漂洗液。将吸附柱于室温放置数分钟，彻底晾干，以防止残留的漂洗液影响下一步的实验。漂洗液中乙醇的残留会影响后续的酶反应(酶切、PCR 等)实验。

(8)将吸附柱 CA1 放到一个干净离心管中,向吸附膜中间位置悬空滴加适量洗脱缓冲液 EB(如果回收的目的片段大于 10kb,则洗脱缓冲液 EB 应置于 65~70℃水浴预热),室温放置 2min。12 000r/min(13 400g)离心 2min 收集 DNA 溶液。注意:DNA 也可以用缓冲液(10mmol/L Tris-HCl, pH8.0)洗脱。

(9)为了提高 DNA 的回收量,可将离心得到的溶液重新加回离心吸附柱中,重复洗脱一次。注意:洗脱体积不应少于 20μL,体积过少会影响回收的效率。洗脱液的 pH 对于洗脱效率有很大影响。若用水作洗脱液应保证其 pH 在 7.0~8.5(可以用 NaOH 将水的 pH 调到此范围),pH 低于 7.0 会降低洗脱效率;且 DNA 产物应保存在-20℃,以防 DNA 降解。

(10)DNA 浓度及纯度检测。回收得到的 DNA 片段可用琼脂糖凝胶电泳和紫外分光光度计检测浓度与纯度。$OD_{260}/OD_{280}$ 值应为 1.7~1.9,如果洗脱时不使用洗脱缓冲液,而使用去离子水,比值会偏低,因为 pH 和离子存在会影响光吸收值,但并不表示纯度低。

【注意事项】

1. 电泳时最好使用新的电泳缓冲液,以免影响电泳和回收效果。

2. (试剂盒)平衡液 BL 的加入能够改善吸附柱的吸附能力并提高吸附柱的均一性和稳定性,消除高温/潮湿或其他不良环境因素对吸附柱造成的影响。使用前请先检查平衡液 BL 是否出现浑浊,如有混浊现象,可在 37℃水浴中加热几分钟,即可恢复澄清。

3. 如果回收率较低,可在胶充分溶解后检测 pH,如 pH 大于 7.5,可向含有 DNA 的胶溶液中加 10~30μL 3mol/L 乙酸钠(pH5.2)将 pH 调到 5~7。

4. (试剂盒)回收小于 100bp 及大于 10kb 的 DNA 片段时,应加大溶胶液的体积,延长吸附和洗脱的时间。(试剂盒)回收率与初始 DNA 量和洗脱体积有关,初始量越少、洗脱体积越少,回收率越低。

【实验后分析】

1. 总结本实验流程中的关键环节。
2. 针对这些关键环节,提出一些新的问题或改进措施。

【新实验设计】

请根据你掌握的实验原理,设计一个实验方案来开发一款从琼脂糖凝胶中回收 DNA 的试剂盒。

# 实验六 目的基因的 PCR 扩增和克隆
## PCR amplification and cloning of target gene

【实验目的】

1. 了解引物设计相关软件的使用。

2. 理解引物设计的原则和引物限制性酶切位点的意义。
3. 掌握目的基因的 PCR 扩增和克隆的要领。
4. 了解克隆 PCR 产物(TA 克隆)的条件。

【实验原理】

绝大多数情况下，PCR 后只需要看一下有无产物和产物大小，有时却需要对产物进行克隆，尤其是分离目的基因之后，许多后续操作都离不开 PCR 产物的克隆。例如，将目的基因克隆到载体中，永久保留 PCR 产物，对其进行表达、调控的研究等。因此 DNA 克隆就成为必不可少的一项重要内容。PCR 产物的克隆主要有平末端连接和黏性末端连接等。

平末端连接是指 PCR 产物和载体的两端都是平齐末端的连接，连接效率较低。

黏性末端连接又可以大致分为两类：一类是在载体和 PCR 产物上产生长的可互补的黏性末端，如在 PCR 扩增前，在引物的 5'端引入限制性内切核酸酶的识别序列，使之与载体的多克隆位点的限制性内切核酸酶识别序列一致。如果两个引物选用不同的限制性内切核酸酶识别序列，就可以做到定向连接即定向克隆。其原理在于：引物的延伸从是从 3'端开始的，因此 3'端的几个碱基与模板 DNA 均需严格配对，不能进行任何修饰，否则不能进行有效的延伸，甚至导致 PCR 扩增完全失败。但是引物的 5'端允许有与模板 DNA 不配对碱基，在 5'端引入一段非模板依赖性序列。例如，在 5'端加上限制性核酸内切酶位点序列，通常还要在酶切位点 5'端再加上保护碱基。另一类利用部分 PCR 产物 3'端带有一个突出的 dAMP 的特性，构建 3'端带有突出的 dTMP 的载体，即所谓的 TA 克隆。其原理是利用 Taq 酶能够在 PCR 产物的 3'端加上一个非模板依赖的 A，因为 Taq 聚合酶具有末端连接酶的功能，在每条 PCR 扩增产物的 3'端自动添加一个 3'A 突出端，而 T 载体是一种带有 3'T 突出端的载体。这样在连接酶作用下就可以直接利用 T4 连接酶把 PCR 片段连接到 T 载体上。

由于操作简单、快速、高效等原因，TA 克隆法成为 Taq 聚合酶 PCR 产物的最佳克隆方法。TA 克隆不需使用含限制酶序列的引物，不需将 PCR 产物进行优化，不需把 PCR 产物做平端处理，不需在 PCR 扩增产物上加接头，即可直接进行克隆。pGEM®-T 和 pGEM®-T Easy 载体系统是高拷贝数载体，为克隆 PCR 产物提供了极大的方便。这两种载体是通过 EcoR V 酶切 pGEM®-5Zf(+) 和 pGEM®-T Easy 载体(图 4-6-1)，并在 3'端加入胸腺嘧啶构建的。插入位点的 3'T 黏性突出端一方面可以防止载体的自身环化，另一方面由于 T-A 互补，从而提高了 T 载体与 PCR 产物之间的连接效率。pGEM®-T 和 pGEM®-T Easy 包含有 T7 和 SP6 RNA 聚合酶启动子，其侧翼和多克隆位点区相接，多克隆位点区位于 β-半乳糖苷酶的 α 肽编码区内。α 肽插入失活允许在指示培养基用颜色直接筛选重组克隆。

【实验仪器】

PCR 仪、水平电泳系统、超净工作台、超声波清洗仪、高速冷冻离心机、台式离心机/小型离心机、涡旋混匀器、微量移液器、冰箱、恒温摇床、恒温培养箱、恒温金属浴/干式恒温器。

【试材准备】

1) 生物材料　　DNA 模板，选择合适的 DNA 模板，预先制备基因组 DNA。
2) 试剂与器材　　dNTPs，Taq 酶，T4 连接酶，引物 1/引物 2(要求提前合成)，质粒

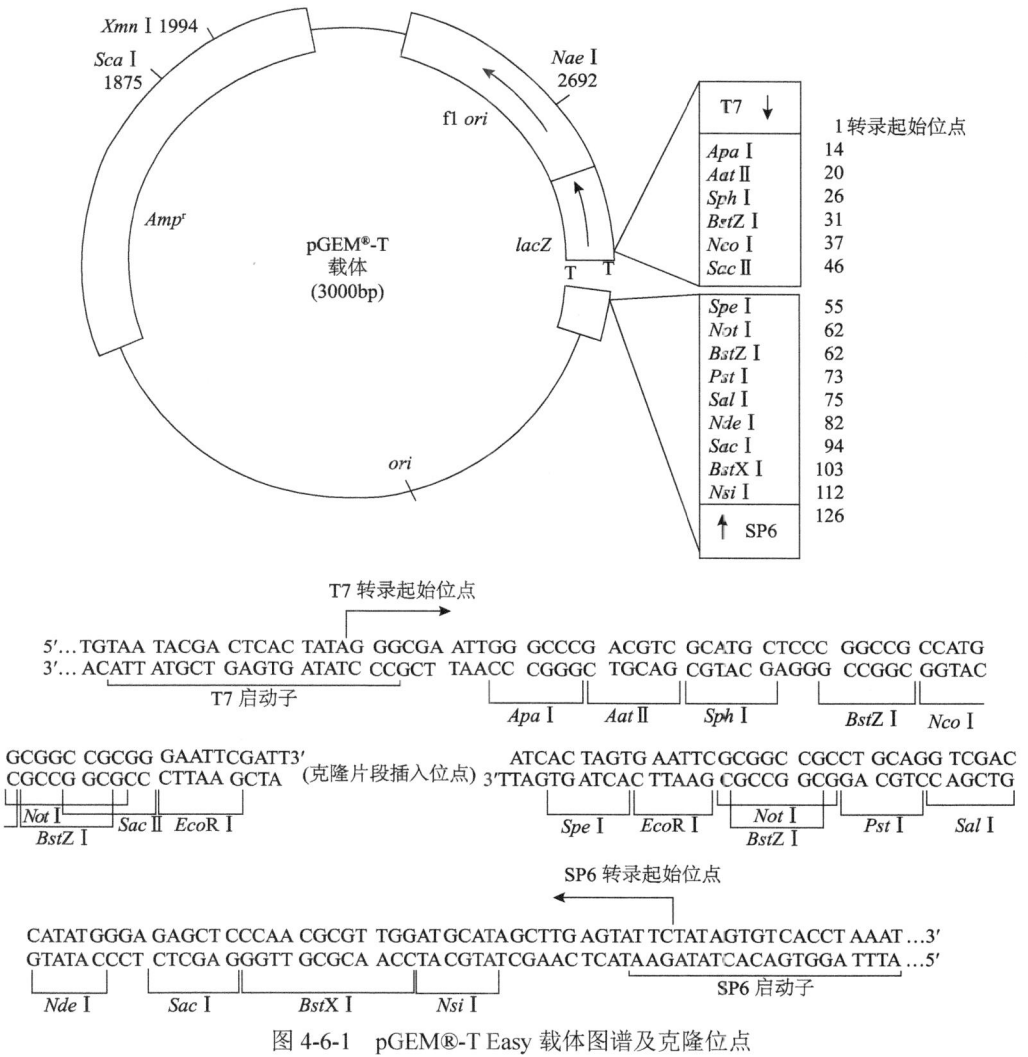

图 4-6-1 pGEM®-T Easy 载体图谱及克隆位点

pEGFP-N1（或含质粒 pEGFP-N1 的大肠杆菌），质粒 pEGFP-C1（或含质粒 pEGFP-C1 的大肠杆菌），大肠杆菌 DH5α，pGEM-T 载体，胰蛋白胨，酵母提取物，NaCl，CaCl2，吸水纸，枪头（10μL、100μL）（tips 提前消毒，同本部分实验一），一次性手套，各种国产或进口移液器（10μL、20μL、100μL），0.2mL PCR 薄壁管，0.2mL 平盖薄壁管（提前消毒，同本部分实验一），96 孔排管（96 孔 PCR 板），DNA Marker，二甲苯青，溴酚蓝，甘油，氨苄青霉素，玻璃培养皿（直径 90mm），玻璃涂布器，95%乙醇，标记笔，液体石蜡，黏性 PCR 板封口膜，Parafilm 封口膜。

【试剂配制】

(1) 正向引物：增强绿色荧光蛋白(enhanced green fluorescent protein，EGFP)的基因序列利用 PCR 从载体 pEGFP-N1(Clontech，USA)中扩增得到，所用引物 5′端分别设计有 EcoR Ⅰ/Hind Ⅲ 酶切位点（下画线所示）。正向引物序列 5′-CA<u>GAATTC</u>GCCACCATGGTGAGCAAG-3′（$T_m$ 为 61℃）；其序列含绿色荧光蛋白基因 cDNA 编码区起始的 17 个核苷酸，其 5′端含 EcoR Ⅰ 酶切位点。浓度为 5pmol/μL 即 5μmol/L，50μL 反应液中加 25pmol。

(2)反向引物:反向引物序列 5′-TA<u>AAGCTT</u>CCGCTTTACTTGTACAGC-3′($T_m$ 为 56℃),与绿色荧光蛋白基因 cDNA 编码区最后 17 个核苷酸互补,其 5′端含 *Hin*dⅢ酶切位点。浓度为 5pmol/μL 即 5μmol/L,50μL 反应液中加 25pmol。

(3)干粉引物溶解稀释方法:一般在生物公司合成的引物都以冻干粉形式装在离心管中送达用户,收到引物后,**务必在开启离心管盖前 3000~4000r/min 离心 2~3min 或高速甩几秒,以防开盖时引物干粉散失**。引物在出厂时附加的引物合成报告单上都标有 1 OD 相当于多少微摩尔的计算结果及每管是几个 OD 的包装量。稀释时通常配制成高浓度的母液如 100pmol/μL(μmol/L),此浓度在低温下保存比较稳定。以后使用时从母液浓度稀释到工作浓度即可。如果对实验的重复性要求较高,合成的 OD 数较大,建议分装,避免反复冻融。稀释方法可以根据报告单上表明的 OD 数及其相当于多少微摩尔来溶解干粉。例如,报告单上标有 1OD≈0.0035μmol,包装量是 1OD/管,那么只需加入 35μL 无核酸酶的无菌去离子水将干粉溶解,即成浓度定为 100μmol/L(pmol/μL)的引物母液。以后工作浓度的稀释用下列公式:要求的工作浓度(pmol/μL) = 母液浓度(pmol/μL)×汲取母液的体积(μL)/[汲取母液的体积(μL) + 加水量(μL)]。注意溶解时加足量双蒸灭菌水,盖上管盖,上下充分振动 5~10min。

(4)DNA 模板:事先提取绿色荧光蛋白基因 cDNA 质粒(pEGFP-N1),定容至浓度为 2ng/μL,50μL 反应液中加 10ng。

(5)*Taq* DNA 聚合酶(国产或进口):浓度为 5U/μL,50μL 反应液中加 1U。

(6)10×缓冲液(购买 *Taq* 酶时的配套物):500mmol/L KCl,100mmol/L Tris-HCl(pH8.0),1% Triton-X 100,10×$MgCl_2$ 25mmol/L。

(7)dNTPs:工作浓度 2.5mmol/L:分别取等体积的 10mol/L 的 dATP、dGTP、dTTP、dCTP 四种混合即成。

(8)6×上样缓冲液:0.25%二甲苯青,0.25%溴酚蓝,30%甘油。

(9)50×TAE 电泳缓冲液:12.2g 的 Tris,2.85mL 的冰醋酸,10mL 的 0.25mol/L EDTA pH8.0,加水至 50mL。用时稀释至 1×。

(10)溴化乙锭(EB)溶液:10mg/mL(避光保存),每 100mL 琼脂糖凝胶加 5μL 贮存液,即凝胶中 EB 终浓度为 0.5μg/mL,此试剂为强致癌物,要戴手套操作。

(11)T4 连接酶 10×Buffer(购买 T4 连接酶有配套的 Buffer):66mmol/L MgCl,660mmol/L Tris-HCl(pH7.6),100mmol/L DTT,1mmol/L ATP。

(12)LB 液体培养基:10g 胰蛋白胨、5g 酵母提取物、10g NaCl 加水至 1L,分装至 250mL 试剂瓶,高压灭菌,室温保存。

(13)LB 固体培养基:LB 液体培养基中加 1.5%琼脂粉,高压灭菌消毒,待冷却至不烫手背(60℃)时于超净工作台上铺平板。

(14)0.1mol/L $CaCl_2$:高压灭菌消毒或过滤除菌。分装成小份贮存于-20℃。

(15)氨苄青霉素:用无菌水或生理盐水配制成 100mg/mL 溶液,置-20℃保存。

【操作步骤】

**1. 目的基因(绿色荧光蛋白GFP)的PCR扩增**

(1)PCR 反应体系按表 4-6-1 进行,配制于 0.2mL PCR 管中。

表 4-6-1  PCR 反应体系

| 试剂 | 加入量 | 最终浓度(或含量) |
| --- | --- | --- |
| DNA 模板(pEGFP-N1) | 5μL (2ng/μL) | 10ng |
| 10×Buffer | 5μL | 1×Buffer |
| 10×MgCl$_2$ | 5μL | 2.5mmol/L |
| dNTPs | 4μL | |
| 正向引物(5μmol/L) | 5μL | 25pmol |
| 反向引物(5μmol/L) | 5μL | 25pmol |
| Taq DNA 聚合酶(5U/μL) | 0.2μL | 1U |
| 消毒去离子水 | 21μL | |
| 总体积 | 50μL | |

(2)（在每个反应管中加入半滴或者 10μL 灭菌的液体石蜡）用手指弹管壁混匀，稍离心，盖盖，编号。于 PCR 仪上进行 PCR 反应。

PCR 参数：95℃，3min；95℃，30s，56℃，30s，72℃，50s，30 个循环；72℃，10min。

(3) 反应完成后，取 5μL 样品在 0.8%的琼脂糖凝胶电泳。

(4) 琼脂糖凝胶的制备。

a. 称取 0.8g 琼脂糖倒入锥形瓶中，加入 1×TAE 缓冲液 100mL，置微波炉或水浴加热至完全溶化，取出摇匀，稍冷却后加 50μL EB 染色液，摇匀。

b. 取洁净的电泳内槽（或称托盘），用橡皮膏或透明胶带将内槽的两端边缘封好（一定要封严，不能留缝隙）。

c. 将内槽放置于一水平台面，并插好所需齿数和厚度的样品梳子。

d. 将冷却至 60℃左右的琼脂糖凝胶液，缓慢倒入内槽，直至所需厚度，注意不要形成气泡，特别是梳子下，如有气泡可用牙签挑破。

e. 待胶凝固后，小心取出梳子，撕去橡皮膏或透明胶带，将带凝胶的内槽放入电泳槽中，注意凝胶点样端要靠近负极。

f. 加入 1×TAE 缓冲液至电泳槽，缓冲液的量以刚没过凝胶表面为宜。

(5) 加样。剪取适当大小的蜡膜(Parafilm 膜)，取 6×上样缓冲液 1μL 点于膜上数点。取 5μL 样品，DNA 分子质量标准分别与上样缓冲液混匀。将其分别加入凝胶的点样孔（记录点样顺序及点样量）。

(6) 电泳。接通电源槽与电泳仪的电源（检查正负极，DNA 片段是从负极向正极移动）。DNA 的迁移率与电压成正比，电压不超过 5V/cm 凝胶长度。当溴酚蓝染料移动至凝胶前沿 1~2cm 处，切断电源，停止电泳。

(7) 观察 DNA 带的泳动位置，拍照。

(8) 切胶回收：在紫外分析仪上将目的(0.73kb)片段用手术刀切下。

产物加入等体积的酚/氯仿，颠倒混匀后 10 000g 离心 15min。吸取水相，水相中加入 1/9 体积的 3mol/L 乙酸钠(pH5.2)，混匀后加入两倍体积的冰乙醇，-20℃静置 30min。12 000g 离心 15min 后用 70%的乙醇漂洗除盐，沉淀用 50μL 的 TE(pH8.0)溶解。

(9) 调节浓度至 5ng/μL, 备用, 余者 -20℃ 冻存。

**2. 目的基因(绿色荧光蛋白GFP)的TA克隆及保存**

1) 宿主细菌感受态细胞的制备

(1) 将 DH5α 菌种分别于 LB 琼脂板上划线, 37℃ 培养过夜。挑单菌落接种于 5mL LB 培养基中, 37℃ 振荡培养过夜。

(2) 次日取菌液 1mL 接种至含有 100mL LB 培养基的锥形瓶中, 37℃ 剧烈振荡培养 2~3h, 间断测量 $OD_{600}$ 值达到 0.3~0.4 时止。

(3) 将锥形瓶置于冰浴 10~15min。将细菌转移到一个灭菌处理过的冰预冷的 10mL 离心管中。4000g, 4℃ 离心 10min, 弃培养基, 将管倒置于滤纸使最后的残留液体流尽。

(4) 加预冷的已过滤除菌的 0.1mol/L $CaCl_2$ 重悬菌体, 置冰浴 30min。4000g, 4℃ 离心 10min, 弃培养基。

(5) 再加 4mL 预冷的 0.1mol/L $CaCl_2$, 轻轻重悬菌体, 置 4℃ 冰箱 12~16h。

2) PCR 产物与 T 载体连接　　在 0.2mL 或 0.5mL 反应管中加入下列成分:

| | |
|---|---|
| pGEM-T | 50ng |
| 纯化的 PCR 产物 | 10~50ng |
| T4 连接酶 | 1U |
| 10×连接缓冲液 | 1μL |
| 补超纯水至总体积为 | 10μL |

常温下连接 30min 以上, 也可以 16℃ 或 4℃ 过夜。

3) 重组子导入宿主菌

(1) 在无菌条件下按每管取 100μL 新鲜感受态细菌置于无菌的 1.5mL 塑料离心管中, 共 2 管, 分别加入连接产物和无菌水(作阴性对照)各 5μL, 轻轻旋转以混合内容物, 在冰上放置 30min。

(2) 42℃ 热激 90s, 中途不要摇动离心管, 每管加 800μL 无抗生素的 LB 培养基, 于 37℃ 空气摇床中以 150r/min 速度振摇 45min, 使细菌复苏。

(3) 每管取 200μL 加至含氨苄青霉素(Amp)的 LB 琼脂平板上, 用玻璃涂布器涂布均匀, 室温放置 20min, 使液体吸收, 然后 37℃ 倒置培养 12~16h 至单菌落形成。

(4) 挑白色饱满单菌落至 5mL 含氨苄青霉素(Amp)的 LB 液体培养基过夜, 取 800μL 细菌培养物于菌种保存管(螺口、带有空气密封圈), 加入 150μL 灭菌甘油($1×10^5$Pa 高压下蒸汽灭菌 20min), 振荡使甘油分布均匀, 在乙醇-干冰或者液氮中冻结后转移至 -70℃ 冰箱长期保存。

【注意事项】

1. 要获得目的基因的 TA 克隆, PCR 产物的特异性要好, PCR 产物在 TA 克隆前要通过纯化。如凝胶分析扩增产物只有一条带, 不需要用凝胶纯化。如可见其他杂带, 可能是积累了大量引物的二聚体。少量的引物二聚体的摩尔数也很高, 这会产生高比例的带有引物二聚体的克隆, 而非目的插入片段。为此需在克隆前做凝胶纯化。

2. 感受态的转化效率应该大于 $10^8$ cfu/μg DNA。

3. 在 PCR 产物回收、纯化过程中防止外来 DNA 污染。

4. 用 pGEM-T 和 pGEM-T Easy 载体的理想效果应该是按照指定的实验步骤可得 100 多个菌落，其中 60%应为白斑，在其中的 80%应带有 pGEM-T 正对照。

5. 克隆 PCR 产物的优化条件：载体比需实验确定。1∶1(插入片段∶载体)常为最佳比，摩尔数比 1∶8 或 8∶1 也行。室温保温 1h 能满足大多数克隆要求，为提高连接效率，需 4℃过夜。

6. 使用高保真的 DNA 聚合酶，如 pfu 酶，由于其不能在扩增产物的 3′端加上 A，得到的 DNA 序列为钝端，因此，需要在回收纯化后进行加 A 的过程，通常是以 PCR 回收产物为模板，加上一定量的普通 Taq 酶和反应液，加入 dATP(或 dNTP)，72℃下 10min，然后将加 A 产物直接用于 TA 连接。

【实验后分析】

1. 实验采用 $CaCl_2$ 法制备感受态细胞。其原理是细胞处于 0～4℃的 $CaCl_2$ 低渗溶液中，大肠杆菌细胞膨胀成球状。转化混合物中的 DNA 形成抗 DNA 酶的羟基-钙磷酸复合物黏附于细胞表面，经 42℃下 90s 热激处理，促进细胞吸收 DNA 混合物。将细菌放置在非选择性培养基中保温一段时间，促使在转化过程中获得的新的表型，如氨苄青霉素耐药（$Amp^r$）得到表达，然后将此细菌培养物涂在含 Amp 的选择性培养基上，倒置培养过夜，即可获得细菌菌落。参见后续实验的原理及说明。

2. TA 克隆中应该在哪一步骤设计阳性对照和空白对照？怎样设计？

3. 如果没有回收到目的片段，还需要作涂布未转化的感受态细胞的对照实验：如有菌落，表明氨苄失效，或污染上带有氨苄抗型的质粒，或产生氨苄抗型的菌落。如没有菌落或少有菌落，说明感受态细胞的转化率太低。如用 pGEM-T 正对照或 PCR 产物，产生>20～40 蓝斑可能是载体失去接头 T 碱基，也可能是连接酶污染了核酸酶。没有菌落，可能是连接反应不成功。

【新实验设计】

设计实验将 GFP 基因的 PCR 产物克隆在质粒 pUC18 上并长期保存。

# 实验七　目的基因的酶切和连接
## Digestion/ligation of target gene and vector

【实验目的】

1. 了解限制性内切核酸酶和 DNA 连接酶的特性。
2. 学习根据具体的实验目的设计适当的酶切体系并实施之。
3. 学会将目的基因与载体重组。

【实验原理】

DNA 的限制性酶切和连接是基因工程中的核心操作步骤。只有成功的酶切和连接才能保证后续基因工程操作材料的有效性。限制性内切核酸酶（restriction endonuclease）是一类能够识别双链 DNA 分子中的某种特定核苷酸序列，并切割 DNA 双链结构的核酸水解酶。根据其特性可分为Ⅰ、Ⅱ、Ⅲ三种类型。Ⅰ类和Ⅲ类限制酶在同一个酶分子中兼有切割和甲基化修饰作用且依赖于 ATP 的存在。Ⅰ类限制酶的识别位点远离切割识别位点，而Ⅲ类限制酶在识别位点上切割 DNA 分子，然后从底物上解离。Ⅱ类由两种酶组成：一种为限制性内切核酸酶，识别并切割某一特异的核苷酸序列；另一种为独立的甲基化酶，它修饰同一识别序列。

Ⅱ类中的限制性内切核酸酶在分子克隆中得到了广泛应用，是重组 DNA 的基础。绝大多数Ⅱ类限制酶识别长度为 4~6 个核苷酸的回文对称特异核苷酸序列，在已经发现的 3000 多种限制性酶中只有极少数识别更长的序列或简并序列。Ⅱ类限制酶的切割位点存在于识别序列中，有的在对称轴处切割，产生平末端的 DNA 片段（如 *Sma*Ⅰ：5'-CCC↓GGG-3'）；有的切割位点在对称轴一侧，产生带有单链突出末端的 DNA 片段即产生两个互补的黏性末端。*Eco*RⅠ的识别序列是 G↓AATTC，*BmH*Ⅰ的识别序列是 G↓GATCC，*Hind*Ⅲ的识别序列是 A↓AGCTT。

限制性内切核酸酶的活性受到 DNA 纯度、缓冲液、温度条件的影响。大部分限制性内切核酸酶不受 RNA 或单链 DNA 的影响。当微量的污染物进入限制性内切核酸酶贮存液中时，会影响其进一步使用。在极端非标准反应条件下，限制性内切核酸酶能切割与特异识别序列相似的序列，降低酶切反应的特异性，这种改变的特殊性称为限制性内切核酸酶的星活性（star activity），因此在吸取限制性内切核酸酶时，每次都要用新的无菌吸管头。

DNA 连接酶（DNA ligase）是基因操作中另一类重要的工具酶。主要有 *Taq* DNA 连接酶、T4 DNA 连接酶、*E.coli* DNA 连接酶。DNA 连接酶可以封闭 DNA 链上缺口，借助 ATP 或 DNA 水解提供的能量催化 DNA 链的 5'-PO$_4$ 与另一 DNA 链的 3'-OH 生成磷酸二酯键。但这两条链必须是两条紧邻 DNA 链而且是与同一条互补链配对结合的才能被 DNA 连接酶催化成磷酸二酯键，而 T4 DNA 连接酶除外。因此基因工程等分子操作中常使用 T4 DNA 连接酶进行限制酶切后的连接反应。

细菌碱性磷酸酶（BAP）和牛小肠碱性磷酸酶（CIP）都能催化水解 DNA、RNA、dNTP 和 NTP 上的 5'磷酸残基。CIP 可在 70℃下 10s 内加热灭活或通过苯酚抽提而变性失活，同时 CIP 的活性比 BAP 的高 10~20 倍。因此 CIP 更常用于克隆时去除载体的 5'-P，以防载体自连。

【实验仪器】

恒温水浴锅、电泳仪、电泳槽、紫外透射检测仪、微量移液器（10μL、20μL、100μL、1mL）、微波炉或电磁炉、照相设备或者凝胶成像系统、制冰机等。

【试材准备】

1）生物材料　　GFP 的 PCR 扩增产物，其两端分别带有 *Eco*RⅠ/*Hind*Ⅲ酶切位点。或其他带有同类酶切位点的 DNA 材料，调整浓度为 0.2~0.5μg/μL。

2）试剂与器材　　TAE 缓冲液，上样缓冲液，TBE 电泳缓冲液，溴化乙锭溶液，标准质粒样品 pUC18，自提质粒样品 pUC18，标准质粒样品 pUC19，自提质粒样品 pUC19，*Eco*RⅠ（NEB）及其缓冲液，*Hind*Ⅲ（NEB）及其缓冲液，碱性磷酸酶（CIP，NEB）及其缓冲液，T4 连接酶（NEB）及其缓冲液，λDNA，λDNA/*Hind*Ⅲ分子质量标准，λDNA/*Eco*RⅠ分子质量标准，离心管，氯仿，异戊醇，无水乙醇，DNA 回收纯化试剂盒，冰盒（可用泡沫盒子代替），标记笔，冻存管 1.5mL，冻存盒 50 格，离心管双面板（0.5mL/1.5mL 两用），一次性手套（中号），离心管(1.5mL、0.5mL)，离心管盒(0.2mL、0.5mL、1.5mL)，枪头(20μL、100μL、1000μL)，枪头盒(带锁扣，20μL、100μL、1000μL)。

【操作步骤】

**1. EcoRⅠ、HindⅢ单酶切**

(1)取清洁干燥灭菌的 0.5mL 离心管，编号，用微量移液枪按照以下反应体系依次加入各试剂/试材。

| | | |
|---|---|---|
| 无菌去离子水 | 13μL | 13μL |
| EcoRⅠ Buffer(NEB EcoRⅠ Buffer) | 2μL | 0μL |
| HindⅢ Buffer(NEB Buffer 2) | 0μL | 2μL |
| 目的基因 DNA(0.2 μg/μL) | 4μL | 4μL |
| EcoRⅠ(NEB) | 1μL | 0μL |
| HindⅢ(NEB) | 0μL | 1μL |
| 总体积 | 20μL | 20μL |

可将目的基因替换为λDNA做对照。质粒 pUC18 DNA 同样做酶切反应。

用手指轻弹管壁使溶液混匀，也可用微量离心机甩一下，使溶液集中在管底。此步操作是整个实验成败的关键，要防止错加、漏加、重复加样。使用限制性内切酶时应尽量减少其离开冰箱的时间，以免活性降低，从冰箱中取出酶应立即短暂离心一下，马上置于冰浴。

(2)混匀反应体系后，将离心管插在漂子/泡沫塑料板/金属浴上，37℃保温 1～4 h，甚至过夜使酶切反应完全。

(3)保温结束后 65～70℃下 10min 灭活酶(如为热稳定性酶，则用氯仿抽提)。

(4)取 2μL 反应液加入 2μL 电泳加样缓冲液，电泳检测，余者-20℃冻存备用。

**2. EcoRⅠ、HindⅢ双酶切**

(1)取清洁干燥灭菌的 0.5mL 离心管，编号，用微量移液枪按照以下反应体系依次加入各试剂/试材。

| | |
|---|---|
| 无菌去离子水 | 12μL |
| NEB EcoRⅠ Buffer | 2μL |
| 目的基因 DNA(0.2μg/μL) | 4μL |
| EcoRⅠ(NEB) | 1μL |
| HindⅢ(NEB) | 1μL |
| 总体积 | 20μL |

质粒 pUC18 DNA 同样做酶切反应(对载体和目的基因分别操作)。

用手指轻弹管壁使溶液混匀，也可用微量离心机甩一下，使溶液集中在管底。

(2)混匀反应体系后，将离心管插在漂子/泡沫塑料板/金属浴上，37℃保温 1～4h，甚至过夜以使酶切反应完全。

(3)保温结束后 65～70℃下 10min 灭活酶(如为热稳定性酶，则用氯仿抽提)。

(4)取2μL 反应液加入2μL 电泳加样缓冲液,电泳检测,余者按下述步骤回收纯化 DNA(或者使用回收纯化试剂盒操作，对载体和目的基因分别操作)。

(5) 加入 150μL 重蒸水以扩大反应体积，加入等体积氯仿：异戊醇(24∶1)，轻轻颠倒混匀，12 000g 离心 10min。

(6) 取上清，加 1/10 体积 3mol/L NaAc 和 2 倍体积无水乙醇，-20℃放置 15min。

(7) 12 000g 4℃冷冻离心 15min。

(8) 倒去上清，用 75%乙醇浸洗沉淀，风干后外源 DNA 溶于 10μL 重蒸水(0.5mL 离心管中)，pUC18 溶于 20μL 重蒸水(1.5mL 离心管中)。

(9) 按以下反应去除载体 pUC18 的 5′磷酸基团：

| pUC18 DNA | 20μL |
| CIP(NEB) | 0.5μL |
| 10×Buffer | 4.0μL |
| 重蒸水 | 15.5μL |
| 总体积 | 40μL |

50℃反应 30min 以上。

(10) 70℃水浴 10min，使 CIP 失活。

### 3. EcoR I、Hind III 双酶切产物的连接

(1) 按上述双酶切反应的步骤 5~8 纯化载体，溶于 10μL 重蒸水中。

(2) 连接反应：

| DNA | 10μL |
| pUC18 | 2.5μL |
| 5×Buffer | 1.5μL |
| T4 ligase(3U/μL NEB) | 1μL |
| 重蒸水 | 5μL |
| 总体积 | 20μL |

16℃水浴过夜。

(3) 70℃热灭活 15min(室温冷却 15s，4℃冷却 15s，使离心管内水汽冷凝。12 000r/min 离心 1min 收集管壁残液，同时使产生的沉淀聚集于管底，使用上层清液直接进行转化反应)。各组连接产物各取 5μL 电泳检测连接效率，剩余置于冰浴，准备转化大肠杆菌感受态细胞。

【注意事项】

1. 限制性内切核酸酶既重要又昂贵，使用过程中要严格计划、仔细使用。内切酶使用时宜存放在冰盒内或冰浴上，使用完毕后宜立即放置-20℃下保存。

2. 样品加入次序为水、缓冲液、DNA，最后为酶，不应颠倒。

3. 加酶步骤要在冰浴中进行，在加酶前应先将水、缓冲液及待切 DNA 混匀。

4. 反应体积要尽量少，一般水解 0.2~1μg 模板 DNA 时，应将体积控制在 20~30μL 内。但要保证所加酶的体积不高于总体积的 1/10，因为限制性内切核酸酶是保存于 50%甘油中的，如果酶体积高于总体积的 1/10，则反应液中甘油浓度将大于 5%，而此浓度将抑制内切酶活性。

5. 为了控制反应体积和促进反应进行，要求模板 DNA 的浓度应比较高，否则反应体系

中 DNA 浓度太低则将引起酶反应动力学改变、降低酶解效果，此时不得不增加反应体积；而一般为了增加 DNA 贮藏的稳定性，DNA 多保存在 TE 缓冲液中，如反应体系中过多加入模板 DNA 溶液则势必造成反应体系中其他成分尤其是 EDTA 浓度升高，而对酶产生抑制。因此如底物 DNA 浓度过低则应进行浓缩。

双酶切时，因两种酶的缓冲液盐浓度要求相同，所以，可在同一反应体系中完成双酶切。但如进行双酶切时，两种酶所需缓冲液盐浓度要求不同，则不能将两种酶同时加入同一体系。此时必须要注意分别提供各自的最适盐浓度。若两者可用同一缓冲液，则可同时水解。若需要不同的盐浓度，则低盐浓度的限制性内切酶必须首先使用，随后调节盐浓度，再用高盐浓度的限制性内切酶水解。也可在第一个酶切反应完成后，用等体积酚/氯仿抽提，加 0.1 倍体积 3mol/L NaAc 和 2 倍体积无水乙醇，混匀后置 $-70$℃低温冰箱 30min，离心、干燥并重新溶于缓冲液后进行第二个酶切反应。

6. 在水解结束灭活酶时可采用 65℃加热 10min 或加 EDTA 至终浓度 10mmol/L，二者各有利弊，加热简单但对有些酶灭活不彻底。EDTA 对酶的灭活彻底，但 EDTA 的存在将使连接反应变得极为困难，因此在连接前要求重新用有机溶剂抽提，这将增加操作难度和导致 DNA 的损失。

7. 酶活力通常用酶单位(U)表示，酶单位的定义一般是指：在建议使用的缓冲液及温度下，在 20μL 反应液中反应 1h，使 1μg 标准 DNA 完全消化所需的酶量。反应液中加入过量的酶是不合适的，除考虑成本外，酶液中的微量杂质可能干扰随后的反应。

8. 采用美国 New England Biolabs(NEB)公司的酶进行双酶切可在以下网址，利用 Double Digest Finder 进行反应条件的查询(http：//www.neb.com/nebecomm/DoubleDigestCalculator.asp)。

9. 连接质粒不可能做到 100% 的连接效率，且由于连接过程中要在紫外线的照射下切胶，而紫外线会对 DNA 造成很大的损伤，影响连接，因此在平板上生长的菌落较少。

【实验后分析】

1. 在用限制性内切核酸酶对 DNA 进行酶切时，如何根据实验目标确定各成分的用量？
2. 质粒 DNA 进行完全酶切，其电泳图谱预期出现何种带型？部分酶切呢？
3. 如果一个 DNA 酶解液在电泳后发现 DNA 未被切动，你认为可能是什么原因？

【新实验设计】

酶切和连接反应是在不同的反应体系中进行的，其间纯化 DNA 非常麻烦（即便是使用试剂盒），能否设计一个实验，使得外源目的基因和载体的酶切及连接反应可以在同一体系中完成？

## 实验八 感受态细胞的制备及转化
### Preparation and transformation of competent cells

【实验目的】

1. 通过本实验，掌握大肠杆菌感受态细胞的制备及转化的方法和技术。

2. 能合作讨论实验成功的经验和失败的原因。
3. 能独立设计并完成新的同类实验。

【实验原理】

转化(transformation)：将外源 DNA 分子引入受体细菌，使之获得新的遗传性状。受体细菌一般是限制修饰系统缺陷的变异株，不含限制性内切酶和甲基化酶的突变体($R^-$，$M^-$)，可以容忍外源 DNA 分子进入体内并稳定地遗传给后代。受体细胞经过一些特殊方法，如电击或 $CaCl_2$ 等化学试剂的处理或者电击等物理处理后，细胞膜的通透性增高，成为感受态细胞(competent cell)，使外源 DNA 分子得以进入。

目前常用的感受态细胞制备方法是 $CaCl_2$。该法原理是细菌处于 0℃，$CaCl_2$ 的低渗溶液中，菌细胞膨胀成球形，转化混合物中的 DNA 形成抗 DNase 的羟基-钙磷酸复合物黏附于细胞表面，经 42℃短时间热冲击处理，促使细胞吸收 DNA 复合物，在丰富培养基上生长数小时后，球状细胞复原并分裂增殖，被转化的细菌中，重组子中基因得到表达，在选择性培养基平板上，可选出所需的转化子。

【仪器调试】

(1)超净工作台、低温离心机、恒温摇床、恒温箱、分光光度计、制冰机、-70℃冰箱、电击杯、电转化仪(BTX ECM-600 或 Bio-Rad Gene Pulser)。

(2)恒温水浴锅：水浴锅使用时，必须先加水后通电，严禁干烧。必须有可靠的接地以确保使用安全。水位低于电热管，不准通电使用，以免电热管爆裂损坏。水位也不可过高，以免水溢入电器箱损坏元件。长期不使用时，应将水槽内的水放净并擦拭干净，定期清除水槽内的水垢。清除水垢可在水浴锅中盛适量水，加入适量冰醋酸，加热保温 2~3h 即可。

【试材准备】

1) 生物材料    大肠杆菌 DH5α。本部分实验七制备的重组质粒。

2) 试剂与器材    pUC18 质粒，pUC19 质粒，氯化钙($CaCl_2$ 分析纯或者分子纯度)，胰蛋白胨，酵母提取物，氯化钠(NaCl)，氨苄青霉素，试管，培养皿，Nalgene 滤器，容量瓶(100mL、500mL、1000mL)，锥形瓶(250mL、500mL)，烧杯(100mL、200mL、1000mL)，针头过滤器(0.2μm)，微孔滤膜 0.22μm 水系，微孔滤膜 0.22μm 有机系，锥形瓶，琼脂，离心管(1.5mL、0.5mL)，离心管盒(0.2mL、0.5mL、1.5mL)，枪头(20μL、100μL、1000μL)，枪头盒(带锁扣，20μL、100μL、1000μL)，甘油，镊子，工业乙醇，酒精灯，牙签(灭菌)。

【试剂配制】

(1)LB 液体培养基：参照第四部分实验二"细菌基因组 DNA 的制备"实验。

(2)氨苄青霉素(Amp)，用无菌水配制成 100mg/mL 溶液，置-20℃冰箱保存。

(3)LB 固体培养基：每升 LB 培养液(液体培养基)中加 15g 琼脂。

(4)SOC 培养基：5g 细菌用酵母提取物，20g 细菌用胰蛋白，0.5g NaCl，0.2g KCl，加水至 1L，用 NaOH 调 pH 至 7.0；高压灭菌后，加 5.0mL 已灭菌的 2.0mol/L $MgCl_2$ 和 20mL 经

过滤除菌的 1.0mol/L 的葡萄糖。

(5) 0.1mol/L $CaCl_2$ 溶液：在 200mL 蒸馏水中溶解 54g $CaCl_2 \cdot 6H_2O$，用 0.22μm 滤器过滤除菌，分装成 10mL 小份贮存于-20℃。制备感受态细胞时，取出一小份解冻并用蒸馏水稀释至 100mL，用 Nalgene 滤器(0.45μm 孔径)过滤除菌，然后骤冷至 0℃。

(6) X-gal 储液(20mg/mL)：用二甲基甲酰胺溶解 X-gal 配制成 20mg/mL 的储液，包以铝箔或黑纸以防止受光照被破坏，贮存于-20℃。

(7) IPTG 贮液(200mg/mL)：在 800μL 蒸馏水中溶解 200mg IPTG 后，用蒸馏水定容至 1mL，用 0.22μm 滤膜过滤除菌，分装于 Eppendorf 管并贮于-20℃。

(8) 麦康凯选择性培养基(Maconkey agar)：取 52g 麦康凯琼脂加蒸馏水 1000mL，微火煮沸至完全溶解，高压灭菌，待冷至 60℃左右加入 Amp 贮存液使终浓度为 50mg/mL，然后摇匀后涂板。

(9) 含 X-gal 和 IPTG 的筛选培养基：在事先制备好的含 50μg/mL Amp 的 LB 平板表面加 40mL 的 X-gal 贮液和 4μL 的 IPTG 贮液，用无菌玻璃棒将溶液涂匀，置于 37℃下放置 3~4h，使培养基表面的液体完全被吸收。

【操作步骤】

**1. $CaCl_2$ 法制备大肠杆菌感受态细胞并转化**

1) 感受态细胞制作

(1) 涂平板：为取得最佳的感受态效率，需把甘油菌或其他形式保存的菌种涂 LB 平板，并培养过夜。

(2) 接种：取一有新鲜培养菌种的 LB 平板，后续操作均在超净工作台内进行。把镊子的顶端在 70%乙醇中蘸一下，并在酒精灯上过火，使镊子的顶端处于无菌状态。用镊子夹取一个无菌的塑料枪头或牙签，从平板上挑取一个单克隆，然后把蘸有菌种的塑料枪头或牙签放到装有 3mL LB 的细菌培养试管内。上述操作也可以使用接种环等进行操作。

(3) 培养：37℃约 200r/min 培养过夜，通常培养时间控制在 16h(过夜培养)左右为宜，不宜超过 18h。

(4) 再接种培养：根据需要制备的感受态细菌的量，按照 1:100 的比例用新鲜培养的过夜菌接种培养。例如，取 500μL 的新鲜过夜菌到 50mL 的 LB 中继续 37℃约 200r/min 培养。通常在培养 2~3h 后 $OD_{600}$ 可以达到 0.3~0.5。此时，$OD_{600}$≤0.4~0.5，细胞数务必小于 $10^8$/mL，此为实验成功的关键。

(5) 取 0.5mL 菌液转接到一个含有 50mL LB 液体培养基锥形瓶中，37℃振荡培养 2~3h(对数生长期的细胞)。

(6) 将菌液转移到 50mL 离心管中，冰上放置 10min。离心 10min(4000r/min)，回收细胞。倒出培养液，将管倒置 1min 以便培养液流尽(冰浴时间不要超过 10min；离心速度太快或时间太长对细菌状态不利，并且不利于下步洗涤；若出现很多黑色沉淀即细菌碎片，说明有多量细菌死亡，此时细菌状态并不好，但若只有少量黑色沉淀，或对转化效率要求不高，亦可继续进行)。用冰冷的 0.1mol/L $CaCl_2$ 10mL 悬浮沉淀，立即放在冰上保温 30min。0~4℃下 4000r/min 离心 10min，回收细胞。

(7) 用 2mL 冰冷的 0.1mol/L $CaCl_2$ 悬浮细胞(务必放冰上)。分装细胞，每 200μL 一份。

此细胞为感受态细胞(如果以后会只做单管的转化,可以分装成每管最少50μL或100μL,如果以后一次性做多个转化,可以每管分装500μL或更大体积。也可加入总体积15%的甘油,可−70℃长期保存。−70℃保存后,感受态的效率会随时间的推移逐渐下降,通常在半年内使用转化效率的下降不会太多,但最好在2个月之内用完,然后重新制备。若要进一步提高转化效率,可将加入的溶液体积减少到1mL,或分装为200μL/管。总的来说,新鲜制备的感受态要比冻存的感受态转化效率更高一些)。

2)转化

(1)取200μL新鲜配制的感受态细胞,加入DNA(本实验使用pUC19/18)2μL(50ng)混匀,冰上放置30min。同时做两个对照管。对照组1:以同体积的无菌重蒸水代替DNA溶液,其他操作与上面相同。此组正常情况下在含抗生素的LB平板上应没有菌落出现。对照组2:以同体积的无菌重蒸水代替DNA溶液,但涂板时只取5μL菌液涂布于不含抗生素的LB平板上,此组正常情况下应产生大量菌落。

(2)将管放到42℃循环水浴1~2min。冰浴2min。每管加800μL的LB液体培养基,37℃培养1h(慢摇)。将适当体积(100μL)已转化的感受态细胞,涂在含有氨苄青霉素(100μg/mL)的培养皿中。

(3)倒置平皿37℃培养12~16h,出现菌落。实验结果可见,在含有氨苄青霉素的琼脂平板上生长的菌落即为含有质粒pUC19/18的大肠杆菌。

(4)计算转化率:统计每个培养皿中的菌落数。

转化后在含抗生素的平板上长出的菌落即为转化子,根据此皿中的菌落数可计算出转化子总数和转化频率,公式如下:

$$转化子总数=菌落数×稀释倍数×转化反应原液总体积/涂板菌液体积$$

$$转化频率(转化子数/每毫克质粒DNA)=转化子总数/质粒DNA加入量(mg)$$

$$感受态细胞总数=对照组2菌落数×稀释倍数×菌液总体积/涂板菌液体积$$

$$感受态细胞转化效率=转化子总数/感受态细胞总数$$

**2. 电击法转化大肠杆菌**

1)电转化感受态细胞的制备

(1)用枪头挑取单克隆菌落,投入到盛有10mL LB液体培养基的50mL离心管中(同时做培养基和枪头的空白对照)。37℃下220r/min培养14~16h。

(2)第二天,以1:100的比例将这10mL菌液倒入1000mL LB液体培养基中,37℃下220r/min振摇2~3h,每0.5h测一次OD,当OD值达到0.3~0.4时,停止培养。

(3)将菌液在冰上预冷30min,随后将菌液分装到500mL预冷的离心杯中,4℃下2500r/min离心10min。

(4)弃上清,离心杯中加入少量重蒸水,使沉淀悬浮后,再将水注满离心杯,4℃下4000r/min离心10min。重复一次。

(5)弃上清,往离心杯中加入少量10%甘油(灭菌,预冷),重悬菌体,再加满10%甘油,4℃下4000r/min离心10min。

(6) 弃上清，每个离心杯中加入 5mL10% 的甘油，使沉淀悬浮后，将菌液以 45μL/管分装于 1.5mL 的离心管中，-80℃冰箱中保存。

2) 电转化

(1) 从-80℃冰箱中取出感受态细胞，置于冰上解冻。取 1μL 纯化后的质粒于一 1.5mL 的离心管中，将其和 0.1CM 的电击杯一起置于冰上预冷。

(2) 将 45μL 解冻的感受态细胞转移至此 1.5mL 的离心管中，小心混匀，冰上放置 2min。

(3) 打开电转仪，调至 Manual，调节电压为 2.5kV。

在 Bio-rad Gene Pulser 电转仪上进行电转化。按照厂家的说明进行电转化，优先使用一个带有下列配置的 BTXECM-600 电转化系统：2.5kV 电场强度，129Ω 电阻和 50μF 电容。作为替代，也可以使用带有以下配置的 Bio-rad Gene Pulser：2.5kV 电场强度，200Ω 电阻和 25μF 电容。

(4) 将此混合物转移至已预冷的电击杯中，轻轻敲击电击杯使混合物均匀进入电击杯的底部。将电击杯推入电转化仪，按一下 pulse 键，听到蜂鸣声后，向电击杯中迅速加入 1000μL 的 SOC 液体培养基，重悬细胞后，转移到 1.5mL 的离心管中。

(5) 37℃下 150r/min 复苏 1h。离心涂筛选 LB 平板，37℃过夜培养后，挑取阳性菌落进行 PCR 等鉴定。注：Amp 平板上均匀涂有 X-Gal 80μL、IPTG 20μL。

3) 电击杯清洗流程　　用清水将电击杯稍冲一下。向电击杯中加入的 75% 乙醇浸泡 2h。弃去乙醇，再用蒸馏水冲洗 2～3 遍，然后用 1mL 的枪吸取超纯水反复吹打电击杯 10 遍以上。加入无水乙醇 2mL 于电击杯中，浸泡 30min。弃去无水乙醇，于通风橱内挥干乙醇。将清洗好的电击杯放入-20℃冰箱内待用。

【注意事项】

1. 影响感受态细胞转化效率的因素及实际操作过程中应注意的事项有以下几方面。

(1) 细菌的生长状态，实验中应密切注视细菌的生长状态和密度，尽量使用对数生长期的细胞 (通过检测 $OD_{600}$ 来控制。DH5α 菌株 $OD_{600}$ 为 0.5 时细胞密度是 $5×10^7$ 个/mL)；养菌是感受态好坏的决定性因素，千万不能养过，那样菌的活力就达不到好的转化要求了。一定要不断关注菌的浓度，如培养 1h 后，每隔 0.5h 就需要检测一次 OD 值。一般从非选择性 LB 平板上挑取 *E. coli* 单菌落，接种于 3～5mL LB 液体培养基中，37℃振荡培养过夜至对数生长中后期。将该菌悬液以 1：100 的比例接种于 50～100mL LB 液体培养基中，37℃振荡培养 2.5h 至 $OD_{600}$ 值为 0.5。

(2) 所有操作均应在无菌条件和冰上进行。

(3) 经 $CaCl_2$ 处理的细胞，在低温条件下，一定的时间内转化率随时间的推移而增加，24h 达到最高，之后转化率再下降 (这是由于总的活菌数随时间延长而减少造成的)。

(4) 质粒的大小及构型的影响：用于转化的应主要是超螺旋的 DNA。

(5) 一定范围内，转化效率与外源 DNA 的浓度呈正比。

2. 对于电转化法，因利用瞬间高压在细胞上打孔，因而需用冰冷的超纯水多次洗涤处于对数生长前期的细胞，以使细胞悬浮液中含有尽量少的导电离子。

3. 如果从公司直接购买感受态细胞，必须从干冰运送包装箱取出直接放入-80℃冰箱的底部。一定不要用液氮来保存感受态细胞。

【实验后分析】

1. 制备感受态细胞的原理是什么？
2. 如果实验中对照组本不该长出菌落的平板上长出了一些菌落，如何解释？
3. 涂布连接产物平板上菌落数量少的主要原因有哪些？

【新实验设计】

根据实验室条件，为实验室优化一个最佳的操作流程。

实践操作中可以通过改变电压、电容、电阻、质粒 DNA 浓度、细菌生长周期等影响电转化的重要条件，做出转化率的变化曲线，从中探索转化的最优条件。

# 实验九　转化子的筛选和鉴定
## Screening and identification of transformants

【实验目的】

1. 了解细胞转化的概念及其在分子生物学研究中的意义。
2. 进一步掌握外源 DNA 热激法或电转化法转化入受体菌细胞的方法。
3. 掌握转化子的 α 互补筛选方法。
4. 掌握 PCR 鉴定等方法。

【实验原理】

受体菌直接吸收了来自供体菌的 DNA 片段，通过交换、重组，整合到自己的基因组中，从而获得供体菌部分遗传性状，这种转化后的受体菌，称转化子(transformant)。

转化子的初步筛选主要是利用抗性筛选，进一步的筛选和鉴定通常利用蓝白斑 α 互补筛选、小规模制备质粒 DNA 进行酶切分析、插入失活、PCR 及杂交鉴定等方法。本实验所使用的载体质粒 DNA 为 pUC18/19，转化受体菌为 E. coli DH5α 菌株。由于 pUC 上带有 $Amp^r$ 和 lacZ 基因，重组子的筛选采用 Amp 抗性筛选与 α 互补现象筛选相结合的方法。

初步抗性筛选的原理在于：pUC 带有 $Amp^r$ 基因而外源片段上不带该基因，故转化受体菌后只有带有 pUC DNA 的转化子才能在含有 Amp 的 LB 平板上存活下来；而只带有自身环化的外源片段的转化子则不能存活。

pUC 上带有 β-半乳糖苷酶 N 端 146 个氨基酸的编码序列(α 肽链)对应的 DNA 序列(lacZ')。这个编码区中还插入了一个多克隆位点，但并没有破坏 lacZ 的阅读框架，即 MCS 本身不影响其正常功能。E. coli DH5α 受体菌株带有 β-半乳糖苷酶 C 端部分序列的编码信息。pUC 和 DH5α 编码的 β-半乳糖苷酶的片段都没有酶活性，但当两个片段融为一体时可形成具有酶活性的蛋白质。lacZ'基因编码的 α 肽链与失去了正常氨基端的 β-半乳糖苷酶突变体互补，这种现象称为 α 互补。

由 α 互补产生的 $Lac^+$ 细菌较易识别，它在有显色底物 X-gal(5-溴-4 氯-3-吲哚-β-D-半乳糖苷)的存在下被 IPTG(异丙基硫代-β-D-半乳糖苷)诱导形成蓝色菌落。当外源片段插入到 pUC 质粒的多克隆位点上后会导致读码框架改变，表达蛋白失活，产生的氨基酸片段失去 α

互补能力，同样条件下含重组质粒的转化子在显色诱导培养基上只能形成白色菌落。如果在麦康凯培养基上，α 互补产生的 $Lac^+$ 细菌由于含 β-半乳糖苷酶，能分解麦康凯培养基中的乳糖，产生乳酸，使 pH 下降，因而产生红色菌落；当外源片段插入后，失去 α 互补能力，因而不产生 β-半乳糖苷酶，无法分解培养基中的乳糖，菌落呈白色。

转化子的筛选鉴定除了上述遗传学检测法之外，还有酶切电泳等物理检测法、菌落原位杂交法、免疫化学检测法、菌落 PCR 和测序的方法。其中测序法最为可靠，而菌落 PCR（colony PCR）则是一种快速简便的鉴定方法，菌落 PCR 是直接以菌体热解后暴露的 DNA 为模板进行 PCR 扩增，省时省力，被广泛用于转化子的鉴定和筛选。

【实验仪器】

PCR 仪、水平电泳系统、超净工作台、超声波清洗仪、高速冷冻离心机、台式离心机/小型离心机、涡旋混匀器、微量移液器、冰箱、恒温摇床、恒温培养箱、恒温金属浴/干式恒温器、精密电子天平。

【试材准备】

质粒 pEGFP-N1（或含质粒 pEGFP-N1 的大肠杆菌），质粒 pEGFP-C1（或含质粒 pEGFP-C1 的大肠杆菌），DNA 模板，选择合适的 DNA 模板，预先制备基因组 DNA，dNTPs，*Taq* 酶，T4 连接酶，引物 1/引物 2（要求提前合成），大肠杆菌 DH5α，pGEM-T 载体，吸水纸，PCR 反应管 200μL（平盖），离心管（1.5mL、0.5mL），离心管盒（0.2mL、0.5mL、1.5mL），枪头（20μL、100μL、1000μL），离心管双面板（0.5mL、1.5mL 两用），枪头盒（带锁扣，20μL、100μL、1000μL），棕色试剂瓶（200mL），一次性手套，移液器（10μL、20μL、100μL），消毒的 0.2mL 的 PCR 薄壁管，DNA Marker（DNA Marker Ⅰ，Marker Ⅱ，D2000），二甲苯青，溴酚蓝，氨苄青霉素，Parafilm 膜，液体石蜡（灭菌处理），琼脂糖凝胶 DNA 回收试剂盒。

【试剂配制】

(1) *Taq* DNA 聚合酶（国产或进口）及其 10×缓冲液（购买 *Taq* 酶时的配套物）。

(2) dNTPs：工作浓度 2.5mmol/L，分别取等体积的 10mol/L 的 dATP、dGTP、dTTP、dCTP 四种混合即成。

(3) 消毒去离子水：于试剂瓶中高压灭菌后在超净工作台上分装到 1.5mL 离心管冷冻或者冷藏。使用时随用随取。

(4) 6×上样缓冲液：0.25%二甲苯青，0.25%溴酚蓝，30%甘油。

(5) 50×TAE 电泳缓冲液：12.2g Tris，2.85mL 冰醋酸，10mL 0.25mol/L EDTA（pH8.0），加水至 50mL。用时稀释至 1×。

(6) 溴化乙锭（EB）溶液：10mg/mL（避光保存），每 100mL 琼脂糖凝胶加 5μL 贮存液，即凝胶中 EB 终浓度为 0.5μg/mL，此试剂为强致癌物，要戴手套操作。

(7) T4 连接酶 10×Buffer（购买 T4 连接酶有配套的 Buffer）：6mmol/L MgCl，660mmol/L Tris-HCl（pH7.6），100mmol/L DTT，1mmol/L ATP。

(8) LB 液体培养基：参照第四部分实验二"细菌基因组 DNA 的制备"实验。

(9) LB 固体培养基：LB 液体培养基中加 1.5%琼脂粉，高压灭菌消毒，待冷却至不烫手背时于超净工作台上铺平板。

(10) 0.1mol/L CaCl$_2$：高压灭菌消毒或过滤除菌。

(11) 氨苄青霉素：用无菌水或生理盐水配制成 100mg/mL 溶液，置 –20℃ 保存。

(12) 液体石蜡：将液体石蜡装到 100mL 试剂瓶中，高压灭菌后，放入恒温箱中数小时，或放在干燥器中数天，在超净工作台上分装到 20mL 离心管中，备用。

【操作步骤】

**1. 目的基因的制备**

按照本部分的实验八"感受态细胞的制备及转化"实验进行。

**2. 质粒载体 DNA 的制备**

按照本部分的 *E. coli* / pUC18 质粒的提取实验进行。

**3. 目的基因与载体的重组**

按照本部分的 GFP 与 pUC18 的酶切连接实验进行。

**4. 重组质粒转化大肠杆菌**

按照本部分的相关实验进行。

**5. 酶切鉴定转化子**

(1) 受体菌质粒 DNA 的提取纯化按照本部分的相关实验进行。

(2) 双酶切反应参考本部分前述体系。

(3) 酶切产物电泳参考本部分前述琼脂糖凝胶电泳。

**6. 菌落PCR鉴定转化子**

(1) PCR mix 的制备：

| | |
|---|---|
| *Taq* Buffer (10×) | 20μL |
| dNTP (2.5mmol/L) | 5μL |
| Primer Forward (50mmol/L) | 10μL |
| Primer Reverse (50mmol/L) | 10μL |
| 重蒸水 | 147μL |
| *Taq* 酶 (2U/μL) | 8μL |
| 总体积 | 200μL |

将上述溶液混匀，每管 10μL 分装于 200μL PCR 管中。

(2) 常温下随机挑选转化板上的转化子，用灭菌的牙签或枪头挑取少量菌体，在 LB 琼脂糖平板上轻点，做一拷贝；然后将沾有菌体的牙签或枪头置于相应的装有 PCR 混合物的 PCR 管中洗涤数下（管子做好记号，将平板上点的克隆标号与管子上的对应起来，以便筛选到克隆后进行扩繁培养），盖紧管子。

(3) 将混有菌体的 PCR 混合物置于 PCR 仪中。PCR 程序根据具体引物设置，参考程序：95℃，3min。95℃，30s；56℃，30s；72℃，50s；30 个循环。72℃，10min。

(4) 电泳检测是否得到目的片段。如有则为阳性克隆（取 5μL PCR 反应液与 1μL 上样缓冲液混合，进行 1%琼脂糖电泳，5V/cm，选择适当大小的 DNA 分子质量标准，检查扩增产物。紫外观察 PCR 产物是否与插入片段大小一致）。

(5) 将已经接种有菌落的平板置 37℃ 培养箱培养过夜，使菌落扩增；次日挑选阳性克隆做进一步筛选或培养。步骤(2)也可以不点板,直接接种摇菌,尽可能安排在早上做 PCR,下午就可以提质粒,得到重组载体。

### 7. 菌液PCR鉴定转化子

(1) 取培养过夜的转化菌液 20μL, 沸水浴 3～5min。

(2) 室温 12 000r/min 离心 2min。取上清液作为 PCR 的模板。按下列反应体系配制:

| 重蒸水 | 13.5μL |
|---|---|
| 10×PCR Buffer(25mmol/L Mg$^{2+}$) | 2μL |
| 每种 dNTP(10mmol/L) | 0.5μL |
| Primer 1(20μmol/L) | 0.5μL |
| Primer 2(20μmol/L) | 0.5μL |
| 模板 DNA | 2μL |
| *Taq* DNA 聚合酶(2.5U) | 1μL |
| 总体积 | 20μL |

(3) 加一滴液体石蜡,混匀,短暂离心。

(4) PCR 检测。参考下列程序:95℃,3min。95℃,30s;56℃,30s;72℃,50s;30 个循环。72℃,10min。

(5) 电泳检测是否得到目的片段。

### 8. 菌液 PCR 鉴定转化子

将鉴定正确的阳性菌落扩繁,保存,即为转化子(*E. coli*/pUC18-GFP)。

【注意事项】

1. 酶切鉴定重组质粒时,DNA 连接酶用量与 DNA 片段的性质有关,连接平齐末端,必须加大酶量,一般使用连接黏性末端酶量的 10～100 倍。在连接带有黏性末端的 DNA 片段时,DNA 浓度一般为 2～10mg/mL,在连接平齐末端时,需加入 DNA 浓度至 100～200mg/mL。连接反应后,反应液在 0℃贮存数天,-80℃贮存 2 个月,但是在-20℃冰冻保存将会降低转化效率。黏性末端形成的氢键在低温下更加稳定,所以尽管 T4 DNA 连接酶的最适反应温度为 37℃,在连接黏性末端时,反应温度以 10～16℃为好,平齐末端则以 15～20℃为好。在连接反应中,如不对载体分子进行去 5′磷酸基处理,便用过量的外源 DNA 片段(2～5 倍),这将有助于减少载体的自身环化,增加外源 DNA 和载体连接的机会。

2. 麦康凯选择性琼脂组成的平板,在含有相应抗生素时,携有载体 DNA 的转化子为淡红色菌落,而携带插入片段的重组质粒转化子为白色菌落。该产品筛选效果同蓝白斑筛选,且价格低廉。但需及时挑取白色菌落,当培养时间延长,白色菌落会逐渐变成微红色,影响挑选。

3. X-gal 是 5-溴-4-氯-3-吲哚-b-D-半乳糖(5-bromo-4-chloro-3-indolyl-b-D-galactoside)被半乳糖苷酶(b-galactosidase)水解后生成的吲哚衍生物,显蓝色。IPTG 是异丙基硫代半乳糖苷(isopropylthiogalactoside),为非生理性的诱导物,它可以诱导 lacZ 的表达。在含有 X-gal 和 IPTG 的筛选培养基上,携带载体 DNA 的转化子为蓝色菌落,而携带插入片段的重组质粒转化子为白色菌落,平板如在 37℃培养后放于冰箱 3～4h 可使显色反应充分,蓝色菌落明显。

【实验后分析】

1. 本实验载体 pUC18 具有一个 *Eco*R I 和 *Hin*d III的单酶切位点,含氨苄青霉素抗性基因。外源目的基因设计时分别在上、下游引物中加入了 EcoR I 和 Hind III 单酶切位点,两者双酶切后,经连接酶连接,连接成功就形成了新的重组质粒。在 Amp、X-gal 贮液和 IPTG 贮液 LB 固体平皿上,转化平皿长出白色菌落,说明目的基因已成功插入 pUC18 载体的 LacZ',初步可以认为是重组转化子。为了防止假阳性的出现,抽提重组子质粒,经 EcoR I 和 Hind III 双酶切及菌落 PCR 凝胶电泳进一步认为新构建的质粒已重组成功。

观察凝胶成像仪上的酶切图谱,讨论重组质粒是否已酶切为原来的载体 pUC18 质粒和 PCR 产物的分子质量图谱,新构建的质粒是否已重组成功。

2. 如果挑取含 Apm、X-gal 和 ITPG 的生色诱导培养基上长出的白色单菌落,抽提出质粒,经过酶切鉴定后,没有重组成功,请分析问题可能出现在哪几方面?

3. 菌落 PCR 过程中的假阳性问题。通常在 PCR 反应过程中,无论是质粒 PCR 还是菌落 PCR 都会遇到假阳性问题。为减少或避免假阳性,每次进行 PCR 反应所用的离心管、扩增管和移液枪头必须是新的、无菌的,无菌去离子水分成 1mL 小管,每次都用新的,不要反复使用;设正、负对照,以保证在没有模板条件下不产生任何条带;平时培养良好的、正确的实验操作习惯,使实验用具不要被污染,这样就可在一定的程度上避免假阳性概率。如果产生了假阳性,通常可采取一些识别方式加以判断。一般重组子克隆的 PCR 反应条带比较亮且宽,形状较规则,而假阳性的 PCR 条带,多数不太亮或若隐若现,条带细而不规则,若与重组子克隆的 PCR 条带在一起时,较容易识别出来。

4. 菌落 PCR 的引物设计很关键。一般如果是定向克隆,用载体上的通用引物即可,如 pUC18/19 系列可用 T7 通用引物。如果是非定向克隆(如单酶切或平末端连接),一条引物用载体,一条引物用目的基因上的,这样就可以比较方便地鉴定了,而且错误概率很低。PCR 条件的选择接近最佳,同时挑取的菌体不宜太多,否则会有非特异性扩增。对引物的修饰一般是增加酶切位点,应参考载体的限制酶识别序列确定,常常对上下游引物修饰的序列选用不同限制酶的识别序列,以有利于以后的工作。各种模板的引物设计难度不一。有的模板本身条件较差,如 GC 含量偏高或偏低,导致找不到各种指标都十分合适的引物;有时 PCR 产物要作为克隆对象插入到载体中表达,因此 PCR 引物设计的可选择度很低。在设计克隆 PCR 引物时,引物两端一般都添加酶切点,极可能存在发夹结构,而且能值不会太低,这种 PCR 需要灵活调控退火温度以达到最好效果。

5. pUC18/19 的通用引物:

| | | |
|---|---|---|
| M13 Forward (−20) | 5′-GTAAAACGACGGCCAG-3′ | $T_m$: 46℃ |
| M13 Forward (−40) | 5′-GTTTTCCCAGTCACGAC-3′ | $T_m$: 47℃ |
| M13 Reverse | 5′-CAGGAAACAGCTATGAC-3′ | $T_m$: 45℃ |
| T7 Promoter | 5′-TAATACGACTCACTATAGGG-3′ | $T_m$: 48℃ |
| T3 Promoter | 5′-ATTAACCCTCACTAAAGGGA-3′ | $T_m$: 48℃ |
| Sp6 Promoter | 5′-GATTTAGGTGACACTATAG-3′ | $T_m$: 45℃ |
| M13/pUC Reverse | 5′-AGCGGATAACAATTTCACACAAGG-3′ | $T_m$: 54℃ |
| M13/pUC Forward | 5′-CCCAGTCACGACGTTGTAAAACG-3′ | $T_m$: 57℃ |

【新实验设计】

结合实验室的具体条件,合作完成本实验的详细操作流程,并注明每一操作的目的和注意事项。

# 实验十　目的基因的原核表达
## Prokaryotic expression of the target gene

【实验目的】

1. 了解外源基因在原核细胞中表达的特点和方法。
2. 学习和掌握 SDS-聚丙烯酰胺凝胶电泳分离蛋白质技术。

【实验原理】

大肠杆菌表达系统是基因表达技术中发展最早、应用最广的经典表达系统，外源基因可在大肠杆菌中实现有功能的活性表达。与其他原核表达系统和真核表达系统相比，大肠杆菌表达系统具有遗传背景清楚、目的基因表达水平高、培养周期短、抗污染能力强等特点。因此在基因表达技术中占有重要的地位，是分子生物学研究和生物技术产业化发展进程中的重要工具。但是它也存在不少缺点，如缺乏真核细胞所特有的翻译后加工修饰系统、蛋白质的高水平表达常形成包涵体，提取和纯化步骤繁琐，而且蛋白质复性困难，易出现肽链的不正确折叠等问题。

一个完整的大肠杆菌表达系统至少要有表达载体（质粒或溶源化噬菌体）和宿主菌两部分，通常为了改善表达系统的性能和对各类外源基因的适应能力，表达系统还需要有特定功能基因及其调控元件的参与。原核表达系统中常用的调控元件主要有：乳糖启动子（相应地称为 Lac 表达系统）、色氨酸启动子（Trp 表达系统）、乳糖和色氨酸的杂合启动子（Tac 表达系统）、λ噬菌体的左向启动子（PL 表达系统）、T7 噬菌体启动子（T7 表达系统）等。

Lac 表达系统是最早建立并得到广泛应用的表达系统，来自大肠杆菌的乳糖操纵子，由阻遏蛋白基因（LacI）、启动子（P）、操作子（O）和编码 3 个与乳糖利用有关的酶的基因结构所组成。Lac 启动子受分解代谢系统的正调控和阻遏物的负调控。正调控通过 CAP 因子和 cAMP 来激活启动子，促使转录进行。负调控则是由调节基因产生阻遏蛋白并与操作子结合阻止转录。诱导剂 IPTG（异丙基硫代-β-D-半乳糖）可与阻遏蛋白形成复合物，使其构型改变，导致与操纵基因的结合能力降低而解离出来，Lac 操纵子的转录因此被激活，转录发生。如果此启动子下游的多克隆位点上插入了外源基因，IPTG 就引导了外源基因的表达。由于 IPTG 是一种作用极强的诱导剂，不被细菌代谢而十分稳定，因此被实验室广泛应用。

分析检测外源蛋白表达的常用简单方法有 SDS-聚丙烯酰胺凝胶电泳和免疫印迹染色（Western blotting）等方法。SDS-聚丙烯酰胺凝胶电泳（SDS-PAGE）是蛋白分析中最经常使用的一种方法。聚丙烯酰胺凝胶电泳简称为 PAGE（polyacrylamide gel electrophoresis），是以聚丙烯酰胺凝胶作为支持介质。聚丙烯酰胺凝胶是由单体的丙烯酰胺（acrylamide）和甲叉双丙烯酰胺（$N, N'$-methylene bisacrylamide）聚合而成，这一聚合过程需要由自由基催化完成。常用的催化聚合方法有两种：化学聚合和光聚合。化学聚合通常是加入催化剂过硫酸铵（AP），以及加速剂四甲基乙二胺($N$, $N$, $N'$, $N'$-Tetramethylethylenediamine, TEMED)，四甲基乙二胺催化过硫酸铵产生自由基，自由基催化丙烯酰胺单体一个接一个地聚合形成丙烯酰胺长链，同时作为交联剂的甲叉双丙烯酰胺在不断延长的丙烯酰胺链间形成甲叉键交联，从而形成交联的三维网状结构。氧气对自由基有清除作用，所以通常凝胶溶液聚合前要进行抽气。丙烯酰胺的另一种聚合方法是光聚合，催化剂是核黄素，核黄素在光照(2~3h)下能够产生自由基，催化聚合反应。丙烯酰胺和甲叉双丙烯酰胺的比例可决定凝胶网孔的大小，交联剂所占比例越大，凝胶的网孔就越小。

利用聚丙烯酰胺凝胶电泳分离蛋白质的主要原理在于：①蛋白质所带静电荷。在不同的pH条件下蛋白质所带电荷不同。在一定的电场条件下蛋白质将向与其所带电荷相反的电极方向移动，移动速率取决于蛋白质表面电荷的数量，电压越强或电荷越多则蛋白质移动得越远。②蛋白质的形状和大小：蛋白质在电泳中所受的阻力主要取决于样品的大小与凝胶网孔大小之间的关系。蛋白质分子越小或凝胶网孔越大，所分离样品所受阻力就越小，则在电场中的迁移率就越大。在非变性电泳中，天然蛋白质的分离就是蛋白质所带电荷、分子大小及分子形状等因素共同影响作用的结果。

未加SDS的天然聚丙烯酰胺凝胶电泳可以使生物大分子在电泳过程中保持其天然的形状和电荷，它们的分离是依据其电泳迁移率的不同和凝胶的分子筛作用，因而可以得到较高的分辨率，尤其是在电泳分离后仍能保持蛋白质和酶等生物大分子的生物活性，对于生物大分子的鉴定有重要意义。

SDS是一种阴离子表面激活剂，在蛋白质溶液里加入SDS和β-巯基乙醇后，β-巯基乙醇能使蛋白质分子中的二硫键还原；SDS能使蛋白质的氢键、疏水键打开并结合到蛋白质分子上，形成蛋白质-SDS复合物。由于SDS带负电，使各种蛋白质的SDS复合物都带上相同密度的负电荷，它的量大大超过了蛋白质原有的电荷量，因而掩盖了不同种类蛋白质间原有的电荷差别。SDS与蛋白质结合后，还引起了蛋白质构象的改变。蛋白质-SDS复合物在水溶液中的形状都变得近似。因此蛋白质-SDS复合物在凝胶电泳中的迁移率，不再受蛋白质原有电荷和形状的影响，而只与大小有关，其相对迁移率与分子质量的对数间呈线形关系。

原核表达一般程序如下：获得目的基因→准备表达载体→将目的基因重组到表达载体中→重组子筛选→转化表达宿主菌→转化子鉴定→诱导靶蛋白的表达→表达蛋白的分析→扩增、纯化、活动检测等。本实验就是通过IPTG诱导外源基因的表达，并用SDS-PAGE检测表达蛋白。

【实验仪器】

恒温摇床、培养用锥形瓶、超净工作台、低温离心机、干热灭菌箱、电磁炉、恒温培养箱、分光光度计、脱色摇床等。

【试材准备】

1) 生物材料　　含pUCl8质粒的大肠杆菌(*E. coli*/pUC18-GFP)，克隆在大肠杆菌表达载体中的外源基因，空表达载体。

2) 试剂与器材　　$N$, $N'$-亚甲基双丙烯酰胺(Bis)，氨苄青霉素(Amp)，冰醋酸，丙烯酰胺(Acr),低相对分子质量标准蛋白,甘氨酸(Gly),甘油,过硫酸铵(Aps),酵母膏(yeast extract),考马斯亮蓝 R250,滤菌膜,滤器,氯化钠(NaCl),氢氧化钠,葡萄糖,琼脂,二甲基甲酰胺,β-巯基乙醇,无水乙醇,三羟甲基氨基甲烷(Tris),十二烷基硫酸钠(SDS),四甲基乙二胺(TEMED),枪头(20μL、100μL、1000μL),枪头盒(带锁扣,20μL、100μL、1000μL),离心管(1.5mL、0.5mL),离心管盒(0.2mL、0.5mL、1.5mL),溴酚蓝,盐酸(HCl),蛋白胨(tryptone),移液管,封口膜 Parafilm,洗耳球 60mL,乙醇,异丙基-β-D-硫代半乳糖苷(IPTC),无菌培养容器封口膜(锥形瓶用),封口膜,Whatman 1号滤纸,一次性乳胶手套,医用胶布。

【试剂配制】

(1)异丙基硫代-β-D-半乳糖苷(IPTG 100mmol/L):2.38g IPTG 溶于 100mL 重蒸水中,0.22μm 滤膜抽滤除菌,−20℃保存。

(2)LB(Luria-Bertani)培养基:参照第四部分实验二"细菌基因组 DNA 的制备"实验。

(3)1.5mol/L Tris-HCl(pH8.8):Tris 18.17g 加重蒸水溶解,浓盐酸调 pH 至 8.8,定容至 100mL。

(4)0.5mol/L Tris-HCl(pH6.8):Tris 12.11g 加重蒸水溶解,浓盐酸调 pH 至 6.8,定容至 200mL。

(5)10% SDS:电泳级 SDS 10.0g 加重蒸水,68℃助溶,浓盐酸调 pH 至 7.2,定容至 100mL。

(6)30% Acr/Bis:29.2g Acr,0.8g Bis。用重蒸水定容至 100mL,滤纸过滤备用,置棕色瓶中保存于室温。4℃存放。

(7)10% AP:1g 过硫酸铵加重蒸水至 10mL。现配现用,或 4℃保存,一周内使用。

(8)2×样品缓冲液:

| | |
|---|---|
| 0.5mol/L Tris-HCl(pH6.8) | 2mL |
| 甘油 | 2mL |
| 20% SDS(电泳级) | 2mL |
| 0.1%溴酚蓝 | 0.5mL |
| β-巯基乙醇 | 1.0mL |
| 重蒸水 | 2.5mL |

(9)5×电极缓冲液:Tris 7.5g,Gly 36g,SDS 2.5g。重蒸水溶解,定容至 500mL,使用时稀释 5 倍。

(10)染色液:考马斯亮蓝 R250 0.2g,95%乙醇 84mL,冰醋酸 20mL,定容至 200mL,过滤备用。

(11)脱色液:无水乙醇:冰醋酸:水(体积比 7.5:7.5:85)。

(12)保存液:7%冰醋酸。

(13)封底胶:1%琼脂(用蒸馏水配制)。

(14)TM 表达用培养基:细菌培养用胰化蛋白胨(12g/L),细菌培养用酵母提取物(24g/L),氯化钠(10g/L),甘油(6mL/L)。用 Tris 调 pH 至 7.4,再用自来水补至 1L,121℃高压蒸汽灭菌 20min。

(15) X-gal：将 X-gal 溶于二甲基甲酰胺，配成 20mg/mL，不需过滤灭菌，分装小包装，避光贮存于 –20℃。

(16) IPTG：取 2g IPTG 溶于 8mL 重蒸水中，再用重蒸水补至 10mL，用 0.22μm 滤膜过滤除菌，每份 1mL，贮存于 –20℃。

【操作步骤】

**1. 前期工作准备**

1) 获得目的基因　　一般是通过 PCR 方法。以含目的基因的克隆质粒为模板，按基因序列设计一对引物(在上游和下游引物分别引入不同的酶切位点)，PCR 循环获得所需基因片段。另外必要时通过 RT-PCR 方法：用 Trizol 法或专门的试剂盒从细胞或组织中提取总 RNA，以 mRNA 为模板，反转录形成 cDNA 第一链，以反转录产物为模板进行 PCR 循环获得产物。本实验利用前期实验中获得的 GFP 基因。

2) 构建重组表达载体　　根据引入的酶切位点，将外源基因和载体分别进行双酶切，酶切产物进行琼脂糖凝胶电泳后，用胶回收试剂盒或冻融法回收。再用 T4 DNA 连接酶将 PCR 产物连接入载体。

3) 获得含重组表达质粒的表达菌种　　将连接产物转化大肠杆菌 DH5α，根据重组载体的标志(抗 Amp 或蓝白斑)作筛选，挑取单斑，碱裂解法小量抽提质粒，用 PCR 和双酶切等方法鉴定转化子，最好能做几个小组的测序鉴定，以验证目的基因的插入方向及阅读框架均正确，然后进入下步操作。否则应筛选更多克隆，重复亚克隆或亚克隆至不同酶切位点。最后以此重组质粒 DNA 转化表达宿主菌的感受态细胞。

**2. 诱导表达**

(1) 将冻存的含有重组载体的大肠杆菌，以及只含有空载体 pUC18 的大肠杆菌划线接种在 LB 平板上，37℃培养过夜，直至平板上长出单菌落。

(2) 挑取含重组质粒的菌体单斑至 2mL LB(含 Amp，50μg/mL)中 37℃过夜培养。(时间不合适时，可 4℃放置过夜)。

(3) 按 1/50 比例稀释过夜菌，一般将 1mL 菌加入到含 50mL LB 培养基，37℃振荡培养至 $OD_{600}$=0.6 左右。$OD_{600}$ 的值要视不同菌株中不同外源蛋白的表达情况而定。

(4) 空载体和重组载体都分别设置诱导组与不诱导组，诱导组加入终浓度为 0.4～1mmol/L 的 IPTG，不诱导组不加 IPTG。不同 IPTG 浓度的诱导可以由不同的实验小组完成。

(5) 诱导培养 5～12h。

(6) 分别取菌体 1mL，12 000r/min 离心 30s 收获沉淀，用 100μL 1% SDS 重悬，混匀，70℃下 10min。12 000r/min 离心 1min，取上清作为样品，可做 SDS-PAGE 分析。或者 4℃下 4000r/min 离心 20min 收集菌体，–20℃存放备用。或者取 1.5mL 培养菌至离心管中，5000r/min 离心 1min，收集细菌。用 1mL 10mmol/L Tris-HCl(pH8.0)悬浮细菌，5000r/min 离心 1min，收集细菌。加入 30μL 的 10mg/mL 的溶菌酶，充分悬浮，4℃放置 2h 以上。超声处理 5min，每 30s 间隔 50s，12 000r/min 离心 10min，取上清作为蛋白样品。取 5μL 测定蛋白浓度。取 50μg 蛋白上样，加入 5μL 上样缓冲液，沸水浴 5min，瞬时离心后可做 SDS-PAGE 分析。

**3. SDS-PAGE检测表达蛋白**

(1) 电泳玻板准备：将洗洁精用温水稀释后，用它浸透海绵擦洗两块玻璃板（其中一块是矩形板，另一块带耳朵的为凹形板），然后用自来水洗净，再用乙醇将板擦干后晾干。

(2) 将两块玻璃板叠放整齐，将两个隔条分别与凹形板的耳朵边缘对齐，用夹子将两边夹好，两边下沿用医用胶布封围起来，插入配套梳子，在梳子下缘划线，指示灌胶位置。拔去梳子。可提前估算出胶板容积即确定下一步配制凝胶的量。

(3) 分离胶配制：（分离凝胶浓度可根据被分离物的相对分子质量选择进行，根据玻璃板之间的容积适当多配制 2~3mL），于锥形瓶中依次加入下列试剂。

| 凝胶浓度/% | 7.5 | 10 | 12 | 15 | 18 |
|---|---|---|---|---|---|
| 重蒸水/mL | 9.69 | 8.04 | 6.69 | 4.69 | 2.69 |
| 1.5mol/L Tris-HCl(pH8.8，mL) | 5 | 5 | 5 | 5 | 5 |
| Acr/Bis(30% $m/V$，mL) | 5 | 6.65 | 8 | 10 | 12 |
| SDS(10% $m/V$，μL) | 200 | 200 | 200 | 200 | 200 |
| TEMED/μL | 10 | 10 | 10 | 10 | 10 |
| 10% AP/μL | 100 | 100 | 100 | 100 | 100 |
| 总体积/mL | 20 | 20 | 20 | 20 | 20 |

(4) 封底胶：轻轻混匀后取出 1mL 于另一小锥形瓶，加入 10μL TEMED、10μL 10% AP，作为封底胶，迅速用枪头吸打混匀，沿着玻璃板的两边缘注入玻璃夹缝中，3~15min 后凝固。

(5) 管分离胶：将分离胶沿着玻璃板边缘夹缝注入两块玻璃板之间（避免气泡产生），并小心地在胶面上加入 1~2mL 重蒸水（在胶面上加入蒸馏水称水封，其目的是保持胶面平整和防止空气进入，注意不要冲乱胶面），约 30min 后胶自然凝聚，倾斜倒出重蒸水或用滤纸吸去水层，并在两玻璃板夹缝中水平插入 1.5mm 的梳子。

(6) 浓缩胶(4%)的配制：

| 重蒸水/mL | 6.04 |
|---|---|
| 0.5mol/L Tris-HCl(pH6.8，mL) | 2.5 |
| Acr/Bis(30% $m/V$，mL) | 1.3 |
| SDS(10% $m/V$，μL) | 100 |
| TEMED/μL | 10 |
| 10% AP/μL | 50 |
| 总体积/mL | 10 |

(7) 灌浓缩胶：混匀后即刻用滴管加浓缩胶（避免气泡产生）覆于两块玻璃板之间的分离胶之上至加满，并没过梳子齿。静置，待胶聚合后，轻轻拔出梳子。小心地揭去底部胶布，去掉夹子。

(8) 胶板上架：将凝胶板垂直靠在电泳槽里的电源架上，使凝胶板的凹沿面靠向电源架。通常两块凝胶板共用一个电源架。将凝胶板与电源架按要求固定于电源槽内。按要求加入电泳缓冲液，使分别加入在两块凝胶板中间电源架内的电泳缓冲液与加入在电泳槽中的电泳缓冲液互不相通。

(9) 样品处理：取菌体样品 1mL，加入等体积的 2×样品缓冲液（上样缓冲液），混匀，沸水浴煮 3~5min，取出备用(对照菌诱导后、对照菌诱导前、工程菌诱导前、工程菌诱导后同样操作）。

(10) 上样：取 10~15μL 各样品加入点样孔，记录点样顺序。注意不要冲散样品。

(11) 电泳：用两根导线连接电泳槽与电泳仪，注意红色与黑色电极的插头和插口相配。接通电源。在浓缩胶中控制电压为 75V，根据溴酚蓝指示剂的色条带走过浓缩胶后，将电压调为 120V。观察凝胶板上的样品溴酚蓝的色条带走至近底端 1cm 时，停止电泳。关闭电源。然后从电泳槽内小心取出凝胶板。

(12) 割胶：用一个黄枪头或薄板将凝胶板外的两块玻璃板轻轻撬开，使凝胶贴附在其中一块玻璃板上。用刀片等在凝胶上沿分离胶与浓缩胶的交接处，将浓缩胶移去，将分离胶切下，并在分离胶的左上角切掉一小角，以标记样品顺序。

(13) 染色：将分离胶小心移入合适大小的染色器皿中。在染色器皿中加入 100mL 染色液，加盖，染色 3h（可在脱色摇床上轻轻摇动）。

(14) 脱色：将染色液倒去。染色的凝胶用水漂洗数遍，沥干水后置于染色皿中，再加入 100mL 脱色液，加盖，脱色过夜或至染色的凝胶经脱色后能清晰显示出蛋白条带止。

(15) 将凝胶小心取出，移到白光源透照灯箱上，用毛笔抚平，照相。

【注意事项】

1. 外源基因在原核生物中表达即是通过表达载体将外源基因导入宿主菌，并指导宿主菌的酶系统合成外源蛋白，这就要求外源基因不能带有内含子序列，因而要用 cDNA 或化学合成的基因，不宜用基因组 DNA；一般要求使用原核细胞的强启动子和 S-D 序列等调控元件调控外源基因的表达；同时要保证外源基因与表达载体连接后，必须形成正确的开放阅读框。也就是在选择外源 DNA 同载体分子连接反应时，对转录和转译过程中密码结构的阅读不能发生干扰。

2. 选择表达载体时，如果是为了方便纯化，可选择融合表达；如果是为了获得天然蛋白，可选择非融合表达。一般要根据所表达蛋白的最终应用予以考虑。

3. 不同的大肠杆菌表达载体带有不同的启动子和诱导成分。实验者必须根据特定系统和用途决定相应的实验方案。

4. 表达和检测时，应设置对照组，如转化载体和非诱导细胞。

5. 由于大肠杆菌中表达的重组蛋白质缺少哺乳动物细胞特异的翻译后加工，所以，其生物活性无法与天然蛋白质相提并论。

6. 关于影响蛋白质电泳分离效果的因素，应该注意以下几点。

(1) 由于蛋白质样品中的盐浓度能够影响蛋白条带的迁移率和带型，因此溶解蛋白时最好用去离子水加等量 2×SDS-PAGE 样品缓冲液，尤其要避免钾离子，因为钾离子沉淀 SDS。必要时通过透析或过柱纯化（Sephader G-25 快速脱盐）。

(2) 由于变性蛋白是与 SDS 结合而带负电荷，蛋白结合 SDS 的量与蛋白质的分子质量成正比，因此质量不同的 SDS，相同的蛋白质样品将可能出现不同迁移率的电泳图谱。

(3) 制胶过程中，点样孔下缘平齐与否也影响蛋白电泳的迁移率。

(4)电泳过程中,相邻泳道的样品会发生扩散现象,导致电泳条带不整齐,如有空置的加样孔尤其是两侧的泳道,需加等体积的空白 1×SDS 样品缓冲液。

7. 丙烯酰胺单体、交联剂亚甲基双丙烯酰胺、凝胶均有神经毒性,在称量和配制时要带一次性手套,称量时最好也戴上口罩。凝固后毒性会锐减,但可能存在尚未完全交联的分子,操作过程中不宜直接解除,可先用清水漂洗 5~10min。另外,SDS 很容易漂浮在空中而吸入体内,称量时应在通风橱中进行,或戴上口罩操作。

8. 电泳前检查电极连线,注意垂直板电泳槽电极不要接反,上负、下正,即负极接在点样孔的一端。

9. 37℃生长常常会使一些蛋白累积形成包涵体,而 30℃生长则可能产生可溶的和有活性的蛋白。在某些情况下,低温(15~20℃)延长诱导时间(过夜)可以使溶解性蛋白的产量达到最大。

10. 为避免蛋白质发生变性或降解,所有操作尽量在冰上操作。

【实验后分析】

1. 将绿色荧光蛋白(GFP)的基因克隆在表达载体后,携带有 GFP 的大肠杆菌在含有相应诱导物和抗生素的条件下培养,可以表达 GFP,这比不加诱导物的同样的大肠杆菌在 SDS-PAGE 凝胶上要多出一条明显的条带。表达的蛋白也可用非变性的聚丙烯酰胺凝胶电泳检测,紫光灯下可以看到诱导后的样品在凝胶上有绿色荧光条带出现。还可以通过什么方法检测表达的 GFP 外源蛋白呢?

2. 大肠杆菌为什么能高效表达外源基因?

【新实验设计】

假如需要鉴定的目标蛋白在不溶部分,分析可能是蛋白累积形成包涵体,需进行包涵体纯化。请设计一个实验对这种情况下的外源基因的原核表达进行检测。

# 实验十一　植物总 RNA 的提取
## Isolation of total RNA from plant

本实验扫描二维码获取相关内容!

# 实验十二　RNA 质量检测
## Quality analysis of total RNA

本实验扫描二维码获取相关内容!

# Ⅱ. 综合设计实验

## 实验十三　目的基因的 RT-PCR 检测
### Reverse transcriptase PCR analysis for the target gene

【实验目的】

1. 掌握 RT-PCR 的两步法和一步法的过程及方法。
2. 了解在 RNA 水平检测目的基因的原理。
3. 了解 RT-PCR 技术在基因工程操作中的用途。
4. 通过实验对目的基因的表达进行半定量分析。

【实验原理】

基因工程或者说转基因的目的就是为了让目的基因得以表达。RT-PCR(reverse transcriptase PCR)已经成为研究者确定目的基因在特定的器官、组织或细胞中 mRNA 转录本出现、结构和表达水平的基本方法。RT-PCR 不仅可以分析基因的转录水平，而且还常用于获取目的基因和合成 cDNA 探针。

RT-PCR 是指利用反转录酶将 RNA 反转录(RT)成 cDNA(complementary DNA)，然后以 cDNA 为模板，通过聚合酶链式反应(PCR)扩增目的片段的技术。它属于一种在 RNA 水平检测基因表达的半定量分析。其基本过程是首先对组织或细胞的总 RNA 进行抽提，把 RNA 反转录为 cDNA，然后设计目的基因引物进行 PCR，然后进行琼脂糖凝胶电泳并数码拍照，分析电泳条带灰度值，判断目的基因 mRNA 转录水平的相对量的变化。

RT-PCR 通常分为一步法和两步法两种，基本原理如图 4-13-1 和图 4-13-2 所示。一步法 RT-PCR：使用基因特异性的下游扩增引物引导 cDNA 第一链的合成，因此，从单一样品中仅能特异地反转录出单一信息。两步 RT-PCR 法：可以使用 oligo(dT)或随机引物引导 cDNA 第一链的合成，因此，可以从一个特定的样品中反转录出所有的 mRNA 信息。此外，两步法可将反转录产物分别进行多重不同的 PCR 反应，因而可以从一个样品解答多个问题。选择的原则取决于希望从单一 RNA 样品中转录出特定的单一信息还是所有的信息。

反转录和 PCR 反应在一个管中完成，得到的全部 cDNA 产物都一起经 PCR 扩增，灵敏度更高，但是容易相互干扰。两步法则是反转录和 PCR 分开做，PCR 取反转录反应产物的 1/10 进行，更为灵活而且严谨，但是灵敏度不如前者高。

RT-PCR 过程中常用的反转录酶主要有两类：一类是 AMV 反转录酶，另一类是 M-MLV 反转录酶。AMV 反转录酶是从鸟类成髓细胞白血病病毒(avian myeloblastosis virus)中分离出来的，它拥有双重活性：5′→3′依赖引物的聚合酶活性，可以以 RNA 或 DNA 作为模板；3′→5′RNase H 活性，可以降解 RNA/DNA 杂合体中的 RNA，它需要 $Mg^{2+}$ 或 $Mn^{2+}$ 激活。还可用于双脱氧法测定 DNA 或 RNA 的序列和以短的 RNA 为模板合成 cDNA。AMV 反转录酶最适温度 42℃，一些商家提供的该类酶最适温度可达 60℃。M-MLV 反转录酶则从莫洛尼氏

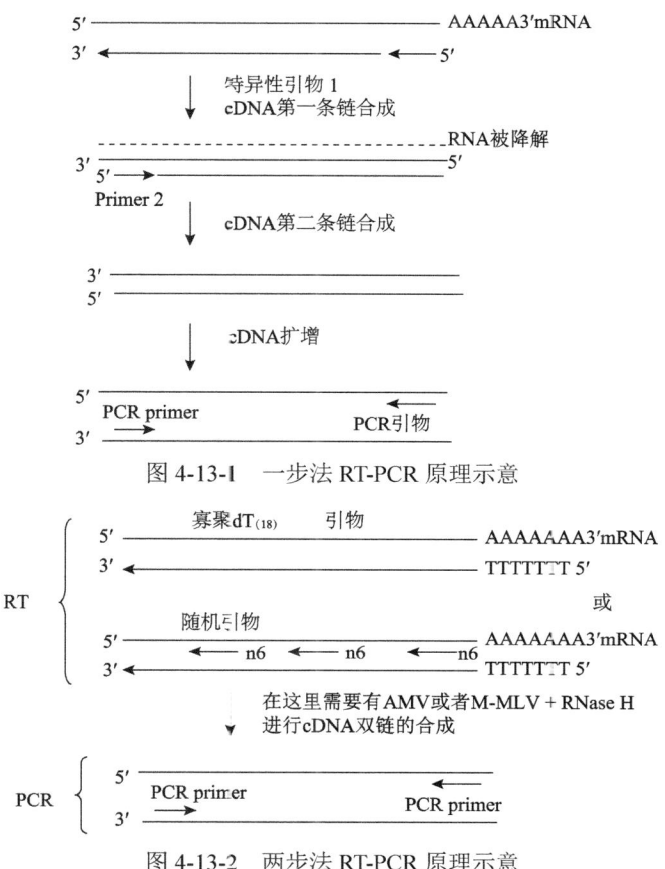

图 4-13-1 一步法 RT-PCR 原理示意

图 4-13-2 两步法 RT-PCR 原理示意

鼠白血病病毒(Moloney murine leukemia virus)从 *E. coli* 菌株提取出来，此菌株含有一个克隆有 M-MLV RT 基因的质粒，M-MLV 基因被删去了 RNase H 核心部分。M-MuLV Rtase 是一个依赖 RNA 的 DNA 聚合酶，在引物存在的条件下，可以以单链的 RNA 或 DNA 为模板合成互补 DNA 链，它缺少 RNase H 活性。M-MLV 反转录酶最适温度为 37℃，一些商家提供的该类酶最适温度可达 42℃。

mRNA 的分离与纯化：真核细胞的 mRNA 分子最显著的结构特征是具有 5'端帽子结构($m^7G$)和 3'端的 Poly(A)尾巴。绝大多数哺乳类动物细胞 mRNA 的 3'端存在 20～30 个腺苷酸组成的 Poly(A)尾，通常用 Poly(A+)表示。这种结构为真核 mRNA 的提取，提供了极为方便的选择性标志，寡聚(dT)纤维素或寡聚(U)琼脂糖亲和层析分离纯化 mRNA 的理论基础就在于此。寡聚(dT)-纤维素柱层析法已成为常规方法，它利用 mRNA 3'端含有 Poly(A+)的特点，在 RNA 流经寡聚(dT)纤维素柱时，在高盐缓冲液的作用下，mRNA 被特异地结合在柱上，当逐渐降低盐的浓度时或在低盐溶液和蒸馏水的情况下，mRNA 被洗脱，经过两次寡聚(dT)纤维柱后，即可得到较高纯度的 mRNA。

内参的设定：我们无论是进行普通的半定量 RT-PCR 和实时荧光定量 RT-PCR(real time fluorescent quantitative reverse transcrip tion-polymerase chain reaction，FQ RT-PCR)，一般都需要设定至少一个内参基因，这是由于一般情况下，目的基因相对来说丰度都不是很高。设定的内部参照物主要是为了去除不同样本在 RNA 的产量、质量及反转录效率上可能存在的差别,从而获得目标基因特异性表达的真正差异,这样可以对目的基因表达进行校正和标准化。内参的含义可以从两个方面来理解:首先,参照基因与目的基因在同一个反应管内或者相同反应条件下(实验的反应环境)进行 PCR 反应,称之为内参,内参基因扩增中的变化可以反映 RNA 产量、质量和(或)cDNA 合成效率的变化;否则参照基因与目的基因在不同管子内反应则成为外参;其次,内参的另一个含义是,在目的基因与参照基因都属于同一类细胞中的基因,选择同一类型的细胞中(实验的生物环境)表达量不受或者少受内外环境影响的基因如管家基因做参照,可以有效地确定目的基因表达是如何受环境变化影响的。内参基因一般选择组成性表达的管家基因如 18S rRNA(18S 核糖体 RNA)、β-actin(β-肌动蛋白)、β-tubulin、3-磷酸甘油醛脱氢酶(glyceraldehyde 3-phosphate dehydrogenase,GAPDH),其中 β-actin 最为普遍。具体使用时要注意不同的内参有一定的优缺点,建议参考同类成功的参考文献。

【实验仪器】

恒温培养箱(培养细菌)等。

【试材准备】

(1)玻璃制品处理:移液管(5mL、10mL、25mL)、量筒(100mL、250mL)、容量瓶(250mL、100mL)、药匙等玻璃量器,均用锡纸包裹口部,置于烤箱内,180℃烤 6h。或泡酸过夜,冲洗干净,包锡纸烤干备用(DEPC 水泡)(洗净后先泡 1‰ DEPC 过夜,再烤干)

塑料制品:(包括枪头、离心管等)事先将枪头装满枪头盒,离心管装入合适的瓶或者合适的塑料盒中,塑料制品逐个浸泡于 0.1% DEPC 水中(注意可在密封的大塑料桶中剧烈晃动使离心管和枪头中充满 DEPC 水,必要时小枪头需要用吸管打入 DEPC 水),37℃过夜,然后 121℃高压灭菌,再在 60~80℃烘烤箱中烘干。

镊子等金属制品及陶瓷器皿:先洗干净,再 180℃烘干 8h 或更长时间;小器皿也可以用少许氯仿处理。另外,铁制品、研钵等也可倒入适量乙醇直接烧(注意燃烧的安全)。

以上所有容器最好能够高温灭菌两次,DEPC 高温灭菌,所有的试剂用 DEPC 配制,并高温灭菌。这样可以有效地去除外源 RNA 酶的影响。一般高温灭菌两次可以破坏 RNA 酶的复性过程,虽然 RNA 酶极易复性,但两次连续的高温会打乱它的复性历程,从而使 RNA 酶失活。DEPC 是 RNA 酶的非竞争性抑制剂。DEPC 可以与 RNA 酶的活性中心的组氨酸咪唑环上的 N 结合,从而使 RNA 酶失活。

(2)微量移液器(1mL、200μL、20μL、10μL、2μL);枪头(5mL、1mL、200μL、20μL);离心管(1.5mL、0.2mL、100μL)。

(3)2 个 100mL 的棕色试剂瓶(广口,带盖)。

(4)50mL、250mL、500mL 量筒各 1 个;250mL、500mL、1000mL 容量瓶各 1 个。

(5)双面离心管架:准备 6 套,每套含 5mL 1 个、1.5mL 1 个、20μL 2 个。

(6)4 个铝制饭盒;1 个耐高温微波炉专用塑料小饭盒;锡箔纸 1 卷,卷纸 2 卷。

(7)大瓷缸 2 个,500mL 锥形瓶 1 个。

(8)*Taq* 酶(含 $MgCl_2$ Buffer)500U(−20℃),dNTPs(10mmol/L)各 1 支(−20℃)。

(9)oligo(dT)$_{15}$ 为 1OD(−20℃);DNA Marker Ⅰ、Ⅱ各 1 支。

(10)M-MLV 反转录酶 1 支(含 Buffer)(−20℃),AMV 反转录酶 1 支(含 Buffer)(−20℃),

RNasin 1 支(-20℃)。

(11) DEPC、溴酚蓝、二甲苯青 FF、琼脂糖、氯仿、异丙醇、甘油。

(12) Trizol：100mL/瓶(4℃)。

(13) 引物合成内参 GAPDH 引物：正义：5′-ACCACAGTCCATGCCATCAC-3′；反义：5′-TCCACCACCCTGTTGCTGTA-3′。引物各合成 1 OD，稀释用 DEPC 水。

(14) 内参 β-actin 引物：正义：5′-CACGATGGAGGGGCCGGACTCATC-3′；反义：5′-TAAAGACCTCTATGCCAACACAGT-3′。引物各合成 1 OD，稀释用 DEPC 水。

(15) 特异引物：根据实验具体设定并合成。

(16) GFP 特异的引物(pEGFP-C1)：Primer 1：5′-AGTGCTTCAGCCGCTACCC-3′；Primer 2：5′-TCACCTTGATGCCGTTCTT-3′。引物各合成 1 OD，稀释用 DEPC 水。

(17) 红色荧光蛋白RFP基因载体pDsRed(Clontech)，绿色荧光蛋白GFP表达质粒pEGFP-N1(Clontech)、pEGFP-C1(Clontech)。

(18) Trizol 总 RNA 提取试剂，Quant One Step RT-PCR Kit，TIAN Script RT Kit。

【试剂配制】

(1) DEPC 水：吸出 1mL 放在 1000mL 重蒸水中配成 1‰ DEPC 水，放在 1000mL 容量瓶中静置 4h 备用。

(2) 75%乙醇：用无水乙醇+DEPC 水配，然后放-20℃保存(其中 DEPC 水需先高压灭菌)。

(3) 5×TBE 电泳缓冲液：Tris 54g，硼酸 27.5g，0.5mol/L EDTA pH8.0 20mL，重蒸水 1000mL。

(4) 0.5×TBE 工作缓冲液稀：5×TBE 稀释 10 倍成 0.5×TBE 即工作液浓度，在电泳时使用。取 50mL 贮存液，加入 450mL 水，配制成 500mL 工作缓冲液。

(5) 1%溴酚蓝：加 1g 水溶性钠型溴酚蓝于 100mL 水中，搅拌或涡旋混合直到完全溶解。4℃保存。

(6) 1%二甲苯青 FF：溶解 1g 二甲苯青 FF 于 75mL 水中，定容至 100mL。4℃保存。

(7) 10mg/mL 的溴化乙锭：小心称取 1g 溴化乙锭，转移到 250mL 的锥形瓶中，加 100mL 水，放入合适的磁头，用铝箔纸包裹，Parafilm 封口。用磁力搅拌器搅拌过夜直到完全溶解。分装到合适的离心管中，于 4℃贮存。

(8) 6×甘油上样缓冲液：1.5mL 1%溴酚蓝，1.5mL 1%二甲苯青FF，100μL 0.5mol/L EDTA(pH8.0)，甘油 3mL，水 3.9mL。4℃保存。用量多时，可按比例扩大配比，分装到 1.5mL 离心管中保存。

(9) 1.0%琼脂糖凝胶：称 1.0g 琼脂糖和 100mL 电泳缓冲工作液加入 100mL 薄壁锥形瓶，轻摇混匀，微波炉以中火加热约 30s 至沸腾，勿使溢出，如有未溶颗粒，继续加热数秒，戴手套快速小心取出，将溶化的琼脂糖室温冷却至约 60℃时，加入 10mg/mL 溴化乙锭 2.5μL，轻摇充分混匀，将温热的凝胶倒入已置好梳子的胶模具中，在室温下放置 30～45min 后用于进行电泳。

【操作步骤】

RNA 实验对实验器皿要求非常严格。因为 RNA 酶是一类生物活性非常稳定的酶类。这类酶耐热、耐碱、耐酸，煮沸 15min 也不能使之完全失活。而且自然环境包括空气中也存在有该酶。因此，RNA 操作中的器皿应该用 DEPC 处理。注意以下实验过程中要勤换手套，必要时要在超净工作台中进行。

**1. 细菌RNA提取**

(1) 将含有外源基因的大肠杆菌在 37℃下以 220r/min 振荡培养过夜，使其 $OD_{600}$ 值达到 0.4～0.5(不超过 $10^7$ 细胞，以下操作所用器物必须是按照 RNA 操作进行处理的)。

(2) 4℃下 4000r/min 离心收集菌体，小心干净地除去培养液。

(3) 按照每 $10^7$ 细菌细胞加入 1mL Trizol。加入 Trizol 前不要洗涤细胞，以免降解 mRNA。细胞或组织加 Trizol 后，室温放置 5min(Trizol 比某些专用于 RNA 提取的试剂盒试剂的渗透较慢)，使其充分裂解，此时可放入-70℃长期保持。

(4) 13 000r/min 离心 5min，弃沉淀。按每毫升 Trizol 加入 200μL 氯仿的比例加入氯仿，振荡混匀后室温放置 15min。注：可使用漩涡振荡器剧烈振荡，使基因组 DNA 断裂。

(5) 4℃下 13 000r/min 离心 15min。吸取上层水相，至另一离心管中，注意千万不要吸取中间界面。按每毫升 Trizol 加入加入 0.5mL 异丙醇的比例加入异丙醇，混匀，室温放置 5～10min。4℃下 13 000r/min 离心 10min，弃上清，RNA 沉于管底。

(6) 按每毫升 Trizol 加入 1mL 75%乙醇的比例加入 75%乙醇，温和振荡离心管，悬浮沉淀。4℃下 13 000r/min 离心 5min，尽量弃上清。

(7) 室温晾干或真空干燥 5～10min。注意 RNA 样品不要过于干燥，否则很难溶解。

(8) 用 50μL DEPC 处理的重蒸水，TE Buffer 或 0.5% SDS 溶解 RNA 样品，55～60℃助溶 5～10min。

(9) 紫外吸收法测 OD 值定量 RNA 浓度，琼脂糖凝胶电泳法测 RNA 质量。注意对比 23S 和 16S 的亮度大概应在 2∶1，高质量的总 RNA 电泳可见 tmRNA、5S、tRNA 等微弱的条带依次出现在 23S 和 16S 之前。此方法提取 RNA $A_{260}/A_{280}$ 值应在 1.6～1.8；产率为 1～5μg RNA/mL 细菌。

**2. Quant Kit一步法**

Quant One Step RT-PCR Kit(一步法试剂盒)采用一步法使 RT 和 PCR 在同一反应体系中进行，反应过程中不需要添加试剂，无需打开管盖，避免了污染，同时提高了检测的灵敏度。采用高质量反转录酶(Quant RTase)和热启动 Hotmaster *Taq* DNA 聚合酶，并采用了天根公司研发的反应体系保证 Quant RTase 和 Hotmaster *Taq* 发挥最大功效。自备试剂包括分子生物学实验级别的水(无核酸酶)、RNA 模板和特异性 PCR 引物。

| 试剂盒组成 | 50 次×50μL 体系 |
| --- | --- |
| Hotmaster *Taq* DNA 聚合酶(2.5U/μL) | 130μL |
| Quant RTase(for one step) | 30μL |
| RNasin（40U/μL） | 30μL |
| 10×RT-PCR Buffer | 300μL |
| dNTP mixture(每种 10mmol/L) | 120μL |
| RNase-free 重蒸水 | 1000μL×2 |
| 5×RT-PCR enhancer | 600μL |

贮存于-20℃保存。

(1) 完全融化模板 RNA，特异性引物，dNTP mixture，10×RT-PCR Buffer，RNase-free 重蒸水和 5×RT-PCR enhancer，短暂离心后置于冰浴上。

(2) 按表 4-13-1 在冰浴条件下配制反应液。

表 4-13-1  反应液配制顺序表

| 反应成分 | 体积/反应 |
| --- | --- |
| 10×RT-PCR Buffer | 5μL |
| dNTP mixture（每种 10mmol/L） | 2μL |
| 5×RT-PCR enhancer | 10μL |
| RNasin（40U/μL） | 0.5μL |
| Hotmaster Taq DNA 聚合酶（2.5U/μL） | 2.5μL |
| Quant RTase（for one step） | 0.5μL |
| 上游特异性引物（10μmol/L） | 3μL |
| 下游特异性引物（10μmol/L） | 3μL |
| RNA 模板 | 10ng 至 1μg |
| RNARNase-free 重蒸水 | 补水至 50μL |
| 总体系 | 50μL |

试剂盒必须使用特异性引物，引物的选择可根据具体实验来选择。

(3) 启动 PCR 仪器直到温度上升至 50℃时，将反应管放入 PCR 仪器中。按表 4-13-2 设置 PCR 反应条件。

表 4-13-2  PCR 反应条件

| 步骤 | 反应 | 时间 | 温度 |
| --- | --- | --- | --- |
| 1 | 反转录反应 | 30min | 50℃ |
| 2 | PCR 初始变性 | 2min | 94℃ |
| 3 | 变性 | 0.5~1min | 94℃ |
| 4 | 退火 | 0.5~1min | 50~60℃ |
| 5 | 延伸 | 0.5~2min | 65℃ |
| 6 | 第 3~5 步进行 30~40 个循环 | | |
| 7 | 最终延伸 | 10min | 65℃ |

### 3. TIANScript RT Kit 两步法

TIANScript RT Kit（cDNA 第一链合成试剂盒）是专为两步法 RT-PCR 第一步实验配制的。具有高灵敏度的 RT-PCR 反应系统，可以从极低量的总 RNA 或 Poly(A)+RNA 合成第一链 cDNA。与 PCR 反应相结合，可用于检测稀有基因的表达、从极少量细胞中定量检测特定 mRNA 的表达水平、克隆特定基因的 cDNA 片段等。其特点在于：合理配备了与 cDNA 第一链合成反应相关的各种组分，该试剂盒中的 TIANScript M-MLV 具有高效的反转录酶活性，对后续的 PCR 或定量 PCR 实验兼容性好，适合于各种 PCR 耐热聚合酶。

试剂盒组成：

| KR104-01 | 25 次 | 100 次 |
| --- | --- | --- |
| TIANScript M-MLV（200U/μL） | 25μL | 100μL |
| oligo（dT）$_{15}$（10μmol/L） | 60μL | 240μL |
| Random（10μmol/L） | 60μL | 240μL |
| 5×First-Strand Buffer | 150μL | 500μL |
| 0.1mol/L DTT | 50μL | 150μL |
| RNase-free 重蒸水 | 1mL | 2×1mL |
| dNTP（每种 2.5mmol/L） | 60μL | 240μL |
| RNasin（40U/μL） | 15μL | 2×30μL |

贮存条件：各组成成分应在−20℃保存。酶在−20℃可保存 1 年以上。

（1）在冰浴的无核酸酶的离心管中加入如下反应混合物：

| 1～5μg | 总 RNA 或 50～500ng mRNA |
| --- | --- |
| 2μL | oligo（dT）$_{15}$ 或 2μL Random 或 2pmol 基因特异引物 |
| 2μL | dNTP（2.5mmol/L each） |

补 RNase-free 重蒸水定容至 13.5μL。

（2）70℃加热 5min 后迅速在冰上冷却 2min。简短离心收集反应液后加入以下各组分：

| 4μL | 5×First-Strand Buffer |
| --- | --- |
| 1μL | 0.1mol/L DTT |
| 0.5μL | RNasin |

（3）加 1μL（200U）TIANScript M-MLV，轻轻用移液器混匀。如果用随机引物，则将离心管置 25℃温浴 10min。42℃温浴 50min。95℃加热 5min 终止反应，置冰上进行后续实验或冷冻保存。如果需要用 RNaseH 处理，进行下一步骤。否则，跳过下一步。

（4）加 RNaseH 1μL（2U），37℃温浴 20min 以降解 RNA。然后 95℃加热 5min 使酶失活。

（5）用 RNase-free 重蒸水将反应体系稀释到 50μL，取 2～5μL 进行 PCR 扩增反应。

**4. 电泳检测**

加 3～10μL PCR 产物+溴酚蓝上样缓冲液（3～1μL）混匀，加样，电泳。

【注意事项】

1. 试剂盒的各组成成分应在−20℃保存。cDNA 产物应置于−20℃保存。

2. 一步法 RT-PCR 中，针对复杂模板低丰度的基因，50μL 体系加入终浓度为 0.5μmol/L oligo（dT）能够适当提高扩增效率。对某些高 GC 含量低丰度的基因片段的扩增可以通过调整反转录温度来达到好的扩增效果。

3. 一步法 RT-PCR Quant RTase、RNasin 和 Hotmaster *Taq* DNA 聚合酶在取用之前应短暂

离心收集溶液后再吸取，吸取时动作要慢，使用后应尽快放回-20℃。

4. 引物设计的好坏直接影响到 RT-PCR 反应的结果，设计引物时需考虑 GC 含量、引物长度、引物位置等因素，建议采用专业的引物设计软件来设计。

【实验后分析】

1. 一步法 RT-PCR 中，常使用什么反转录酶？RNA 是怎么降解的？什么叫热启动 Taq？
2. 一步法和两步法 RT-PCR 有何差别，在实际应用上体现在哪些方面？
3. 引物的特异退火温度怎样设定？可以根据 GC 和 AT 含量算出吗？怎样利用引物报告单上的 $T_m$ 值？怎样提高 RT-PCR 的特异性？

【新实验设计】

当用某个特定引物 GSP 对目的基因进行 RT-PCR 时，电泳结果发现不止一条带，怀疑是 RNA 被基因组 DNA 污染。请设计一个实验来验证 RNA 是否确实是沾染有基因组 DNA。

## 实验十四　目的基因表达的实时荧光定量 PCR 检测
**Real-time fluorescence quantitative PCR analysis for the target gene**

【实验目的】

1. 了解实时荧光定量 PCR 的测定原理，并与一般 PCR 比较。
2. 掌握实时荧光定量 PCR(real-time quantitative polymerase chain reaction，qRT-PCR，qPCR)的过程和方法。
3. 掌握实验方法和实时荧光定量 PCR 仪的使用方法。
4. 用实时荧光定量 PCR 在 RNA 水平测定基因表达量并进行结果讨论。
5. 了解 qRT-PCR 技术在基因工程操作中的用途。

【实验原理】

(1) 基本原理：实时荧光定量 PCR 技术是在 PCR 反应体系中加入荧光基团，利用荧光信号积累实时监测整个 PCR 进程，最后通过标准曲线对未知模板进行定性及定量分析。

(2) 荧光定量 PCR 的重要参数和曲线：①扩增曲线反映荧光信号的变化量的对数与 PCR 反应循环数的关系，具有指数期明显、在确定阈值线时简单明了的特点，所以很多软件都采用上图的形式，当然，这两种实时扩增曲线可以根据实际实验的需要相互转换。②阈值线指在荧光定量 PCR 扩增的指数期画的一条线，在此直线上，所有样品的荧光强度与其本底荧光强度的差值全部相同。③Ct 值是指 PCR 扩增过程中，每个反应管内的荧光信号到达设定阈值即指数增长阶段的阈值时所经历的循环数。在扩增曲线中(循环数为横坐标，荧光强度为纵坐标)，存在一段对数增加区，在这段对数区中设一个阈值，对于不同的起始拷贝数的样品，Ct 值不同。拷贝数越多，Ct 值越小。

(3) 荧光定量 PCR 的数学原理：

理想的 PCR 反应：$X = X_0 \times 2^n$

非理想的 PCR 反应：$X = X_0(1+Ex)^n$

式中，$n$ 为扩增反应的循环次数；$X$ 为第 $n$ 次循环后的产物量；$X_0$ 为初始模板量；$Ex$ 为扩增效率。

在扩增产物达到阈值线时：

$$XCt = X_0(1+Ex)^{Ct} = M \tag{1}$$

式中，$XCt$ 为荧光扩增信号达到阈值强度时扩增产物的量，在阈值线设定以后，它就是一个常数，我们设为 $M$，方程式(1)两边同时取对数得

$$\log M = \log X_0(1+Ex)^{Ct} \tag{2}$$

整理得

$$\log X_0 = -\log(1+Ex)Ct + \log M \tag{3}$$

绝对定量：先用不同拷贝数梯度的标准样品得到一条 $\log X_0$ 与 Ct 值的标准曲线，再将样品的 Ct 值代入，求得样品的拷贝数 $X_0$。

相对定量：通过比较两个或多个处理的样本之间的基因表达差异，来研究处理的效果。该方法需要内参基因作为参考点，内参基因一般为 β-actin、β-tubulin、GAPDH 等看家基因(看家基因是指维持细胞最低限度功能所不可少的基因，其在细胞内的表达量或拷贝数恒定)。

(4) 实验数据处理方法——$2^{-\Delta\Delta Ct}$ 法。该法的前提条件是内参基因和目标基因的扩增速率都为 1。①计算 ΔCt：ΔCt = Ct 靶基因 – Ct 内参基因，分别计算实验组和对照组的 ΔCt。②计算 ΔΔCt：ΔΔCt = ΔCt 实验组 – ΔCt 对照组。③计算相对表达量的差值 $2^{-\Delta\Delta Ct}$。

(5) 将实验数据的 $2^{-\Delta\Delta Ct}$ 法处理结果作图。

【仪器调试】

使用 Bio-Rad CFX96 C1000，按照使用说明及操作提示设置相应的程序和运行槽等参数。

【试材准备】

(1) 取 RT-PCR 实验中通过 oligo(dT) 扩增获得的 cDNA 第一链稀释后作为模板。

(2) SYBR Green。

(3) 内参的选择。内参基因一般为 β-actin、β-tubulin、GAPDH 等在细胞内的表达量或拷贝数相对恒定的基因，一般可以根据已经发表的结果、实验室的经验或者自己筛选三种方式获取。

自己筛选的方法：选定某个基因做 qRT-PCR 扩增，检测其结果的稳定程度。

(4) 引物的筛选：①定量引物初筛。以稀释后的 cDNA 为模板，做定量，每个梯度至少做 3 个重复，如果定量结果的标准差 SD(检测精确度)小于等于 0.25(即 0.5~1 个 Ct 之内)、

扩增效率 $E$ 在 90%～110%、溶解曲线为单峰(只有一种扩增产物)、溶解温度在 90℃左右(引物二聚体在 80℃以上)时，引物可用，否则重新设计引物。②定量引物效率检测。以 cDNA 为模板，将 cDNA 混合模板梯度稀释为 0、$10^{-1}$、$10^{-2}$、$10^{-3}$、$10^{-4}$ 5 个梯度(也可以五倍梯度稀释)做定量，每个梯度至少做 3 个重复，以 Ct 值为纵坐标稀释梯度为横坐标绘制值曲线，在直线相关系数 $R^2$ 接近大于 0.99、标准差 SD(检测精确度)小于等于 0.25(即 0.5～1 个 Ct 之内)的情况下，如果扩增效率 $E$ 在 90%～110%(即直线斜率 $K$ 约等于-0.33)、溶解曲线为单峰(只有一种扩增产物)、溶解温度在 90℃左右(引物二聚体在 80℃以上，)时，引物可用，否则重新设计引物(如果定量引物初筛结果良好，则一般可以不做定量引物效率检测)。

PCR 扩增指数期线性方程：

$$Ct=-K\lg X_0+b，其中 K=-1/\lg(1+E)$$

式中，$X_0$ 为起始分子数；$K$ 为 PCR 扩增指数期直线斜率。

注：①选择 2.0%的琼脂糖凝胶或者 8.0%～10%的非变性 PAGE 凝胶(可进行 EB 染色)进行电泳。②如果扩增结果有的好有的差或者时好时差，可能是由于模板浓度偏低。

【试剂配制】

用稀释后的 cDNA 做模板来进行 qRT-PCR 实验，根据样品浓度一般稀释 10～30 倍。

【操作步骤】

(1) 先配模板 mix 体系如下：

| | |
|---|---|
| 10 × *Taq* Buffer | 2.5μL |
| MgCl$_2$ | 3.0μL |
| dNTPs (2.5mmol/L) | 0.5μL |
| cDNA | 3.2μL |
| *Taq* | 0.4μL |
| 50 × SYBR Green | 0.3μL |
| | 共 9.9μL |

将配好的体系微离心后，轻轻涡旋 40s 充分混合均匀。注意：加 SYBR 时要避光，mix 混合不均匀导致重复性差。

(2) 配引物 mix 体系如下：

| | |
|---|---|
| F-primer (10pmol/μL) | 0.5μL |
| R-primer (10pmol/μL) | 0.5μL |
| DDW | 14.1μL |
| | 共 15.1μL |

将配好的体系微离心后，轻轻涡旋 40s 充分混合均匀。

(3) 将配好的模板 mix 和引物 mix 按照相应的量加入到八连管中，加入时不要产生气泡，微离心后上荧光定量仪(AB 公司的 7500)。

(4) 编号，并设好程序如下：

| | | |
|---|---|---|
| 95℃ | 1min | |
| 95℃ | 10s | |
| $T_m$ | 20s | 40个循环（在72℃-40s时收集信号） |
| 72℃ | 40s | |

溶解曲线收集：

| | |
|---|---|
| 95℃ | 15s |
| 60℃ | 1min |
| 95℃ | 15s |
| 60℃ | 15s |

【注意事项】

每个模板都要做内参，每个处理及其内参都要做三个重复，每对引物都需要设置无模板的阴性对照。

【实验后分析】

扩增曲线和溶解曲线：溶解曲线全部为单峰表明为特异性扩增。一般而言，荧光扩增曲线可以分成三个阶段：荧光背景信号阶段、荧光信号指数扩增阶段和平台期，其形状是一条平滑的S形曲线。如果在荧光背景信号阶段出现很多拐点，可能的原因是体系未混匀或者存在固态杂质；如果向下探头后又很快抬头然后又向下探头，可能原因是体系中模板量太高，建议模板稀释后再用。如果引物二聚体存在则阴性对照会出现抬头现象，这在Real-Time PCR中很难避免；若是阴性对照的溶解曲线出现和样品中同样的峰，说明体系配制中存在污染，则实验结果不可用。

在溶解曲线中出现双峰有三种可能：①引物峰，引物峰通常是两峰中的前者，消除的办法是降低体系中的引物量或重新设计引物；②在做基因表达差异时容易出现DNA被扩增峰（只在引物跨内含子时存在），出现原因是提取RNA时存在DNA污染，可以通过电泳验证，这时要重新消化RNA样品中的DNA；③扩增非特异，这时要重新探究扩增条件或重新设计引物并验证。

【新实验设计】

请根据所学qPCR操作，设计一个筛选某个物种的qPCR内参的实验。

# 实验十五　目的基因的Southern印迹杂交检测
## Southern blot analysis for the target gene

【实验目的】

1. 了解随机引物法标记探针的方法，以及用放射自显影方法取得分子杂交结果的方法。

2. 掌握同位素的操作及防护方法。
3. 掌握 Southern 转膜、预杂交、分子杂交的操作技术。

【实验原理】

Southern 印迹杂交(Southern blot)是 Southern 于 1975 年首创的杂交方法，已经成为分子生物学的经典技术，主要用于在复杂的背景基因中识别特异性 DNA 序列，是研究 DNA 图谱的基本技术。其基本原理是将待检测的 DNA 样品固定在固相载体上，与标记的核酸探针进行杂交，在与探针有同源序列的固相 DNA 的位置上显示出杂交信号。因为具有一定同源性的两条核酸单链 DNA(或 DNA 与 RNA)在一定的条件下可按碱基互补原则退火形成双链。杂交过程一般需要先将经限制性内切酶酶解的 DNA 片段，经过琼脂糖凝胶电泳分离的 DNA 片段在凝胶上经 NaOH 处理使之变性，然后利用吸附原理将变性的 DNA 按原有顺序转移至硝酸纤维素滤膜(nitrocellulose filter membrane，NC 膜)上并固定起来，随后在硝酸纤维滤膜上的 DNA 片段与一个放射性同位素如 $^{32}P$ 标记的或者非放射性物质标记的如地高辛或者生物素标记的 DNA 或 RNA 探针杂交，最后经过放射自显影或者显色反应从 X 线片上显现出杂交分子的区带。

Southern 印迹杂交可以判断被检测的 DNA 样品中是否有与探针同源的片段及该片段的长度。该技术被广泛应用在遗传病检测、DNA 指纹分析和 PCR 产物判断等研究中。

本实验中，经琼脂糖凝胶电泳分离的 pUCl9 质粒 DNA 和植物基因组 DNA，通过 Southern 转移，将其吸印在 NC 膜上。这主要是通过随机引物法，以同位素 $^{32}P$ 标记的 pUCl9 质粒 DNA 为探针，与 NC 膜上的质粒 DNA 进行杂交，再用放射自显影方法取得分子杂交的结果。本实验所用的待测核酸和探针都使用已知的 pUCl9 质粒 DNA，因其有同源性，容易得到杂交带，反之，植物基因组 DNA 由于缺乏这种同源性，不易得到杂交带，这样便于初学者掌握 Southern 印迹杂交实验的方法和流程。

【实验仪器】

恒温水浴器、烤箱、台式高速离心机、琼脂糖凝胶电泳系统、高压灭菌锅、精密电子天平、-70℃或-20℃冰箱、放射性污染监测器(注意：涉及放射性同位素操作的实验应向有关的专门机构或者负责人申请或报告)。

【材料准备】

(1)pUCl9 质粒 DNA、植物基因组 DNA(以本部分实验一和实验三结果为本次实验的生物材料)。

(2)4 种 dNTP[其中一种为 ($\alpha$-$^{32}P$) dCTP]；DNA 聚合酶 I 大片段(Klenow 酶)；随机引物；氯化钠(NaCl)；柠檬酸钠($Na_3C_6H_5O_7 \cdot 2H_2O$)；盐酸(HCl)；氢氧化钠(NaOH)；蔗糖；硼酸；溴酚蓝；三羟甲基氨基甲烷(Tris)；十二烷基硫酸钠(SDS)；磷酸二氢钠($NaH_2PO_4$)；磷酸氢二钠($Na_2HPO_4$)；显影粉；定影粉；溴化乙锭(EB)；微量加样器(20μL、100μL、1000μL)及枪头；200μL PCR 反应管，1.5mL 离心管；Whatman 一号滤纸及普通滤纸；10cm×5cm 玻璃板；硝酸纤维素滤膜(NC 膜)；杂交盒；500g 重物；X 线片夹及 X 线片；剪子、镊子、刀片、胶带、裁纸刀、卫生纸(或吸水纸)；保鲜膜；直径 20cm 的玻璃平皿；一次性手套；生化常用玻璃器皿；22cm×15cm 瓷盘。

【试剂配制】

(1) 20×SSC(1000mL)：3mol/L NaCl(175.32g)，0.3mol/L 柠檬酸钠(88.26g)，用 1mol/L HCl 调 pH 至 7.0。

(2) 变性溶液(500mL)：1.5mol/L NaCl(43.83g)，0.5mol/L NaOH(10g)。

(3) 中和溶液(500mL)：0.5mol/L Tris(30.27g)，3mol/L NaCl(87.66g)，用 1mol/L HCl 调 pH 至 7.0。

(4) 5×TBE(250mL)：Tris 13.5g，硼酸 6.9g，EDTA-$Na_2$ 0.9g，定容至 250mL。

(5) TE(10mL)：10mmol/L Tris-HCl，1mmol/L EDTA，pH8.0。

(6) 0.2mol/L HCl(500mL)。

(7) 6×溴酚蓝上样缓冲液(1mL)：0.25%溴酚蓝，40%蔗糖。

(8) 4mol/L EDTA。

(9) 6×SSC 杂交液贮液：20% SDS(50mL)，1mol/L $NaH_2PO_4$(10mL)，1mol/L $Na_2HPO_4$(50mL)，0.5mol/L EDTA(100mL)。

(10) EB 染色液：0.5μg/mL 溴化乙锭。

【操作步骤】

**1. 制备生物材料**

pUCl9 质粒 DNA 和植物基因组 DNA 等生物材料按前述实验制备。

**2. 琼脂糖凝胶电泳分离DNA**

(1) 将 5×TBE 贮液稀释为 0.5×TBE。

(2) 用 0.5×TBE 配制 50mL 1%琼脂糖凝胶。称取 0.5g 琼脂糖于锥形瓶中，加入 50mL 0.5×TBE，加热至琼脂糖溶化，摇匀，待胶冷至 60℃左右，制胶。

(3) 上样：分别将 pUCl9 质粒 DNA、植物基因组 DNA、pUCl9 质粒 DNA 和植物基因组 DNA 的混合物、DNA markers 上样于不同的上样孔，记录上样顺序，以备后续分析。

(4) 电泳。一般电压控制在 50V 左右，电流在 40mA 以下，恒压电泳。当溴酚蓝染料移动到距凝胶前沿 1cm 时，停止电泳。

(5) 用 EB 染色 15min，放在紫外灯上观察电泳结果。如果电泳条带清晰(看到橘红色荧光条带)，将凝胶照相，并继续进行下一步。

**3. Southern转移**(以下操作须戴上一次性手套)

(1) 用刀片将凝胶切去一角(对点样顺序做个标记)，转至玻璃平皿中。

(2) 将胶置于 0.2mol/L HCl 中 10min 脱嘌呤(如 DNA<1kb 可省)。缓缓摇动至溴酚蓝由蓝色转变成橘黄色时停止，用蒸馏水漂洗 2 次。

(3) 在室温下将凝胶浸泡在变性溶液中，脱色摇床上缓慢摇动 40min，使 DNA 充分变性。用蒸馏水漂洗 2 次。

(4) 在室温下将凝胶转到另一玻璃平皿中，用中和溶液浸泡并摇动 40min。用蒸馏水漂洗 2 次。将两个直径 20cm 的玻璃平皿并排放置，注入足量的 20×SSC 溶液，两个平皿上面放一块干净玻璃板(10×15)cm², 玻璃板上铺两张 Whatman 一号滤纸, 滤纸的宽与玻璃板同宽, 滤纸的两个边垂入 20×SSC 溶液中, 使溶液不断地吸到滤纸上, 可用玻璃棒在滤纸上滚动赶出气泡, 滤纸不能用手直接接触。

(5)将 NC 膜裁成与凝胶大小一致, 并在相应位置上剪掉一个角, 然后用重蒸水浸湿, 再转入 20×SSC 溶液浸泡约 0.5h。注意勿用手直接触摸 NC 膜。

(6)将中和处理好的凝胶滑移到已用 Whatman 一号滤纸铺好的玻璃板中央, 用玻璃棒赶掉凝胶与滤纸间的气泡。

(7)小心地用镊子将 NC 膜准确放在凝胶上, 此时 DNA 开始转移, 不能再移动 NC 膜。

(8)用玻璃棒仔细赶掉存在于 NC 膜与凝胶间的气泡。NC 膜上盖一张同样大小的普通滤纸, 再次赶尽气泡。

(9)预先裁一叠同样大小的卫生纸, 纸大小略比 NC 膜小一圈(约 2mm)。压在滤纸上, 约 10cm 厚。在卫生纸上放置一块玻璃板, 玻璃板上放 500g 的重物, 镇压。

(10)如此转移转移 12h 或过夜。注意观察卫生纸或者吸水纸的湿润状态, 及时更换。

(11)将 NC 膜与凝胶剥离: 弃去胶, 把 NC 膜浸在 6×SSC 溶液中, 约 5min 后取出。

(12)把 NC 膜夹在 4 层普通滤纸中, 置 65℃烘箱中烘烤 4h。

**4. 探针标记**

(1)取 20~100μg DNA 加水至 45μL, 100℃变性 10min, 迅速插入冰中。

(2)以下操作须按照同位素操作的规范进行: 取 1.5mL 离心管置于冰上, 依次加入下列试剂(以下均为公司提供, 除 DNA 模板)。

| | |
|---|---|
| 5×标记缓冲液(Promega) | 10μL |
| dATP、dGTP、dTIP 混合物 | 2μL |
| 变性的 DNA 模板 | 1.5μL |
| 不含核酸酶的 BSA | 2μL |
| [α-$^{32}$P]dCTP(10U/μL) | 5μL |
| Klenow 酶(5U/μL) | 1μL |
| 引物(Promega) | 2μL |
| 加无菌水至 | 50μL |

(3)用离心机轻轻混匀, 然后在室温下标记 3h(放置同位素室)。

(4)终止: 将完成标记后的反应物煮沸 2min, 立即放入冰浴中。加入 5μL 4mol/L EDTA 后, 冷藏(-20℃)或直接用于杂交。

**5. Southern 印迹杂交**

(1)6×SSC 杂交液配制(1000mL): 43.8g NaCl、36.9g 柠檬酸钠用 500mL 水溶解, 再加入 20% SDS 30mL, 1mol/L NaH$_2$PO$_4$ 8mL, 1mol/L Na$_2$HPO$_4$ 42mL, 聚蔗糖 1g, 聚乙烯吡咯烷酮 1g, 牛血清白蛋白 1g, 0.5mol/L EDTA 5mL, 定容至 1000mL, 试一下 pH, 如为 7.5 左右则正确。

(2)鱼精 DNA 的变性: 100℃水浴煮沸 10min, 迅速插入冰中。

(3)将已烘烤过的 NC 膜放入杂交盒中, 加入预热的杂交液 10mL, 使杂交液刚好没过 NC 膜, 同时加入变性鱼精 DNA(减少杂交时的背景干扰), 使杂交液中的鱼精 DNA 的浓度为

0.5mL/100mL 杂交液，65℃恒温水浴，预杂交 4~5h(同位素室进行，预杂交的目的是将非特异性序列封闭，从而使背景更清晰)。

(4)探针变性：完成标记后，加等体积 0.4mol/L NaOH 混匀 10min。

(5)将变性探针加入杂交液中，混匀(变性探针与膜上的特异性序列杂交)。

(6)65℃恒温水浴杂交 12h 或过夜(同位素室进行)。

(7)洗膜(同位素室进行)。

一洗：2×SSC，0.1% SDS　　　10min，两次
二洗：1×SSC，0.1% SDS　　　10min，两次
三洗：0.5×SSC，0.1% SDS　　10min，两次

注意：洗膜的温度和时间、盐离子浓度可灵活掌握。洗膜目的是将滤膜上未与 DNA 杂交的及非特异性杂交的探针分子从滤膜上洗去。

**6. 放射自显影**

(1)将滤膜用保鲜膜包好，置 X 线片夹中，并用同位素监测仪探测一下同位素强度，从而确定曝光时间。

(2)在暗室中将 NC 膜放在增感磷屏上(光面与 NC 膜接触)，在滤膜上压上 X 线片，再压上增感屏后屏(光面与 X 线片接触)。为了防止滤膜和 X 线片移位，可在适当位置粘上胶带条。置-70℃(或-20℃)曝光，曝光时间由第 1 步决定。

(3)在暗室中冲片，显影→水洗→定影，用水洗净后吹干或晾干。

【注意事项】

1. 将凝胶中和至中性时，要适时检测 pH，防止凝胶的碱性破坏硝酸纤维素膜。
2. 要注意赶走凝胶和滤纸及硝酸纤维素膜之间的气泡，以免影响转移。
3. 要取得好的转移和杂交效果，应根据 DNA 分子的大小，适当调整变性时间。
4. 对于分子质量较大的 DNA 片段(大于 15kb)，可在变性前用 0.2mol/L 的 HCl 预处理 10min 使其脱嘌呤。
5. 转移用的 NC 膜要预先使用重蒸水浸泡湿透，否则会影响转膜效果，不要用手触摸 NC 膜，否则影响 DNA 的转移及与膜的结合。
6. 转移时，凝胶的四周可以用 Parafilm 蜡膜封严，防止在转移过程中产生短路，影响转移效率。
7. 凡是涉及放射性同位素的操作应注意安全使用。

【实验后分析】

1. Southern 印迹杂交技术的基本原理是什么？
2. 举例说明 Southern 印迹杂交技术的基本流程。

【新实验设计】

设计一个基因的 Southern 实验，从基因组 DNA 的提取、处理、转膜、杂交等方面考虑。

# 实验十六 目的基因表达的 Northern 印迹杂交检测
## Northern blot analysis for the target gene expression

【实验目的】

1. 掌握 Northern 印迹杂交的操作方法。
2. 理解 Northern 印迹杂交的原理。
3. 了解 Northern 印迹杂交的作用。

【实验原理】

Northern 印迹杂交是分析 RNA 样品中特定 mRNA 分子大小和丰度的分子杂交技术。与 Southern 印迹杂交相似，Northern 印迹杂交也采用琼脂糖凝胶电泳，将分子质量不同的 RNA 分离开来，随后将其原位转移至固相支持物（如尼龙膜、硝酸纤维素膜等）上，再用放射性（或非放射性）标记的 DNA 或 RNA 探针，依据其同源性进行杂交，最后进行放射自显影（或化学显影），以目标 RNA 所在位置表示其分子质量的大小，而其显影强度则可提示目标 RNA 在所测样品中的相对含量（即目标 RNA 的丰度）。但与 Southern 印迹杂交不同的是，总 RNA 不需要进行酶切，即是以各个 RNA 分子的形式存在，可直接应用于电泳；此外，由于碱性溶液可使 RNA 水解，因此不进行碱变性，而是采用甲醛等进行变性电泳。

【试剂配制】

(1) 0.5mol/L EDTA：EDTA 16.61g 加重蒸水至 80mL，调 pH 至 8.0，定容至 100mL。

(2) 50mmol/L NaAc：NaAc 3.4g 加重蒸水至 500mL，加 DEPC 0.5mL，振荡，37℃过夜，高压灭菌。

(3) 5×甲醛凝胶电泳缓冲液：MCPS[3-(N-玛琳代)丙磺酸]10.3g 加 50mmol/L NaAc 400mL，用 2mol/L NaOH 调 pH 至 7.0，再加入 0.5mol/L EDTA 10mL，加 DEPC 水至 500mL。无菌抽滤，室温避光保存。

(4) 20×SSC：NaCl 175.3g、柠檬酸三钠 88.2g，加重蒸水至 800mL，用 2mol/L NaOH 调 pH 至 7.0，再用重蒸水定容至 1000mL。DEPC 处理，高压灭菌。

(5) 6×SSC：20×SSC 300mL 加重蒸水至 1000mL。DEPC 处理，高压灭菌。

(6) 50×Denhardt：聚蔗糖 0.5g、聚乙烯吡咯烷酮 0.5g、牛血清白蛋白（BSA）0.5g 加重蒸水至 50mL，无菌抽滤、分装。

(7) 1mol/L $Na_2HPO_4$：$Na_2HPO_4 \cdot 12H_2O$ 35.81g，加重蒸水至 100mL。

(8) 1mol/L $NaH_2PO_4$：$NaH_2PO_4 \cdot 2H_2O$ 15.6g，加重蒸水至 100mL。

(9) 0.1mol/L 磷酸钠缓冲液（pH6.6）：$Na_2HPO_4$ 35.2mL 加 $NaH_2PO_4$ 64.8mL。

(10) STE 缓冲液：1mol/L Tris-HCl（pH 8.0）2.5mL，0.5mol/L EDTA 0.5mL，5mol/L NaCl 5mL，加重蒸水至 250mL。

(11) 预杂交液：20×SSC 5mL，甲酰胺 10mL，50×Denhardt 4mL，1mol/L 磷酸钠缓冲液

0.2mL（pH6.6），10% SDS 1mL，总体积 20mL。临用前加入变性鲑鱼精 DNA（10mg/mL），使最终浓度为 4μL/mL。

（12）DEPC H$_2$O：1000mL 重蒸水中加入 DEPC 1mL，充分振荡，37℃过夜，高压灭菌。

【操作步骤】

（1）变性胶的制备：取琼脂糖 0.2g，加入 DEPC 水 12.4mL，加热溶化，于保温状态下加入 5×甲醛凝胶电泳缓冲液 4.0mL、37%甲醛 3.6mL，混匀、制胶。待胶凝固后，置于 1×甲醛凝胶电泳缓冲液中预电泳 5min。

（2）样品制备：取总 RNA 4.5μL（20～30μg），加入 5×甲醛凝胶电泳缓冲液 4.0μL、37%甲醛 3.6μL、甲酰胺 10μL，65℃温育 15min、冰浴 5min。加入 EB（1μg/μL）1μL、上样缓冲液 2μL。

（3）电泳：上样，50V 电泳（电泳时间约 2h）。电泳结束后将胶块置紫外灯下，观察 RNA 的完整性，记录 18S、28S 条带的位置（离加样孔的距离）。

（4）将 RNA 从变性胶转移到硝酸纤维素膜或尼龙膜：

a. 按胶块大小剪取膜一张，用 DEPC 水中浸湿后，置于 20×SSC 中浸泡 1h。剪去膜一角。

b. 将胶块切去一角，并在 20×SSC 浸泡 15min×2 次。

c. 用长和宽均大于凝胶的一块有机玻璃板作为平台，将其放入大的干烤皿上，上面放一张 Whatman 3mm 滤纸，倒入 20×SSC 使液面略低于平台表面，当平台上方的 3mm 滤纸湿透后，用玻璃棒赶出所有气泡。

d. 将凝胶翻转后置于平台上湿润的 3mm 滤纸中央，3mm 滤纸和凝胶之间不能滞留气泡。

e. 用 Parafilm 膜围绕凝胶四周，以此作为屏障，阻止液体自液池直接流至胶上方的纸巾。

f. 在凝胶上方放置预先已浸湿的尼龙膜，排出膜与凝胶之间的气泡。

g. 将两张已湿润的、与凝胶大小相同的 3mm 滤纸置于膜的上方，排出滤纸与滤膜之间的气泡。

h. 将一叠（5～8cm 厚）略小于 3mm 滤纸的纸巾置于 3mm 滤纸的上方，并在纸巾上方放一块玻璃，然后用一个重约 500g 的重物压在玻璃板上。其目的是建立液体自液池经凝胶向膜上行流路，以洗脱凝胶中的 RNA 并使其聚集在膜上。

（5）使上述 RNA 转移持续进行 15h 左右。转膜过程中，当纸巾浸湿后，应更换新的纸巾。

（6）转移结束后，揭去凝胶上方的纸巾和 3mm 的滤纸。将膜在 6×SSC 中浸泡 5min，以去除膜上残留的凝胶。将凝胶置紫外灯下，观察胶块上有无残留的 RNA。

（7）膜置 80℃，真空干烤 1～2h。烤干后的膜用塑料袋密封，4℃保存备用。

（8）探针标记：①取模板 DNA 25ng 于 0.5mL 离心管中，95～100℃变性 5min，冰浴 5min。②dNTPmix 的制备：取 dGTP 1μL、dATP 1μL、dTTP 1μL 混匀。③将下列反应成分混合，加入上述微量离心管中：

| dNTP mix | 2.0μL |
| --- | --- |
| BSA(10mg/mL) | 2.0μL |
| 5×Buffer | 10.0μL |
| Klenow 酶(5U/μL) | 1.0μL |
| α-$^{32}$P-dCTP | 5.0μL |

加入适量重蒸水使反应总体积达 50μL，轻轻混匀。室温下反应 1h。

(9) 预杂交：将膜的反面紧贴杂交瓶，加入预杂交液 5mL，42℃预杂交 3h。

(10) 杂交：将变性的探针(95～100℃变性 5min，冰浴 5min)加入到预杂交液中，42℃杂交 16h。

(11) 洗膜：①倾去杂交液。②2×SSC/0.1% SDS 室温洗 15min。③0.2×SSC/0.1% SDS，55℃洗 15min×2 次。

(12) 压片：将膜用重蒸水漂洗片刻，用滤纸吸去膜上水分。用薄型塑料纸将膜包好，置于暗盒中，在暗室中压上 X 线片。暗盒置−70℃放射自显影 3～7d。

【注意事项】

1. 操作时必须仔细、小心，严格按同位素操作规程进行，以防止同位素污染。

2. 必要时，可采用 Sephades G-50 柱层析法纯化标记的探针，去除标记反应中未结合的（游离的）核苷酸。

【新实验设计】

设计一个基因的 Northern 实验，从 RNA 的提取、处理、转膜、杂交等方面考虑。

# 实验十七　目的基因表达的 Western 印迹杂交检测
## Western blot analysis for the target gene expression

【实验目的】

1. 掌握 Western 印迹杂交的操作方法。
2. 理解 Western 印迹杂交的原理。
3. 了解 Western 印迹杂交的作用。

【实验原理】

蛋白质免疫印迹(Western blot)是将蛋白质转移到膜上，然后利用抗体进行检测。对已知表达蛋白，可用相应抗体作为一抗进行检测；对新基因的表达产物，可通过融合部分的抗体检测。与 Southern 或 Northern 印迹杂交方法类似，但 Western blot 采用的是聚丙烯酰胺凝胶电泳，被检测物是蛋白质，"探针"是抗体，"显色"用标记的二抗。经过聚丙烯酰胺凝胶分离的蛋白质样品，转移到固相载体（如硝酸纤维素薄膜）上，固相载体以非共价键形式吸附蛋白质，且能保持电泳分离的多肽类型及其生物学活性不变。以固相载体上的蛋白质或多肽作为抗原,与对应的抗体起免疫反应,再与酶或同位素标记的第二抗体起反应,经过底物显色或放射自显影以检测电泳分离的特异性目的基因表达的蛋白成分。该技术也广泛应用于检测蛋白水平的表达。

【试剂配制】

(1) 丙烯酰胺和 $N,N'$-亚甲双丙烯酰胺,应以温热(以利于溶解双丙烯酰胺)的去离子水配制含有 29%($m/V$)丙烯酰胺和 1%($m/V$) $N,N'$-亚甲双丙烯酰胺贮存液丙烯酰胺 29g,$N,N$-亚甲叉双丙烯酰胺 1g,加 $H_2O$ 至 100mL 贮于棕色瓶,4℃避光保存。严格核实 pH 不得超过 7.0,因为在光催化或碱催化下,可以发生脱氨基反应。使用期不得超过两个月,隔几个月须重新配制。如有沉淀,可以过滤。

(2) 十二烷基硫酸钠(SDS)溶液:10%($m/V$) 0.1g SDS,1mL 去离子水配制,室温保存。

(3) 分离胶缓冲液:1.5mmol/L Tris-HCl(pH8.8):18.15g Tris 和 48mL 的 1mol/L HCl 混合,加水稀释到 100mL 终体积。过滤后 4℃保存。

(4) 浓缩胶缓冲液:0.5mmol/L Tris-HCl(pH6.8):6.05g Tris 溶于 40mL 去离子水中,用约 48mL 1mol/L HCl 调 pH 至 6.8,加水稀释到 100mL 终体积。过滤后 4℃保存。这两种缓冲液必须使用 Tris 碱制备,再用 HCl 调节 pH,而不用 Tris-HCl。

(5) TEMED 原溶液:$N,N,N,'N'$-四甲基乙二胺催化过硫酸铵形成自由基而加速两种丙烯酰胺的聚合。pH 太低时,聚合反应受到抑制。10%($m/V$)过硫酸铵溶液。提供两种丙烯酰胺聚合所必需的自由基。用去离子水现用现配。

(6) SDS-PAGE 加样缓冲液:pH6.8 0.5mol/L Tris 缓冲液 8mL,甘油 6.4mL,10% SDS 12.8mL,β-巯基乙醇 3.2mL,0.05%溴酚蓝 1.6mL,$H_2O$ 32mL 混匀备用。按 1∶1 或 1∶2 比例与蛋白质样品混合,在沸水中煮 10min 混匀后再上样,一般上样量为 20~30μL,最大总蛋白量 100μL。

(7) Tris-甘氨酸电泳缓冲液:30.3g Tris,188g 甘氨酸,10g SDS,用蒸馏水溶解至 1000mL,得到 0.25mol/L Tris-1.92mol/L 甘氨酸电极缓冲液。临用前稀释 10 倍。

(8) 转移缓冲液:配制 1L 转移缓冲液,需称取 2.9g 甘氨酸、5.8g Tris 碱、0.37g SDS,并加入 200mL 甲醇,加水至总量 1L。

(9) 5%($m/V$)脱脂奶粉:称取脱脂奶粉 2.5g,加去离子水定容至 50mL。

(10) 100mmol/L Tris-HCl(pH9.5)。

(11) $NaN_3$:称取 0.02% 叠氮钠(有毒,戴手套操作),溶于磷酸缓冲盐溶液(PBS)。

(12) Tris 缓冲盐溶液(TBS):20mmol/L Tris-HCl(pH7.5),500mmol/L NaCl。

(13) 吐温-20 (15) 鼠抗人-MMP-9 (16) 鼠抗人-TIMP-1。

(14) 过氧化物酶标记的第二抗体。

(15) NBT(溶于 70%二甲基甲酰胺,75mg/mL)。

(16) BCIP(溶于 100%二甲基甲酰胺,50mg/mL)。

【操作步骤】

**1. 样品制备**

原始样品可为细胞、组织、培养上清、免疫沉淀或亲和纯化的蛋白,以下为定性检测目的蛋白时细胞样品的处理方法，其余的样品制备方法参阅相关文献。

(1)去培养液后用温的 PBS 冲洗细胞 2～3 遍(冷的 PBS 有可能使细胞脱落)。

(2)加入适量的冰预冷的 PBS，用细胞刮刮下细胞收集在离心管。

(3)超声(100～200W)3s，2 次。4℃下 12 000g 离心 2min。

(4)收取细胞于 EP 管中，加入适量的 1×SDS，吹匀，100℃下 5min，重复一次。1200r/min 离心 10min。取上清。

(5)电泳分离：上样 15～20μL 至 SDS-PAGE 胶(10cm×10cm)电泳。

**2. 电泳分离**

参照本部分实验十"目的基因的原核表达"中的"SDS-PAGE 电泳方法"。

**3. 转膜**

杂交膜的选择是决定 Western blot 成败的重要环节。应根据杂交方案、被转移蛋白的特性及分子大小等因素，选择合适材质、孔径和规格的杂交膜。用于 Western blot 的膜主要有两种：硝酸纤维素膜(NC)和 PVDF 膜。NC 膜是蛋白印迹实验的标准固相支持物，在低离子转移缓冲液的环境下，大多数带负电荷的蛋白质会与膜发生疏水作用而高亲和力地结合在一起，但在非离子型的去污剂作用下，结合的蛋白还可以被洗脱下来。根据被转移的蛋白质分子质量大小，选择不同孔径的 NC 膜。因为随着膜孔径的不断减小，膜对低分子质量蛋白的结合就越牢固。通常用 0.45μm 和 0.2μm 两种规格的 NC 膜。大于 20kDa 的蛋白可用 0.45μm 的膜，小于 20kDa 的蛋白就要用 0.2μm 的膜了，如用 0.45μm 的膜就会发生"Blowthrough"的现象。PVDF 膜灵敏度、分辨率和蛋白亲和力比常规的膜要高，非常适合于低分子质量蛋白的检测。但 PVDF 膜在使用之前必须用纯甲醇浸泡饱和 1～5s。

蛋白质常用的转移方法主要有两种：槽式湿转和半干转移。前者操作容易，转移效率高；而后者适用于大胶的蛋白转移，所用缓冲液少。以下为槽式湿转的操作步骤。

(1)将胶浸于转移缓冲液中平衡 10min(注意：如检测小分子蛋白，可省略此步，因小分子蛋白容易扩散出胶)

(2)依据胶的大小剪取膜和滤纸 6 片，放入转移缓冲液中平衡 10min。如用 PVDF 膜需用纯甲醇浸泡饱和 3～5s。

(3)装配转移"三明治"：吸水纸—3 层滤纸—胶—膜—3 层滤纸—吸水纸，每层放好后，用试管赶去气泡。切记：胶放于负极面。

(4)将转移槽置于冰浴中，放入"三明治"（黑色面对黑色面），加转移缓冲液，插上电极，100V，1h(电流约为 0.3A)(注意：应再次检查"三明治"和电极是否装配正确，电源是否接通)。

(5)转膜结束后，切断电源，取出杂交膜

**4. 免疫杂交与显色**

(1)用 25mL TBS 洗膜 5min，室温，摇动。

(2)置膜于 25mL 封闭缓冲液中 1h，室温，摇动。

(3)15mL TBS 洗 3 次，每次 5min。

(4)加入合适稀释度的一抗，室温孵育 1～2h 或 4℃过夜，缓慢摇动。

(5)15mL TBS 洗 3 次，每次 5min。

(6) 加入合适稀释度的碱性磷酸酶(AP)或辣根过氧化酶(HRP)标记的二抗,室温孵育 1h,缓慢摇动。

(7) 15mL TBS 洗 3 次,每次 5min。

(8) 蛋白检测(显色法或发光法,按相应试剂说明操作)。

【注意事项】

1. 操作中戴手套,不要用手触膜。
2. PVDF 膜在甲醇中浸泡时间不要超过 5s。
3. 如检测小于 20kDa 的蛋白质应用 0.2μm 的膜,并可省略转移时的平衡步骤。
4. 某些抗原和抗体可被吐温-20 洗脱,此时可用 1.0% BSA 代替吐温-20。
5. 关于封闭剂的选择:5%脱脂奶/TBS 或 PBS:能和某些抗原相互作用,掩盖抗体结合能力;0.3%~3%的 BSA 的 PBS 溶液:低的内源性交叉反应。
6. 如用 0.1%吐温-20、0.02% $NaN_3$ 的 PBS 或 TBS 溶液作封闭剂和抗体稀释液,抗体检测后可进行蛋白质染色。
7. 如要同时检测大分子质量和小分子质量蛋白质,最好用梯度胶分离蛋白质。

【新实验设计】

设计一个基因的 Western 实验,从蛋白质的提取、处理、电泳、转膜、杂交等方面考虑。

# 实验十八 根癌农杆菌介导的植物基因转化技术
## Agrobacterium-mediated transformation of plant cells

【实验目的】

1. 掌握农杆菌转化操作过程和方法。
2. 了解农杆菌转化法在基因工程中的应用。

【实验原理】

根癌农杆菌和发根农杆菌细胞中分别含有 Ti 质粒和 Ri 质粒,其上有一段 T-DNA(transferring DNA),农杆菌通过侵染植物伤口进入细胞后,可将 T-DNA 插入到植物基因组中,并且可以通过减数分裂稳定地遗传给后代,这一特性成为农杆菌介导法植物转基因的理论基础。

农杆菌转化法的原理是构建双元表达载体系统,由两种质粒组成,一种是位于大肠杆菌中的穿梭质粒(用于构建重组质粒),另一种是位于农杆菌中的辅助性质粒。

选择一种特制的空质粒载体(如 pBI121 质粒载体),其上要求含有 T-DNA 边界序列,在序列之间含有复制原点、抗性基因、GUS 报告基因、限制性内切核酸酶切割位点(以上这些构成了一个 T-DNA 区)。先将空质粒载体和目的基因连接,构建成重组质粒。

将重组质粒电转化到农杆菌感受态细胞中后,用含有重组质粒的农杆菌去侵染植物切口或者愈伤,通过辅助性质粒的 Vir 区表达蛋白与重组质粒 T-DNA 区(目的片段)的反式作用激活 T-DNA 的转移,从而将目的片段整合到植物细胞基因组中。随着愈伤组织的形成或扩增,使得新生细胞均含有该目的片段的基因。

【试材准备】

水稻愈伤、农杆菌、羧苄青霉素二钠、筛选培养基、共培养基、再生培养基、生根培养基、无菌水、无菌滤纸、灭菌锥形瓶。

【试剂配制】

(1)羧苄青霉素二钠(CN)(200mg/mL):1g 的 CN 干粉用 5mL 灭菌重蒸水溶解后,分装到 1.5 mL 离心管中(无菌操作)。

(2)共培养培养基:

| | |
|---|---|
| $N_{6max}$ 母液(10×) | 12.5mL |
| $N_{6min}$ 母液(100×) | 1.25mL |
| $Fe_2$-EDTA 母液 (100×) | 2.5mL |
| 维生素母液 (100×) | 2.5mL |
| 2,4-D 母液 | 0.75mL |
| 水解酪蛋白 | 0.2g |
| 蔗糖 | 5g |
| 琼脂粉 | 1.75g |

加 $H_2O$ 250mL 并调节 pH 至 5.6,灭菌。使用前,煮溶培养基,加入 5mL 葡萄糖母液(灭菌的 50%葡萄糖溶液)和 250μL AS 母液,然后分装到培养皿中(25mL/皿)。

(3)筛选培养基:

| | |
|---|---|
| $N_{6max}$ 母液(10×) | 25mL |
| $N_{6min}$ 母液(100×) | 2.5mL |
| $Fe_2$-EDTA 母液 (100×) | 2.5mL |
| 维生素母液 (100×) | 2.5mL |
| 2,4-D 母液 | 0.625mL |
| 水解酪蛋白 | 0.15g |
| 蔗糖 | 7.5g |
| 琼脂粉 | 1.75g |

加 $H_2O$ 250mL 并调节 pH 至 6.0,灭菌。使用前,煮溶培养基,加入 250μL Hn(潮霉素)和 200ppm 羧苄青霉素(国产),然后分装到培养皿中(25mL/皿)。

【操作步骤】

1)农杆菌侵染(共培养)

(1)调整农杆菌悬浮液的 $OD_{600}$ 值到 0.5~0.9。

(2)用农杆菌悬浮液浸泡愈伤 30min。

(3)倒去菌液,将锥形瓶倒立于含滤纸的灭菌小皿中约 10min。

(4)愈伤放在灭菌的滤纸上晾干后,转移到共培养培养基上去。培养物 19~20℃黑暗处理 2d。

2)水洗和筛选

(1)经过共培养的愈伤,用灭菌蒸馏水洗 5~7 次愈伤。

(2)用含有 400ppm(羧苄青霉素二钠)CN 的灭菌水浸泡愈伤 30min(封好口后,可于 28℃下,180~200r/min 摇 20min)。

(3)倒去含抗生素的灭菌水,将锥形瓶倒立于含滤纸的灭菌小皿中约 10min。

(4)愈伤在无菌滤纸上晾干后,转移到相应抗性的筛选培养基筛选 2~3 个循环(每个循环约 2 周)。

3)再生　　筛选后的阳性转化子愈伤转移到再生培养基上,培养 4~8 周。

4)生根　　再生后的苗剪掉已生出的根,插入到生根培养基中 1~2cm 深,培养 7~10d。

5)移栽　　生根后的苗移栽到水稻土中。

6)检测　　待苗长到 3 叶期的时候,摘取叶片,提取 DNA,进行 PCR 等,检测目的基因。

【注意事项】

防止操作中污染;防止农杆菌水洗不够干净,造成抗生素很难抑制其生长。

【新实验设计】

设计一个基因的农杆菌转化实验,从载体、菌株、抗生素、植物材料等方面考虑。

# 主要参考文献

常景玲. 2012. 生物工程实验技术[M]. 北京: 科学出版社: 292.
陈坚, 堵国成, 刘龙. 2013. 发酵工程实验技术[M]. 3版. 北京: 化学工业出版社: 159.
陈钧辉, 李俊. 2014. 生物化学实验[M]. 5版. 北京: 科学出版社: 293.
陈庄, 邓存良, 吴刚. 2015. 分子生物学基本技术实验指导[M]. 北京: 科学出版社: 113.
丁明孝, 苏都莫日根, 王善忠. 2009. 细胞生物学实验指南[M]. 北京: 高等教育出版社: 177.
高丽美, 李永锋, 韩榕. 2010. 增强 UV-B 辐射对小麦细胞有丝分裂影响机制的探讨[J]. 激光生物学报, 19: 158-164.
郭勇. 2016. 酶工程[M]. 4版. 北京: 科学出版社: 272.
韩榕, 高丽美, 李永锋, 等. 2013. 细胞生物学实验教程[M]. 北京: 科学出版社: 142.
籍涛, 黄耀熊, 谭润初. 2001. 多光谱单细胞凝胶电泳图像分析系统及其应用[J]. 中国医学物理杂志, 18: 80-82.
姜伟, 曹云鹤. 2014. 发酵工程实验教程[M]. 北京: 科学出版社: 221.
李卓. 2009. 秋水仙素诱导黑麦根尖细胞染色体的畸变效应[J]. 麦类作物学报, 29: 44-48.
梁传伟, 张苏勤. 2006. 教育部高职高专规划教材——酶工程[M]. 北京: 化学工业出版社: 128.
刘如林. 1995. 微生物工程概论[M]. 天津: 南开大学出版社: 472.
罗贵民. 2008. 酶工程[M]. 北京: 化学工业出版社: 332.
罗永平, 张惠文, 王小刚, 等. 2008. 抗菌肽 CP10A 在大肠杆菌中的融合表达[J]. 中国生物工程杂志, 28 (7): 105-109.
乔守怡, 皮妍, 吴燕华, 等. 2015. 遗传学实验[M]. 3版. 北京: 高等教育出版社: 151.
田云, 卢向阳, 易克. 2004. 单细胞凝胶电泳技术[J]. 生命的化学, 24: 77-78.
万东石. 2011. 酶工程实验指导[M]. 兰州: 兰州大学出版社: 59.
王崇英, 高清祥. 2011. 细胞生物学实验[M]. 3版. 北京: 高等教育出版社: 231.
王金发, 何炎明. 2004. 细胞生物学实验教程[M]. 北京: 科学出版社: 268.
王晓冬, 汤乐民. 2007. 生物光镜标本技术[M]. 北京: 科学出版社: 285.
魏春红, 门淑珍, 李毅. 2012. 现代分子生物学实验技术[M]. 2版. 北京: 高等教育出版社: 205.
魏群. 2015. 分子生物学实验指导[M]. 3版. 北京: 高等教育出版社: 187.
吴后男. 2008. 流式细胞术原理与应用教程[M]. 北京: 北京大学医学出版社: 135.
吴乃虎. 1998. 基因工程原理(上)[M]. 2版. 北京: 科学出版社: 402.
吴乃虎. 2001. 基因工程原理(下)[M]. 2版. 北京: 科学出版社: 536.
辛华. 2001. 细胞生物学实验[M]. 北京: 科学出版社: 204.
徐兰, 刘敏英. 2009. 小鼠胚胎干细胞的培养[J]. 细胞生物学杂志, 31: 448.
颜百贵. 1993. 发酵微生物学[M]. 北京: 中国农业大学出版社: 293.
杨汉民. 1997. 细胞生物学实验[M]. 2版. 北京: 高等教育出版社.
袁道强, 黄建华. 2006. 生物化学实验和技术[M]. 北京: 中国轻工业出版社: 310.
翟中和, 王喜忠, 丁明孝. 2012. 细胞生物学[M]. 4版. 北京: 高等教育出版社: 386.
张惠展, 欧阳立明, 叶江. 2015. 基因工程[M]. 3版. 北京: 高等教育出版社: 335.
张景强, 朴英杰, 蔡福. 1987. 生物电子显微技术[M]. 广州: 中山大学出版社: 156.
张燕, 刘华鼐. 2013. 生物化学实验[M]. 广州: 华南理工大学出版社: 227.
朱玉贤, 李毅, 郑晓峰, 等. 2013. 现代分子生物学[M]. 4版. 北京: 高等教育出版社: 492.
Clark M S. 1998. 植物分子生物学——实验手册[M]. 顾红雅, 瞿礼嘉, 译. 北京: 高等教育出版社: 398.

Green M R, Sambrook J. 2008. Molecular Cloning: A Laboratory Manual[M]. 4th ed. New York: Cold Spring Harbor Laboratory Press: 2028.

Jackson D A, Symons R H, Berg P. 1972. Biochemical method for inserting new genetic information into DNA of Simian Virus 40: circular SV40 DNA molecules containing lambda phage genes and the galactose operon of *Escherichia coli* [J]. Proceedings of the National Academy of Sciences of the United States of America, 69(10): 2904-2909.

Lewin B. 2013. Genes XI[M]. Burlington: Jones & Bartlett Learning: 940.

Morrow J F, Cohen S N, Chang A C, et al. 1974. Replication and transcription of eukaryotic DNA in *Escherichia coli*[J]. Proceedings of the National Academy of Sciences of the United States of America, 71(5): 1743-1747.